Johann Karl Chapuset

Sammlung deutscher Aufsätze von Fabeln,

aus der Weltgeschichte gezogenen Begebenheiten, freundschaftlichen Briefen

Johann Karl Chapuset

Sammlung deutscher Aufsätze von Fabeln,
aus der Weltgeschichte gezogenen Begebenheiten, freundschaftlichen Briefen

ISBN/EAN: 9783743477247

Hergestellt in Europa, USA, Kanada, Australien, Japan

Cover: Foto ©ninafisch / pixelio.de

Weitere Bücher finden Sie auf **www.hansebooks.com**

Sammlung
deutscher Aufsätze
von
Fabeln,
aus der Weltgeschichte
gezogenen Begebenheiten,
freundschaftlichen Briefen,
und
einigen Betrachtungen über Gegenstände der Natur,
der Kunst und der Wissenschaften,
zu bequemer Uebersetzung ins Französische,
mit
zulänglicher Phraseologie versehen
von
J. E. Chapuset,
verbessert und vermehrt
von
J. v. Colom
P. P. in Göttingen.

Neue Auflage.

Nürnberg,
bey George Peter Monath, 1788.

Geneigter Leser.

Wer die französische Sprache gründlich erlernen will, der muß in folgenden dreyen Stücken sich eine Fertigkeit zu erwerben trachten. Zuförderst muß er sich die ersten Grundsätze der Sprache nach einer vernünftigen Lehrart, bekannt machen, daß der Verstand dabey sich mehr beschäftige, als das Gedächtniß, welches nur mit wenigen Stücken der Etymologie zu thun hat. Da ich zu dem ersten Stücke die einfache Wortfügung mit rechne; so hat man ferner die ordentliche Zusammensetzung oder gemeine Construction, nebst einigen besondern Regeln der zierlichen Wortfügung, oder des Syntax, zu lernen. Alsdann hat man drittens die zierliche Construction nebst den Wendungen, oder den französischen Stil und Geschmack vor sich, so durch einen vernünftigen Unterricht nach und nach erlanget wird.

Man wird aber dazu nicht leichtlich gelangen, wenn man nicht auch practisch zu Werke gehet, und, nachdem man einen französischen Schriftsteller so ziemlich hat verstehen

Vorrede.

hen lernen, auch die Regeln, sowohl der Grammatik als des Stiels, schriftlich in Uebung zu bringen sich bemühet. Zu dem Ende muß ein Deutscher, der freylich deutsch zu denken natürlicher Weise gewohnt ist, sich üben, zuförderst durch Uebersetzung einiger deutscher Aufsätze ins Französische, das Genie oder die Natur und Denkungsart, nebst den Wendungen dieser Sprache kennen zu lernen, um hernach von selbst einen französischen Aufsatz machen zu können.

Der Verfasser dieses Buches, der seelige Herr Chapuset, hat also ganz Recht, wann er in der Vorrede der vorigen Ausgabe saget: „Daß es nicht hinlänglich sey einige gewöhnliche Redensarten und sogenannte Complimente zu wissen: sondern man müsse auch einen französischen Schriftsteller verstehen, und einen deutschen Aufsatz ins französische übersetzen lernen, sonst würde man im Reden bald verstummen müssen.„ Ich setze hinzu, daß man sonst, auch in Verfertigung selbsteigener Aufsätze nicht werde fortkommen können. Daß aber Geschick und Fleiß zur Erlernung einer Sprache erfordert werde, wird ein jeder leichtlich erachten.

„An

Vorrede.

„An französischen Büchern, fährt der vorige Vorredner fort, die von den Lernenden können gelesen und übersetzt werden, hat man einen Ueberfluß; daher man sich nicht sowohl um neue, als vielmehr um eine vernünftige Wahl zu bekümmern hat. Hingegen hat man einen Mangel an solchen deutschen Sammlungen, wodurch man den Liebhabern dieser Sprache die Uebung der Regeln aus der Sprachlehre, auf eine beliebte Art, beybringen könnte. Man kann nicht läugnen daß Sammlungen deutscher Fabeln, Historien, Briefe und Betrachtungen vorhanden seyen: Sie sind aber also beschaffen, daß nur Personen, die des Französischen schon ziemlich mächtig sind, sich daran wagen dürfen."

Hierin hat der seel. Herr Chapuset wiederum Recht. Es ist schwer, aus einem, nach der deutschen Denkungsart von einem geschickten Schriftsteller geschriebenen Buche, etwas zu übersetzen, wofern man beyde Sprachen, sowohl diejenige, aus welcher, als die, in welche man übersetzet, nicht vollkommen, ihrer wesentlichen Beschaffenheit nach, kennet und besitzet.

Vorrede.

Er hat daher, durch Herausgebung dieser Sammlung zur Absicht gehabt:„den Lernenden einen gemächlichen Weg zu bahnen, um zur fertigen Setzung der Theile der Rede zu gelangen, sich geschickt auszudrücken, viele Worte und Redensarten sich zugleich bekannt zu machen, und die Zeit, die das Dictiren erfordert, zu ersparen.„

„Diese Sammlung bestehet meistentheils aus Uebersetzungen die aber so beschaffen sind, daß man sich so wenig, als möglich gewesen von der deutschen Mundart entfernet hat.„

Was die Briefe anbelanget, so hat es dem seel. Herrn Chapuset gefallen, solche, sehr wenige ausgenommen, aus meinen Mustern von Briefen, *Modelles de Lettres sur toutes sortes de suiets.*) zu ziehen; und ich habe einige hinzugesetzet.

Die Ursache, die er von dieser Wahl angegeben, ist für mich sehr aufmunternd. Man wird mir erlauben sie herzusetzen: „Er habe sie, sagt er, wegen der natürlichen Ordnung der Gedanken und wegen der reinen Schreibart, zu seiner Absicht am schicklichsten befunden. Er habe nur solche ausgesuchet, die zu dem Begriffe der Lernenden

ein

Vorrede.

e 'z bequemes Verhältniß hätten. Auch habe er durch die übersetzten Briefe den Liebhabern einen Geschmack von ungezwungenen französischen Briefen beyzubringen gesuchet, und zugleich zeigen wollen, daß man in dieser Schreibart, die sogenannten Verbindungs- (und übrigen überflüßigen Wörter und Redensarten,) als eckelhaft zu vermeiden pfleget; wie bereits verschiedene deutsche Briefsteller zu thun beflissen sind.„

Dieses ist wahr, und ich habe in meinen *Reflexions sur le stile*, wie auch in dem Vorberichte zu meinem deutsch- und französischem Titularbuche, gezeiget, daß man durch eine richtige Anordnung, durch einen natürlichen Zusammenhang der Gedanken, und durch angenehme leitende Redensarten, ohne Verknüpfungs- und ohne Beziehungswörter, eine nach dem neuesten Geschmack eingerichtete leichtere und fliessendere Schreibart bewirke.

Ausser einigen Briefen habe ich auch einige Begebenheiten hinzu gethan, und der ganze vierte Abschnitt ist gleichfalls hinzugekommen. Da die Betrachtungen über gewisse Gegenstände in der Schreibart etwas

Vorrede.

was von derjenigen unterschieden sind, die man im Erzählen und im Briefschreiben gebraucht; dergleichen Betrachtungen auch manchen Lernenden lehrreich und angenehm sind: So habe ich eine Anzahl von solchen zu dieser Sammlung hinzugefüget, besonders, weil dadurch noch verschiedene Worte und Wendungen, nebst manchen Sachen erlernet werden.

Die Rechtschreibung und andere Fehler, sowohl im deutschen Texte, als in der Phraseologie, habe ich durchaus gebessert. Was mit Schwabacherschrift gedruckt ist, das wird im Französischen entweder weggelassen oder, an andern Orten, ohne Partikeln mit dem Infinitivo, oder mit dem Gerundio, oder mit dem Participiis gegeben.

Ich schliesse mit dem Wunsche meines seel. Vorgängers; daß unsre Absicht möge unsrer Hoffnung gemäß seyn, und die Lernenden diese Sammlung zu ihrem Nutzen anwenden mögen.

M. Isaac von Colom.
P. P.

Deutsche

Deutsche Fabeln.

I. Von einem 1) Wolfe und einem 2) Menschenkopfe.

Ein Wolf 3) gieng in eines 4) Bildhauers 5) Werkstatt hinein, und 6) fand 7) darinn einen sehr wohl 8) ausgearbeiteten Menschenkopf. Er 9) drehete selbigen 10) auf alle 11) Seiten herum, 12) ohne daß er 13) einige 14) Bewegung machte. 15) Da er nun sahe, daß alle 16) seine Mühe vergeblich war; 17) so rief er 18) für 19) Verdruß und 20) Zorn aus:

1) Un loup. 2) une tête d'homme. 3) étant entré. 4) un sculpteur. 5) l'attelier. 6) trouver. 7) y. 8) travaillée. 9) tourner. 10) de 11) cotés. 12) sans qu'elle fit. 13) aucun. 14) mouvement. 15) voyant. 16) les peines. 17) il s'écria. 18) de. 19) dépit. 20) colère.

O des schönen Kopfs! 21) es ist sehr Schade, daß er kein 22) Hirn hat.

23) Sittenlehre.

24) Man muß von denen Menschen nicht 25) nach dem Ansehen 26) urtheilen, 27) noch sich 28) durch das äusserliche Ansehen 29) verführen lassen.

II. Von einem 1) Wolfe und 2) einem Storch.

Ein Wolf der 3) im Schlund ein Bein hatte, welches ihm 4) sehr beschwerlich fiel, versprach einem Storch, ihn wohl zu 5) belohnen, wenn er es ihm mit seinem 6) Schnabel 7) herausziehen wollte. Der Storch 8) verstand sich hiezu, und 9) zog es ihm ganz leichte heraus. 10) Hierauf 11) verlangte der Storch den verspro-

---

21) c'est grand dommage. 22) la cervelle. 23) Sens moral. 24) il ne faut pas. 25) à la mine. 26) juger. 27) ni. 28) par l'exterieur. 29) surprendre.

1) Un Loup. 2) une cicogne. 3) ayant dans son gosier. 4) l'incommodoit fort. 5) recompenser. 6) le bec. 7) tirer. 8) y consentit. 9) ôter. 10) après quoi. 11) demanda

Fabeln.

sprochenen 12) Lohn. Aber der Wolf 13) bleckte die Zähne gegen ihn, und 14) gab ihm zu erkennen, daß er sich sollte 15) glücklich schätzen, daß er seinen Kopf 16) gesund und unbeschädigt aus seinem 17) Rachen 18) herausgezogen habe.

§. 1. Wann 19) zur Belohnung 20) für unsere Dienste, 21) die Grossen uns 22) nichts Uebels thun; so sind wir nicht 23) unglücklich.

III. Von 1) einem Hunde und seinem 2) Schatten.

Ein Hund 3) schwamm durch 4) einen Fluß, und hielt in seinem 5) Maul 6) ein Stück Fleisch. Er 7) sahe in das Wasser, und 8) erblickte darinnen seinen Schatten, welcher ihm ein grösseres 9) Stück Fleisch 10) vorstellte, als

---

12) le salaire qu'il lui avoit promis. 13) grinça les dents. 14) représenter. 15) s'estimer heureuse. 16) saine et sauve. 17) la gueule. 18) retirer. 19) pour recompense. 20) de 21) les Grands. 22) point de mal. 23) malheureux.

1) Un chien. 2) l'ombre. 3) passer. 4) une riviere à la nage. 5) dans sa gueule. 6) une piece de chair. 7) il regarda. 8) y vit. 9) un morceau de chair. 10) représenter.

11) dasjenige war, so er im Maul trug. 12) Seine Freßsucht erweckte in ihm 13) die Begierde, es zu haben, und 14) bewog ihn, seine 15) Beute 16) fahren zu lassen, um nach dem Schatten 17) zu schnappen. 18) Da 19) erkannte er 20) mit seinem Schaden, daß 21) es besser sey, das zu 22) behalten, was man hat, als demjenigen 23) nachzulaufen, was man nicht hat.

S. L. Derjenige, der alles haben will, 24) bekommt 25) öfters 26) gar nichts.

IV. Von einem 1) Bauern und vom Tod.

Ein Bauer, der 2) gleich schwer beladen war mit einer grossen Anzahl 3) Jahre, und mit einer 4) schweren 5) Last, die er auf dem 6) Rücken trug, 8) spürete daß ihm 7) die Kräften 9) ent-

---

11) celui. 12) sa gourmandife. 13) lui donna envie. 14) porter à. 15) la proye. 16) lacher. 17) happer cette ombre. 18) alors. 19) aprendre. 20) à ses dépens. 21) il vaut mieux. 22) garder. 23) courrir après. 24) n's. 25) bien souvent. 26) rien du tout.

1) Un payfan. 2) également chargé. 3) l'année. 4) pefant. 5) fardeau. 6) le dos. 7) fentant. 8) les forces.

9) entgiengen, und daß er an den Ort, wo er 10) hingehen wollte, nicht 11) gelangen könnte, 12) rufte tausendmal dem Tod. 13) Endlich 14) erschien ihm der Tod, und fragte 15) diesen Elenden, was er von ihm 16) verlangte. Der 17) bestürzte, aber 18) verschlagene 19) Alte antwortete ihm, 20) auf eine geschickte Art: 21) daß es deswegen geschehen wäre, ihn zu bitten, ihm 22) aufstehen 23) zu helfen, und ihm die Last, die 24) herunter gefallen war, 25) wieder auf den Rücken zu legen.

S. L. Es ist einem nichts 26) lieber als das Leben, und 27) der Unglückseligste 28) ziehet allezeit sein 29) Elend 30) dem sanftesten Tod vor.

V. Von einem 1) Raben und von einem Fuchse.

Ein Rab 2) setzte sich auf einen Baum, um 3) einen Käs zu fressen, den er in seinem

9) manquer. 10) aller. 11) arriver. 12) apeller. 13) à la fin. 14) apparut. 15) à ce miserable. 16) souhaitoit. 17) surpris. 18) rusé. 19) vieillard. 20) adroitement. 21) que c'etoit. 22) à se relever. 23) de l'aider. 24) tombé. 25) à lui remettre. 26) plus cher. 27) le plus malheureux. 28) préferer. 29) sa misere. 30) la mort la plus douce.

1) Un corbeau. 2) s'étoit perché. 3) un fromage.

Schnabel 4) hielte. Ein Fuchs, der ihn 5) erblickte, 6) nahm sich vor, einen guten Theil 7) davon zu bekommen. 8) Deswegen fieng er an, ihm 9) mit der Schönheit seines 10) Gefieders zu 11) schmeicheln. Weil 12) dieses Lob dem Raben 13) sehr anständig war; so 14) fuhr er fort, und sagte zu ihm: daß es 15) sehr schade wäre, daß 16) seine Stimme nicht 17) mit so vielen schönen 18) Eigenschaften 19) überein käme. Da nun 20) dieses einfältige Thier ihm wollte 21) zu erkennen geben, daß es 22) singen könnte; so 23) machte es den Schnabel auf: der Käs 24) fiel herab, und der Fuchs 25) erschnappete ihn und fraß ihn auf.

S. L. Die Lobsprüche unserer Feinde sind 26) lauter 27) Fallstricke, welche sie uns 28) legen, um 29) unser Vermögen zu 30) bekommen.

VI. Der

4) tenir. 5) apercevoir. 6) se proposer. 7) d'en avoir. 8) pour cet effét il se mit à. 9) sur 10) le plumage. 11) cajoler. 12) voyant que ces louanges. 13) étoient du goût. 14) poursuivre. 15) grand dommage. 16) sa voix. 17) à. 18) qualités. 19) ne répondit pas. 20) ce sot animal volant. 21) faire connoitre. 22) savoir chanter. 23) ouvrit. 24) tomba. 15) s'en saisit. 26) autant. 27) piéges. 28) tendre. 29) notre bien. 30) avoir.

VI. Der 1) vom hohen Alter entkräftete Löwe.

Ein Löwe hatte in seiner Jugend alle andere Thiere 2) durch sein hochmüthiges Bezeigen beleidiget. Sie 3) nahmen sich 4) insgesamt vor, 5) sich an ihm zu rächen. 6) Das wilde Schwein 7) verwundete ihn mit seinen 8) Fangzähnen, 9) der Stier 10) durchbohrte ihn den Leib mit seinen Hörnern. Doch waren diese Wunden, 11) ob sie gleich tödlich waren, ihm nicht so 12) empfindlich, als 13) die Schläge die er mit den Füssen des Esels, 14) des Niederträchtigsten unter allen seinen Feinden 15) bekam.

S. L. 16) Diejenige, die sich in 17) ihrem glücklichen Zustand 18) hochmüthig bezeigen, 19) finden in ihrem 20) Unglücke 21) wenig Freunde.

VII. Von

1) Languissant de vieillesse. 2) par sa fierté. 3) se proposer. 4) tous ensemble 5) se vénger de lui. 6) le sanglier. 7) meutrir. 8) les defenses. 9) le taureau. 10) percer. 11) quoique. 12) sensible. 13) les coups de pieds. 14) le plus vil. 15) recevoir. 16) ceux. 17) de leur bonne fortune. 18) usent insolemment. 19) trouvent. 20) disgraces. 21) gueres d'amis.

VII. Von einem Hunde und 1) einem Diebe.

Ein Dieb gieng 2) bey Nacht in ein Haus hinein, und 3) reichte einem Hunde, den er da sahe, 4) ein Stück Brod dar, um selbigen zu 5) hintergehen. Dieses getreue Thier 6) schlug es aber aus, und sagte zu ihm: 7) Du liederlicher Kerl, du willst 8) mich hindern, 9) ein Getöse zu machen, 10) damit du mit mehrerer 11) Freyheit meines Herrn Geld 12) stehlen möchtest; ich will dich aber 13) schon daran 14) hindern. 15) Alsbald fieng er an mit 16) solcher Heftigkeit zu 17) bellen, daß er alle 18) Hausgenossen 19) aufweckte, welche ihn 20) dergestalt 21) verjagten, daß er sich 22) niemals mehr 23) unterstanden hat, 24) dahin zu kommen.

S.L.

1) Un voleur. 2) de nuit. 3) présenter. 4) un morceau de pain. 5) surprendre. 6) le refus. 7) misérable que tu es. 8) m'empecher. 9) du bruit. 10) pour. 11) liberté. 12) voler. 13) bien. 14) empêcher. 15) aussitôt il se mit à. 16) tant de violence. 17) aboyer. 18) domestiques. 19) éveiller. 20) si bien. 21) chasser. 22) jamais plus. 23) osa. 24) y revenir.

S, l. 25) Man muß jederzeit 26) die Verehrungen der Feinde und 27) der Gottlosen 28) ausschlagen.

VIII. Von einem Fuchse und einem Storch.

Ein 1) boshafter 2) Fuchs 3) lud einstmals 4) einen Storch auf ein 5) Abendessen ein, und 6) setzte ihm einen 7) Brey auf einem 8) Teller vor. Der Storch 9) verbarg seinen 10) Verdruß, 11) und er lud einige Zeit hernach den Fuchsen 12) auf eine Mittagsmahlzeit ein: dieser 13) kam auch, 14) ohne sich etwas böses zu versehen. Der Storch 15) setzte ihm 16) gehacktes Fleisch in einer Flasche vor, 17) wovon er ebenfalls nicht essen konnte, und sagte 18) dabey zu ihm: du kannst dich nicht 19) mit Recht über

mich

---

25) il faut. 26) les présens. 27) des méchans. 28) refuser.

1) Malicieux. 2) un renard. 3) ayant invité 4) une cicogne. 5) à souper. 6) servir. 7) de la bouillie. 8) assiette. 9) dissimuler. 10) depit. 11) et elle invita. 12) à diner. 13) vint. 14) ne se doutant de rien. 15) servir. 16) du hachis. 17) dont. 18) en même tems. 19) avec justice.

mich 20) beschwehren; weil ich dich 21) eben so tractire, wie du mich 22) bey dir tractiret hast.

S. L. Diejenigen, welche andere zu betrügen 23) pflegen, 24) müssen gewärtig seyn, 25) wiederum betrogen zu werden.

IX. Von einem 1) Hahne und einem 2) kostbaren 3) Stein.

Ein Hahn, der im 4) Mist 5) scharrte, fand einen kostbaren Stein; 6) nachdem er selbigen einige Zeit 7) angeschauet hatte, sagte er zu ihm: Es ist mir leid, dich in einem so 8) häßlichen 9) Ort zu sehen; ich 10) wünschte, daß du 11) in den Händen eines 12) Juweliers wärest; denn 13) was mich anbetrifft, so wäre mir ein einiges 14) Körnlein 15) Gersten 16) lieber, als alle Edelgesteine von der Welt.

S. L.

20) plaindre. 21) de la même maniere. 22) chez toi. 23) aiment à. 24) doivent s'attendre. 25) à leur tour.

1) Un Coq. 2) précieux. 3) la pierre. 4) fumier. 5) grater. 6) après l'avoir. 7) regardée. 8) si sale. 9) lieu. 10) souhaiter. 11) entre. 12) un jouaillier. 13) pour moi. 14) un grain. 15) orge 16) j'aimerois mieux.

Fabeln.

S. L. Die 17) nützlichen und 18) nothwendigen Dinge sind denenjenigen 19) vorzuziehen, die zu nichts dienen, als 20) zur Pracht und 21) zur Eitelkeit.

X. Von einem Fuchse und den 1) Weintrauben.

Ein Fuchs, den 2) der Hunger 3) plagte, 4) bemühete sich, mit Springen einige Weintrauben zu 5) erwischen, die an einem sehr hohen 6) Weinstock 7) hiengen. Nachdem er aber sahe, daß all sein 8) Bemühen vergeblich war, 9) so gieng er voll 10) Verdruß und 11) Zorn fort, und 12) rufte zugleich aus: daß er sie nicht essen mögte, 13) wann man sie ihm gleich 14) schenkte, 15) angesehen sie noch nicht 16) reif wären.

S. L. Man muß aus der 17) Noth eine 18) Tugend machen, und sich der Sachen 19) enthalten, die man nicht haben kann.

XI. Von

17) utile. 18) nécessaire. 19) préferable. 20) au luxe. 21) à la vanité.

1) Les raisins. 2) la faim. 3) presser. 4) s'efforcer en sautant. 5) attraper. 6) une vigne. 7) pendre 8) les efforts. 9) s'en aller. 10) le dépit. 11) la colere. 12) en s'écriant. 13) quand. 14) donner. 15) vu que. 16) être mûr. 17) nécessité. 18) vertu. 19) s'abstenir.

XI. Von einer 1) Schlange und einem 2) Ambos.

Als 3) einstens eine Schlange sich in eines 4) Schlössers 5) Werkstatt hinein 6) geschlichen hatte, 7) fiel sie im Zorn einen Ambos an und wollte ihn 8) benagen. Da sie aber sahe, daß 9) ihr Bemühen umsonst war, glaubte sie, daß sie mit der 10) Feile besser 11) zurecht kommen würde; diese aber sagte zu ihr 12) mit spöttischer Stimme; du 13) einfältiges Thier, meinest du denn, du könnest mich mit deinen 14) Zähnen 15) verletzen, mich die ich das Eisen 16) zernage, und den Ambos 17) zu Pulver machen kann, den du nicht 18) einmal hast 19) bekratzen können?

S. L. Die 20) bösen Zungen und 21) die Verläumdung können Personen 22) von bewährter Tugend nicht 23) verletzen.

XII. Von

1) Le serpent. 2) l'enclume. 3) un jour. 4) un ferrurier. 5) l'attelier. 6) se glisser. 7) se jetter sur. 8) ronger. 9) ses efforts. 10) la lime. 11) réussir. 12) d'un ton moqueur. 13) sotte bête. 14) les dents. 15) offenser. 16) ronger. 17) mettre en poudre. 18) seulement. 19) égratigner. 20) mauvaise langue. 21) la calomnie. 22) d'une vertu éprouvée. 23) blesser.

XII. Von einem 1) Ackersmanne und einer Schlange.

Ein Ackersmann 2) fand im Schnee eine Schlange, welche 3) vor Kälte 4) halb tod war, trug sie 5) gerührt von 6) Mitleiden 7) nach Hauß, und 8) legte sie 9) nahe zu einem grossen 10) Feuer. Es hatte aber dieses 11) elende Thier 12) kaum seine Kräfte 13) wieder bekommen; so 14) fieng es an seinen 15) Gift auszubreiten, und einen so grossen Schaden in dem Hause seines 17) Wohlthäters 18) anzustiften, daß es ihn 19) bewog, eine 20) Art zu ergreifen, und es in tausend 21) Stücke zu 22) zerhauen.

S. L. Wer einem 23) gottlosen Menschen gutes thut, muß 24) gewärtig seyn 25) übel von ihm 26) belohnt zu werden.

XIII. Von

1) Un laboureur. 2) ayant trouvé. 3) de froid. 4) presque. 5) touché. 6) la compassion. 7) chez lui. 8) mettre. 9) près. 10) le feu. 11) miserable. 12) à peine. 13) repris. 14) qu'il se mit à répandre. 15) le venin. 16) le dégat. 17) le bienfaiteur. 18) faire. 19) obliger. 20) une hache. 21) la piece. 22) couper. 23) un mechant. 24) doit s'attendre. 25) mal. 26) recompensé.

XIII. Von 1) einem Frosche und 2) einem Ochsen.

Ein Frosch 3) erblickte einen Ochsen 4) auf einer 5) Wiese, und 6) bildete sich 7) unverständiger Weise ein, daß er eben so groß 8) werden könnte als dieses Thier, wenn er 9) die Falten seiner 10) Haut 11) aufblähete. 12) Dieses that er auch alsbald, und fragte nachher seine 13) Cameraden: ob er nicht eben so 14) groß wäre als der Ochs? Sie antworteten ihm aber 15) mit Nein. 16) Dieses bewog ihn, noch mehrere 17) Kräften 18) anzuwenden, und eben diese 19) Frage zu 20) wiederholen, 21) auf welche eine gleiche Antwort erfolgte. Welches dann machte 22) daß er vor Verdruß und 23) Wuth zerberstete.

S. L.

1) Une grenouille. 2) un boeuf. 3) apercevoir. 4) dans. 5) une prairie. 6) se flater de. 7) imprudement. 8) devenir. 9) les rides. 10) la peau. 11) enfler. 12) c'est ce que. 13) compagnes. 14) grosse. 15) que non. 16) ce qui l'engagea. 17) efforts. 18) faire. 19) demande. 20) réiterer. 21) qui eut une même reponse. 22) faire crever de dépit. 23) rage.

Fabeln.

S. §. Es ist 24) sowol 25) unverständig als 26) gefährlich für einen 27) schlechten Menschen, den Grossen 28) nachahmen zu wollen.

XIV. Von einem 1) Löwen und einem 2) Pferde.

Ein Löw, 3) welchem 4) das Alter vieles von seinen 5) Kräften und von seiner 6) Behändigkeit 7) entzogen hatte, 8) bekam Lust ein Pferd, so er 9) unterwegs 10) antraf, zu 11) zerreissen. 12) Er fragte es: wie es mit seiner 13) Gesundheit stünde? Das Pferd 14) merkte sogleich sein böses 15) Vorhaben und antwortete ihm: daß selbige nicht allzugut 16) stünde, weil es sich seit kurzem 17) einen Dorn in den Fuß 18) gestossen hatte, welches ihm einen tödtlichen 19) Schmerz 20) verursachte. Der Löw 21) erbot sich alsbald ihm

24) également. 25) imprudent. 26) dangéreux. 27) un miserable. 28) imiter.

1) Un Lion. 2) un cheval. 3) à qui. 4) la vieillesse. 5) forces. 6) agilité. 7) ôter. 8) eut. 9) sur son chemin. 10) rencontrer. 11) mettre en pieces. 12) il lui demanda. 13) l'etat de sa santé. 14) comprendre. 15) dessein. 16) n'être pas trop bonne. 17) une épine. 18) fourré. 19) douleur. 20) causer. 21) s'offrir.

ihm selbigen 22) heraus zu ziehen. Das Pferd setzte sich in die gehörige 23) Stellung, 24) ließ ihn herzu nahen, und gab ihm mit dem Fuß einen so heftigen 25) Schlag 26) mitten auf die Stirn, daß es Zeit genug hatte, sich 27) aus den Klauen seines Feindes zu 28) erretten.

S. l. Die Gottlosen 29) gerathen öfters in eben diejenigen 30) Fallstricke, die sie andern 31) legen.

XV. Von einem Löwen und einer 1) Maus

Ein 2) vor Hitze 3) abgematteter Löw 4) ruhete 5) im Schatten eines Baums. Da 6) kam ein 7 Haufen Mäuse, die 8) ohne Scheu auf ihn 9) stiegen und ihn 10) aufweckten. Er 11) gerieth hierüber in Zorn und 12) erhaschte eine Maus, die er sogleich 13) zerquetschen wollte. Dieses

22) arracher. 23) se mettre en posture convenable. 24) le laissa. 25) un coup de pied. 26) au milieu. 27) des griffes. 28) se sauver. 29) tomber. 30) les pieges. 31) tendent.

1) Une Souris. 2) de chaleur. 3) abatu. 4) reposer. 5) à l'ombre. 6) il survint. 7) une troupe. 8) effrontément. 9) monter. 10) eveiller. 11) se mettre en colere. 12) prendre. 13) écraser.

Fabeln.

ſes kleine Thier 14) ſtellte ihm aber vor, daß es ſeines Zorns 15) unwürdig wäre; und dieſe unterthänige 16) Vorſtellung 17) erhielt es beym Leben. Einige Zeit hernach 18) geriethe der Löw in ein Jägers 19) Netz, 20) aus welchem er ſich nicht 21) herauswickeln konnte. Hierüber 22) brüllete er 23) erſchrecklich. Die Maus, die ihn an ſeiner Stimme 24) erkannte, 25) kam ihm alsbald zu 26) Hülfe und 27) zernagte das Netz 28) an ſo vielen Orten, daß ſie dem Löwen 29) Gelegenheit gab, 30) durchzukommen.

S. L. Die 31) Gelindigkeit 32) ſtehet groſſen Gemüthern ſehr wohl an, denn 33) es geſchiehet öfters, daß 34) Mächtige von denenienigen, die ihnen 35) gänzlich 36) unterworfen ſind, 37) unvermuthete Hülfe 38) erlangen.

XVI.

14) repréſenter, remontrer. 15) indigne. 16) rémontrance. 17) ſauver. 18) tomber. 19) les filets de chaſſeur. 20) doht. 21) débaraſſer. 22) rugir. 23) épouvantablement. 24) reconnoitre à 25) venir à. 26) ſecours 27) ronger. 28) en tant d'endroits. 29) moyen. 30) ſe ſauver. 31) la douceur. 32) ſied bien. 33) il arrive. 34) les plus puiſſans. 35) entierement. 36) ſoumis. 37) ſecours imprévu. 38) tirer.

XVI. Von einem Fuchse und einem Hunde.

Als ein Fuchs einen Hund, der sehr 1) nahe hinter ihm her war, nicht mehr 2) entwischen konnte 3) so wandte er sich 4) geschwind um, und stellte ihm 5) vor, daß weil sein 6) Fleisch 7) zäh und 8) ungeschmack wäre; 9) so sollte er 10) lieber einen Haasen 12) verfolgen, den er ihm wiese, und dessen 13) Fleisch 14) ihm besser schmecken würde. Der Hund ließ sich 15) bereden, 16) machte sich auf der Stelle hinter dem Haasen her, den er aber nicht 17) erhaschen konnte. Inzwischen 18) gieng der Fuchs durch. Also bekam 19) dieses einfältige Thier 20) weder den einen 21) noch den andern.

S. L. Man muß nie, was man hat, 22) fahren lassen, um demjenigen 22) nachzujagen, so zu 24) erlangen 25) schwer und 26) ungewiß ist.

XVII.

1) Suivre de près. 2) échaper. 3) se tourner. 4) tout à coup. 5) remontrer. 6) la chair. 7) dur. 8) insipide. 9) il devoit. 10) plutôt. 11) un liévre. 12) poursuivre. 13) la curée. 14) seroit plus de son gout. 15) s'étant laissé persuader. 16) se mit aux trousses. 17) attraper. 18) gagner pays. 19) ce sot animal. 20) ni. 21) ni. 22) quiter. 23) courir. 24) obtenir. 25) difficile. 26) incertain.

Fabeln.

XVII. Von einem Fuchse und einem 1) Affen.

Ein Aff wollte einen 2) Theil von dem 3) Schweif eines Fuchsens haben, um seinen 4) Hintern 5) damit zu 6) bedecken. Er 7) bemühete sich 8) daher ihn zu bereden, daß selbiger zu lang wäre, und daß er ihm 9) im Gehen sehr beschwerlich fallen müste. Der Fuchs aber, der 11) einer der verschlagensten war, wollte 12) dergleichen nicht thun, und sagte 13) spöttisch zu ihm, daß er nicht mehr hätte, 14) als er brauchte, und daß er 15) lieber die Erde mit seinem Schweif 16) kehren, als den Hintern eines Affens damit 17) bedecken wollte.

S. L. Man muß niemals von seinen Freunden andere Dinge 18) begehren als solche, die sie uns 19) verwilligen können, und die ihrem 20) Besten und 21) Gewissen nicht 22) zuwider sind.

XVIII.

1) Un singe. 2) une partie. 3) la queue. 4) le derriere. 5) en. 6) couvrir. 7) s'efforcer. 8) pour cet effet. 9) à marcher. 10) incommoder. 11) un des plus rusés. 12) en. 13) d'un ton moqueur. 14) que ce qu'il lui en faloit. 15) aimer mieux. 16) balayer. 17) couvrir. 18) demander à. 19) accorder. 20) interets. 21) conscience. 22) être contraire à, ober blesser.

XVIII. Von einem 1) Pferde und einem Esel.

Ein 2) wolgewartetes Pferd, und welches nur 3) zum Staat dienete, 4) begegnete einem Esel, welchen es 5) wegen seiner 6) Trägheit und seiner 7) schlechten Gestalt 8) auf eine grobe Art verspottete. Der Esel, welcher 9) weise und 10) bedächtlich war, antwortete ihm 11) auf alle seine 12) Grobheiten nichts. Einige Zeit darauf 13) traf er dieses Pferd an, welches mit 14) Mist 15) beladen und 16) für Magerkeit fast 17) unkenntlich war. Dieses 18) bewog ihn, selbiges zu 19) fragen: 20) Bist du es mein Camerad, der du 21) vor einiger Zeit, so 22) trotzig und so grob warest, daß du 23) deines gleichen nur mit 24) Verachtung 25) ansahest? 26) Nun sehe

1) Un cheval. bien nourri. 3) à la parade, 4) rencontrer. 5) sur. 6) paresse. 7) triste figure. 8) insulter avec outrage. 9) sage. 10) avisé. 11) à 12) insultes. 13) rencontrer. 14) fumier. 15) chargé. 16) de maigreur. 17) méconnoissable. 18) obliger. 19) demander. 20) est-ce toi. 21) il y a quelque tems. 22) assés fier pour. 23) tes semblables. 24) mépris. 25) regarder. 26) à présent.

he ich dich in einem 27) Zustand, der mehr 28) Mitleidens, als 29) beneidenswürdig ist.

S. L. Die Grossen sollen niemals diejenigen, 30) die geringer sind als sie, 31) verachten; denn sie sind nicht 32) versichert, morgen dasjenige zu seyn, was sie heute sind.

XIX. Von einem 1) wolgemästeten Pferde und einem 2) magern Esel.

Ein wohlgemästetes Pferd, welches aber zur 3) strengen Arbeit, 4) angehalten wurde, 5) beklagte sein 6) Schicksal, und glaubte, daß kein Thier in der Welt 7) unglücklicher sey, als es. Es begegnete ihm 8) ohngefähr ein magerer und 9) elender Esel, welcher einen 10) übermäßig beladenen 11) Karren 12) zog, und von seinem Herrn 13) unbarmherzig 14) geschlagen wurde. Dieses machte, daß das Pferd 15) das

Elend

---

27) état. 28) pitié. 29) envie. 30) qui sont au dessous d'eux. 31) mépriser. 32) assurés.

1) Bien nourri. 2) maigre. 3) rude travail. 4) employé. 5) se plaindre de. 6) sort. 7) plus malheureux. 8) par hazard. 9) décharné 10) chargé au de là de. ses forces. 11) charrette. 12) traîner. 13) impitoyablement. 14) battre, traiter. 15) la misere.

Elend des Esels und seinen 16) glücklichen Zustand in 17) Betrachtung zog, und sich 18) vornahm, sich nicht mehr zu beklagen, noch 19) über seinen Zustand zu 20) murren.

S. L. Man muß 21) niemals auf das Glück derer, 22) die über uns erhaben sind, 23) seine Augen werfen, sondern 24) nur auf die, so unter uns sind.

XX. Von einem Hunde und 1) einem Esel.

Als ein Esel sahe, daß jedermann 2) im Haus ihn 3) mißhandelte, 4) ob er gleich sehr nützlich war, und daß man 5) gegentheils einem kleinen Hunde 6) liebkosete, der doch 7) ganze Tage mit Schlafen 8) zubrachte, 9) bildete er sich 10) einfältiger Weise ein, daß des Hundes Glück 11) daher käme, weil er seinem Herrn 10) liebkosun-

---

16) le bonheur. 17) faire réflexion sur. 18) se proposer. 19) contre son état. 20) murmurer. 21) jamais. 22) qui sont au dessus de nous. 23) envisager. 24) seulement.

1) Une ane. 2) de la. 3) maltraiter. 4) quoique. 5) au contraire. 6) cherir. 7) entier. 8) passer à. 9) s'imaginer. 10) sottement. 11) venoit de ce que. 12) des caresses.

Fabel.

kosungen machte, und wofern er 13) ein gleiches
thäte: so würde er 14) ein gleiches Glück haben.
Nachdem er einige Tage darauf seinen Herrn,
15) schlafend in einem 16) Ruhesessel 17) antraf;
so 18) legte er ihm die 19) zween vordere Füße
auf die 20) Achseln, und 21) vereinigte 22) mit
diesen 23) Freundlichkeiten 24) den Gesang seiner Stimme. Der 25) Hausherr, der von seiner 26) Absicht nichts wuste, und die 27) groben Liebkosungen des Esels 28) fühlte, 29) rufte
seine Diener 30) zu Hülfe, welche sogleich kamen, die guten 31) Absichten dieses elenden Thiers
32)) mit Stockschlägen zu 33) belohnen.

S. L. Was einigen 34) wohl ansteht, steht
andern 35) sehr übel an.

XXI.

13) faire de même. 14) pareil. 15) endormi.
16) un fauteuil. 17) trouver. 18) mettre. 19)
les deux pieds de devant, 20) les épaules. 21)
joindre. 22) à. 23) douceurs, 24) l'harmonie.
25) le maitre. 26) le dessein, 27) les grossi-
eretés. 28) sentant. 29) apeller, 30) à son
secours. 31) intentions, 32) à coups de batons.
33) récompenser, 34) sied bien, 35) sied tres
mal.

XXI. Von einem Schaafe und 1) einer Krähe.

Als eine Krähe sahe, daß ihre 2) Junge in ihrem Neste 4) für Kälte sterben wollten; so 5) verlangte sie von einem Schaafe ein wenig 6) Wolle, sie zu 7) erwärmen. Dieses 8) sanftmüthige und 9) stille Thier, 10) willigte alsbald darein. Die Krähe 11) stieg auf dessen 12) Rücken und nahm 13) nach Gefallen davon. Aber diese 14) nichtswürdige Krähe 15) mißbrauchte 16) der Willfährigkeit des Schaafes und 17) hackte selbiges so 18) grausam 19) daß das Blut davon gieng. Doch 20) that selbiges weiter nichts, als daß es ihr ihren 21) Undank und ihre 22) Grausamkeit 23) vorwarf.

S. L.

1) Une Corneille. 2) ses petits. 3) leur. 4) aller mourir de froid. 5) demander. 6) la laine 7) rechaufer. 8) doux. 9) tranquille. 10) consentir. 11) lui monta, monter. 12) le dos. 13) à discretion. 14) misérable. 15) abuser. 16) de la facilité. 17) piquer. 18) cruellement. 19) mettre tout en sang. 20) faire autre chose. 21) l'ingratitude. 22) la cruauté. 23) reprocher.

Fabeln.

(S. §. 24) Das heißt ein recht 25)verderb-
tes 26) Gemüth haben, wann man Gutes mit
Bösem 27) vergilt.

XXII. Von einem 1) Schaafe und einem Wolf.

Ein Wolf 2) verfolgte mit vieler 3) Hitze ein
Schaaf, welches sich aber mit einer grossen
4) Geschwindigkeit 5) rettete. 6) Gleichwohl hätte es ihm nicht 7) entrinnen können, wenn es
sich nicht in eine Capelle 8) geflüchtet hätte, deren Thür offen stunde. Der Wolf 9) war so
unvorsichtig, daß er nebst ihm 10) hineinlief,
und die Thür 11) fuhr alsbald hinter ihnen
zu; 12) dergestalt, daß der Wolf und das Schaaf
einander 13) ansahen, ohne etwas mit einander
14) zu reden; das Schaaf 15) aus Furcht 16)
für dem Wolf, und der Wolf 17) weil er sahe,

daß

---

24) c'est. 25) corrumpu. 26) le naturel. 27) rendre.

1) La brebis. 2) poursuivre. 3) chaleur. 4) vi-
tesse. 5) se sauver. 6) cependant. 7) echa-
per. 8) se sauver. 9) si peu avisé. 10) entrer.
11) se ferma. 12) de sorte que. 13) se regarder l'un l'autre. 14) se rien dire. 15) de crainte. 16) du. 17) confus de voir.

daß er sich 18) aus Verwegenheit zu weit 19) gewagt hätte.

S. L. Gott 20) gibt öfters zu, daß diejenige, welche ihren 21) Nächsten, 22) in Unglück bringen wollen, 23) selbsten umkommen.

XXIII. Von einem 1) Böcklein und einem Wolf.

Eine Geis, (oder Ziege) welche 2) auf die Weide gehen wollte, 3) gieng aus ihrem 4) Stall, schloß dessen Thür zu, und 5) band ihrem Böcklein nachdrücklich ein, selbige 6) in ihrer Abwesenheit niemanden aufzumachen. 7) Kaum war sie aber zweyhundert Schritt weit vom Haus weg, so 8) stellte sich der Wolf ein, klopfte an die Thür, 9) machte die Stimme der Geis nach, und befahl dem Böcklein, daß es ihm aufmachen sollte. Das von der Mutter 10) unterrichtete Junge, 11) sahe durch einen Spalt,

18) temerairement trop ayant. 19) s'engager. 20) permettre. 21) le prochain. 22) faire perir. 23) eux mêmes.
1) Un chevreau. 2) aller paitre. 3) sortir. 4) étable. 5) recommander. 6) pendant. 7) à peine fut elle, 8) survenir. 9) contrefaire. 10) chevreau instruit. 11) regardant par une fente

Spalt, 12) erblickte den Wolf, und sagte zu ihm: ich kenne euch wohl, daher bitte ich euch 13) nicht übel zu nehmen, daß ich dem Befehl meiner Mutter 14) gehorche, und euch den 15) Eintritt in mein Haus 16) versage.

S. L. Man thut nicht übel, wann man 17) klugen Personen gehorsam ist, und sich ihrer Anführung 18) überläßt.

XXIV. Von einem Wolfe und einem 1) Schäfer.

Ein alter Wolf 2) bedeckte sich einsmals mit einer Schaafshaut und 3) mischte sich geschicklich 4) unter eine Heerde Schaafe, ohne daß der Schäfer 5) gewahr wurde, wo 6) der Schade herkam, den er alle Tage 7) erlitte. Weil er nun nicht wuste, wem er 8) Schuld geben sollte, so 9) paßte er hinter einem grossen Baum auf; da war es ihm leicht diesen alten 10) Schelmen

fente oder ouverture. 12) apercevoir. 13) trouver bon. 14) obeir. 15) l'entrée. 16) refuser. 17) sage. 18) de s'abandonner.

1) Un berger. 2) se couvrir. 3) se mêler. 4) dans. 5) s'apercevoir. 6) la perte. 7) faire. 8) s'en prendre à. 9) se mettre en embuscade. 10) coquin de loup.

men Wolf zu 11) erblicken, welcher 12) abermals eines von seinen Schaafen 13) verzehrte. Alsbald 14) rufte er die andern Schäfer 15) zu Hülf; diese 16) fiengen den Wolf und 17) hiengen ihn samt seinem 18) entlehnten 19) Kittel an einen Baum.

S. L. Man muß sich nicht an das 20) äusserliche der Menschen 21) kehren; sondern nur an ihre Aufführung und an ihre Handlungen.

XXV. Von einem 1) Ochsen und einer 2) Kuh.

Ein Bauer hatte einen Ochsen, den er 3) beständig 4) an dem Pflug ziehen ließ, und eine Kuh, die er zu seinem 5) Nutzen 6) mästete. Diese 7) Unbescheidene 8) begegnete dem armen Ochsen schimpflich, wegen seines 9) magern Leibs und wegen seiner harten 10) Arbeit. Einige Zeit darauf, als die Kuh 11) fett worden war, führte

11) voir. 12) encore. 13) devorer. 14) appeller. 15) à son secours. 16) prendre. 17) pendre. 18) emprunté. 19) le casaque. 20) l'exterieur. 21) s'arrêter.
1) Le boeuf. 2) la vache. 3) incessament. 4) labourer. 5) le profit. 6) engraisser. 7) insolente. 8) insulter. 9) sur sa maigreur. 10) le travail. 11) devenir grasse.

führte sie der Bauer in 12) das Fleischhaus; welches dem Ochsen Gelegenheit gab, ihr 13) vorzuwerfen, daß ihr 14) fett und 15) starker Leib, der sie 16) ehemals so 17) hochmüthig gemacht hatte, ihr 18) nun zu nichts diente, als ihren Tod zu 19) befördern.

S. L. Diejenige, die in ihrem 20) Glücksstand, andern 21) schnöde begegnen, finden 22) wenige Personen, die sie in ihrem 23) Unglücke trösten.

XXVI. Von einem 1) Hirschen, der 2) sich mit Wein übernahm.

Ein vornehmer Herr hatte einen Hirschen, der sich 3) unvermerkt das Weintrinken 4) angewöhnt hatte, und zwar so 5) übermäßig, daß er allerhand 6) Ausschweifungen 7) begieng.
Eines

12) ! la boucherie. 13) reprochet. 14) la graisse. 15) l'embonpoint. 16) autrefois. 17) rendre fiere. 18) alors. 19) lui procurer. 20) la prospérité. 21) insulter les autres. 22) gueres de gens. 23) l'adversité.

1) Un cerf. 2) prenoit trop de vin. 3) insensiblement. 4) s'accoutumer à. 5) avec tant d'excés. 6) les extravagances. 7) faire.

Eines Tages, da er 8) mehr als gewöhnlich zu sich 9) genommen hatte, 10) stieß er so 11) heftig 12) gegen einen Baum an, daß er ein 13) Bein 14) brach. Nachdem 15) der Weindunst 16) verraucht war, und er sich in dem 17) erbärmlichen Zustand sah, worinn ihn seine 18) Völlerey 19) gestürzt hatte, that er dem Jupiter ein 20) Gelübd, nimmermehr einen zu trinken, wenn er 21) gesund würde.

S. L. Als ein Bösewicht krank war, versprach er ein 22) Einsiedler zu werden; Als er 24) gesund wurde, 25) blieb er 26) ein Bösewicht wie vorher.

XXVII. Von einem 1) neidischen Hunde und einem Ochsen.

Ein Hund, der auf einem 2) Haufen Heu lag, 3) gerieth in einen 4) heftigen Zorn, und 5) bleckte

8) plus qu'à l'ordinaire. 9) prendre. 10) heurter. 11) rudement. 12) contre. 13) la jambe 14) se casser. 15) la vapeur du vin. 16) passé. 17) pitoyable. 18) l'ivrognerie. 19) mis. 20) un voeu. 21) en guérir. 22) hermite. 23) se faire. 24) être gueri. 25) demeurer. 26) scelerat comme auparavant.

1) Envieux. 2) un amas. 3) se mettre. 4) la fureur.

5) bleckte die Zähne 6) gegen einen Ochsen, der sich hinzunahete, um davon zu fressen. Als dieses Thier 7) das tolle Bezeigen und den so 8) unvernünftigen Zorn sahe, 9) rufte es aus: Du must recht 10) boshaft seyn; 11) weil du nicht leiden willst, daß ich von dem Heu fresse, 12) da du doch keines davon fressen magst.

S. L. Die Neidischen können ihr 13) Glück nicht befördern, noch auch leiden, daß andere selbiges 14) befördern.

XXVIII. Von einem Hirsche und einem Schaafe.

Ein Hirsch 1) verklagte ein Schaaf 2) vor einem Wolf, 3) daß es ihm ein Malter 4) Weitzen schuldig wäre. Der Wolf ohne 5) weitere Umstände 6) verurtheilte selbiges, dem Hirschen das, was er von ihm verlangte, zu 7) zahlen.

5) montrer les dents. 6) à. 7) cette brutalité. 8) cet emportement déraisonable. 9) s'écrier. 10) méchant. 11) de ne vouloir pas. 12) dont tu ne saurois manger. 13) faire leur fortune. 14) avancer.

1) accuser. 2) devant. 3) de lui devoir un muid. 4) le froment. 5) sans autres formalités. 6) condamner. 7) payer.

len. Das Schaaf versprach den 8) Ausspruch auf bestimmten Tag zu 9) befolgen. 10) Abends vorher, ließ ihm der Hirsch den 11) Verfall des Termins 12) ankündten, und das Schaaf antwortete ihm, daß es ihn nicht zahlen würde, 13) angesehen die blosse Furcht für dem Wolf, als seinem 14) offenbaren Feind, es dahin 15) gebracht hätte, ihm zu versprechen, dasjenige zu bezahlen, was es ihm doch nicht schuldig wäre.

S. L. Man ist sein Wort zu halten nicht verbunden, wenn man 16) unbillige Dinge von uns 17) verlangt.

XXIX. Von einer Katze und einem 1) Hahne.

Eine Katz 2) fiel einen Hahnen an, unter dem 3) Vorwand, daß er 4) mit seinem 5) Krähen jedermann am Schlafe 6) hinderte. Der Hahn entschuldigte sich, indem er ihr vorstellte, daß er 7) keineswegs 8) beschwerlich wäre, 9) viel-

8) la sentence. 9) executer. 10) la veille. 11) l'echéance du terme. 12) faire avertir de. 13) vu que la seule crainte du. 14) déclaré. 15) porter à. 16) injuste. 17) exiger de.
1) Un coq. 2) se jetter sur. 3) prétexte. 4) par. 5) le cri. 6) empécher de. 7) nullement. 8) incommoder.

9) vielmehr wäre er denen Reisenden von sehr grossen 10) Nutzen, indem er ihnen die Stunden der Nacht 11) anzeigte. Diese 12) Vorstellungen, ob sie gleich sehr gut waren, wurden von der Katz so wenig 13) genehmiget, daß sie selbige nicht 14) abhielten, den Hahn 15) umzubringen und zu verzehren, ohne ihn weiter 16) anzuhören.

S. L. Die 17) Bosheit 18) giebt öfters die unschuldigsten Handlungen als 19) Verbrechen an.

XXX. Von einem 1) Affen und einer Katze.

Als einstens ein Aff 2) Kastanien fressen wollte, die er unter 3) brennenden Kohlen 4) braten sahe; wuste er sogleich nicht, wie er es machen sollte, um selbige zu 5) bekommen. Nach-

qu'au contraire. 10) utilité. 11) marquer. 12) ces raisons. 13) goûter. 14) empêcher. 15) étrangler et dévorer. 16) écouter davantage. 17) la malice. 18) faire passer pour. 19) des crimes.

1) Un singe. 2) des marons. 3) des braises ardentes. 4) rotir. 5) avoir.

E

Nachdem er wohl 6) nachgedacht hatte, ließ er sich endlich 7) einfallen, 8) die Pfote einer Katze zu nehmen, um sie damit 9) heraus zu 10) ziehen, ohne daß er von dem 11) Schreyen dieses armen Thiers konnte 12) gerührt werden, indem er nur 13 darauf bedacht war, seiner 14) Freßsucht ein 15) Genüge zu thun.

S. L. Die Großen 16) opfern alles auf, um 17) sich zu vergnügen.

XXXI. Von einem Affen und seinen zwey 1) Jungen.

Ein Aff hatte ein paar 2) Zwillinge; 3) davon liebte er das eine 4) so heftig, als sehr er das andere 5) verabscheuete. Es trug sich zu, daß dasjenige so er liebte, und welches keineswegs seine 6) Warnungen furchte, eine Pfote

6) pensé. 7) s'aviser de. 8) la pate. 9) en. 10) tirer. 11) des cris. 12) qu'il pût être touché. 13) ne songeant. 14) la gourmandise. 15) contenter. 16) sacrifier. 17) se satisfaire.

1) Les petits. 2) petits jameaux. 3) dont. 4) avec autant d'excés. 5) avoir en horreur. 6) les corrections.

Fabeln.

te 7) brach), indem es 8) unvorsichtiglich von einem Baum auf den andern 9) sprang. Der Vater 10) kam auf dessen Schreyen herbey, und wurde durch diesen 11) Zufall also 12) gerührt, daß er selbiges 13) aus zärtlicher Liebe und 14) starken Umarmen, zwischen seinen Pfoten 15) erstickte.

S. L. Die 16) unordentliche Liebe der Väter und Mütter, verursacht öfters der Kinder 17) völliges Verderben.

XXXII. Von einem 1) Igel und einer 2) Schlange.

Ein Igel bat eine Schlange, sie mögte ihn doch 3) bey der strengen Winterszeit in ihre 4) Höle 5) einnehmen. Die Schlange 6) willigte in sein 7) Bitten ein, und 8) theilte ihre Ge-

mäch-

---

7) se rompre. 8) inconsidérement. 9) sauter. 10) survenir à. 11) un accident. 12) touché. 13) de tendresse. 14) à force de l'embrasser. 15) étoufer. 16) mal reglé. 17) la perte.

1) Un hérisson. 2) un serpent. 3) pendant les rigueurs. 4) la caverne. 5) retirer 6) accorder. 7) la demande. 8) partager les commodités.

mächlichkeiten mit ihm. Nach einiger Zeit 9) nahm der Igel seine runde Gestalt an, und indem er sich 10) auf alle Seiten 11) herumwandte, 12) stach er die Schlange so empfindlich, daß er sie 13) nöthigte, ihn zu 14) ersuchen, er mögte sich doch 15) hinaus begeben. Dieser Undankbare aber antwortete ihr, 16) auf eine grobe Art: 17) Sie mögte selbsten hingehen, 18) wohin sie wollte, wenn sie sich 19) nicht in ihrer Gemächlichkeit befände.

S. L. Man 20) bewirthet öfters seine grösten Feinde 21) in seinem Hause.

XXXIII. Von zween 1) Reisenden.

Als einstens zween Kaufleute miteinander reißten, so 2) erblickten sie einen 3) Bären, der auf sie 4) loskam. 5) Die Furcht nöthigte sie 6) sich zu retten. Einer darunter 7) stieg auf einen

9) prendre. 10) de. 11) tourner. 12) piquer. 13) obliger à. 14) prier de vouloir bien. 15) se retirer. 16) avec insolence. 17) qu'il pouvoit s'en aller. 18) où bon lui sembleroit. 19) ne se trouver pas bien. 20) on loge. 21) chés soi.

1) Un voyageur, 2) apercevoir. 3) un ours. 4) venir a. 5) la peur. 6) se sauver. 7) monter.

Fabeln.

den Bäumen, und der andere, der 8) nicht so leicht war, blieb der Gefahr 9) ausgesetzt. Weil aber dieser letztere 10) klug und 11) gescheut war; so 12) warf er sich auf die Erde nieder, 13) hielt den Oden zurück und 14) stellte sich als wenn er todt wäre, so daß er den Bären verleitete 15) weiter zu gehen, ohne ihm einiges 16) Leid anzuthun. Nachdem die Reisende sich von ihrer Furcht 17) erhohlt hatten, setzten sie ihren Weg wieder fort. 18) Hierauf fragte derjenige, der auf den Baum 19) gestiegen war, den andern, was ihm der Bär ins Ohr gesagt hätte? Er hat mir gesagt, antwortete er, ich sollte 20) niemals denjenigen 21) für meinen guten Freund halten, der mich 22) in der Noth 23) verläst.

S. l. Die Freundschaft 24) besteht nicht in den Worten, sondern 25) in der That.

XXXIV.

8) moins leger. 9) exposé. 10) prudent. 11) sage. 12) se jetter à. 13) retenir. 14) contrefaire le mort si bien. 15) passer outre. 16) faire de mal. 17) se remettre de la peur. 18) alors. 19) monter sûr. 20) de ne jamais. 21) pour. 22) dans de besoin. 23) abondonner. 24) cohlister. 25) dans les effets.

XXXIV. Von einem Bären und den 1) Bienen.

Ein Bär, den der Hunger 2) plagte, gieng hin, 3) Honig 4) an einigen Bienenkörben zu 5) lecken. Eine Biene die ihn sah, 6) stach ihn 7) so heftig in das Ohr, daß er sie alle 8) für Zorn 9) umwarf. Dieses 10) tolle Verfahren 11) zog ihm alle Bienen 12) auf den Hals, welche ihm viel Blut 13) aussaugten, und ihn 14) zwahgen geschwinder 15) auf die Flucht 16) bedacht zu seyn, als er sich 17) eingebildet hatte, indem er zugleich seine 18) Heftigkeit 19) verabscheuete, die ihm so viele Feinde 20) erweckt hatte.

S. L. Die 21) Unterdrückung 22) bewafnet öfters die Elendesten.

XXXV.

1) Les abeilles. 2) presser. 3) le miel. 4) de quelques ruches. 5) lécher. 6) piquer l'oreille. 7) si cruellement. 8) de colere. 9) renverser. 10) la brutalité. 11) attirer. 12) sur le corps. 13) faire verser. 14) obliger, contraindre. 15) à la retraite. 16) songer. 17) s'imaginer. 18) son emportement. 19) détester. 20) susciter. 21) l'opression. 22) armer.

XXXV. Von einer Henne und ihren 1) Küchlein.

Eine Henne 2) erblickte eines Tages einen 3) Raubvogel, der ihr ihre Küchlein 4) rauben wollte; 5) diese ließe sie auf das geschwindeste unter einen grossen 6) Korb von 7) Weiden 8) sich begeben, und 9) band ihnen ausdrücklich ein, nicht heraus zu gehen. 10) Hierauf 11) setzte sie sich ihrer Seits in 12) Vertheidigungsstand, und 13) widersetzte sich mit solchem 14) Muth, der 15) Gewaltthätigkeit dieses Vogels, daß er gezwungen wurde, wieder 16) abzuziehen, ohne daß er ein einiges ihrer Küchlein 17) mitnehmen konnte.

S. L. Die Klugheit und weise Anführung 18) der Aeltern, 19) verhindert öfters den 20) Untergang ihrer Kinder.

XXXVI.

1) Un poussin. 2) apercevoir. 3) un oiseau de proie. 4) ravir. 5) elle les. 6) un panier. 7) ozier. 8) faire entrer sous. 9) commander expressément. 10) après quoi. 11) se mettre. 12) en défense. 13) s'oposer. 14) courage. 15) la violence. 16) se retirer. 17) emporter. 18) des peres et des meres. 19) empécher. 20) la perte.

XXXVI. Von einem 1) Sperber und einer 2) Nachtigall.

Ein Sperber 3) fieng einstens eine Nachtigall Dieses arme Thier 4) bat ihn um sein Leben, und 5) erbote sich, selbiges zu seinem Dienst 6) anzuwenden. 7) Nach diesem Anerbieten 8) öffnete der Sperber in etwas seine 9) Klauen, und erkundigte sich, worinn es ihm könnte 10) nützlich seyn? Hierauf antwortete die Nachtigall: 11) Ich kann eine Menge 12) artiger Liedlein, 13) womit ich dich belustigen will. 14) Das ist nicht nach meinem Sinn, versetzte der Sperber, und fraß sie 15) auf der Stelle; dann ich liebe die Musick nur, wann ich 16) rechtschaffen gefressen habe.

S. L. Das nützliche ist dem angenehmen 17) vorzuziehen.

XXXVII.

1) Un épervier. 2) un rossignol. 3) prendre. 4) demander la vie à. 5) s'offrir. 6) employer. 7) à ces offres. 8) lâcher un peu. 9) la serre. 10) être utile. 11) je sais. 12) de petites chansons. 13) dont. 14) cela n'est pas de mon goût. 15) à l'instant. 16) bien. 17) être préférable.

XXXVII. Von einem 1) Jäger und einem 2) Feldhuhn.

Ein Feldhuhn, welches ein Jäger gefangen hatte, 3) bot ihm an, daß es ihm ganze Haufen von andern Feldhünern 4) herbey führen wollte, wenn er ihm das Leben ließe. Der Jäger, der 5) auf die Beute 6) begierig war, ließ sich 7) beynahe überreden. Als er aber 8) überlegte, daß, da es seine 9) Gesellen (Cameraden) zu betrügen, 10) fähig wäre, so könnte es wohl 11) ihn selbst betrügen. Er 12) rief daher, indem er ihm den Kopf 13) eindruckte, aus: Darf man sich wohl auf die Worte eines 14) Verräthers 15) verlassen?

S. L. 16) Die Staatsklugheit duldet zwar die 17) Verrätherey, aber 18) nicht die Verräther.

XXXVIII.

1) Un chasseur. 2) une perdrix. 3) offrir. 4) amener. 5) à la proye. 6) ardent. 7) presque. 8) faire réflexion que puisque. 9) compagnes. 10) capable. 11) lui-même. 12) s'écrier. 13) écraser. 14) un traitre. 15) faire fond sur. 16) la politique. 17) la trahison. 18) non pas.

XXXVIII. Von einem 1) Schäfer und von einem Wolf.

Ein Schäfer, 2) der sich gern eine Lust machen wollte, 3) verursachte öfters denen andern Schäfern 4) einen falschen Lermen, 5) indem er rufte; der 6) Wolf kommt, ob gleich keiner 7) sich sehen ließ. Es geschah einstens, daß ein Wolf ihm 8) würklich eines seiner Schaafe 9) davon trug: welches ihn bewog bey seinen Cameraden 10) Hülfe zu suchen, welche 11) sie ihm aber 12) versagten; weil sie glaubten, daß er 13) nach Gewohnheit 14) sie verirte. Und also 15) ließen sie den Wolf mit seinem 16) Raub 17) durchgehen.

S. L. Das heist 18) schlecht lachen, wenn man 19) mit seinem Schaden lacht.

XXXIX.

1) Un berger. 2) pour se divertir. 3) donner. 4) de fausses alarmes. 5) criant. 6) au Loup. 7) se présenter. 8) en effet. 9) enlever. 10) demander du secours à. 11) lequel. 12) refuser. 13) à son ordinaire. 14) se moquer de. 15) laisser. 16) la proye. 17) échaper. 18) mal rire. 19) à ses depens.

Fabeln. 43

XXXIX. Von einem 1) Kinde und einem 2) Diebe.

Ein Kind, welches 3) bey einem 4) Ziehbrunnen 5) saß, weinte. Da 6) kam ein Dieb herbey, der es um die Ursach seiner 7) Thränen fragte. Ich weine, sagte das listige Kind: weil mein 8) Krug, der von Gold war, in den Brunnen 9) gefallen ist. Auf diese Worte kleidete sich der Dieb aus, und 11) stieg in den Brunnen hinab, um selbigen zu suchen Nachdem er hatte, 12) rechtschaffen herrum 13) gesuchet, und sahe, daß er seine Zeit 14) vergeblich zugebracht, stieg er wieder hinauf, und fand weder seinen 15) Rock noch das Kind, welches ihm selbigen 16) davon getragen.

S. L. Der 17) Geiz macht, daß wir öfters dasjenige verlieren, was wir haben, wann er uns 18) verleitet, dasjenige zu suchen, was wir 19) nicht bekommen werden.

XL.

1.) Un enfant. 2) un larron. 3) près. 4) un puits. 5) assis. 6) survenir. 7) les larmes. 8) la cruche. 9) tombé. 10) se deshabiller. 11) descendre. 12) bien. 13) fouiller. 14) perdu. 15) la robe. 16) emporté. 17) l'avarice. 18) engager à. 19) n'avoir pas.

XL. Von einem 1) Bauren und einem 2) Götzen.

Ein Bauer hatte in seinem Haus einen Götzen, den er in seinen 3) dringenden Nöthen 4) anflehete. Einsmals, da er 5) die Hülfe, die er verhofte, von ihme 6) nicht erhielt, nahm er einen 7) Stock und schlug ihn 8) in Stücken. Da 9) kamen aus dem Götzen eine grosse Anzahl 10) Goldstücke heraus, die er mit 11) Begierde 12) auflaß, indem er ausrufte: Ich muß 13) gestehen, daß du ein 14) recht boshafter Gott warest, weil du dich 15) geweigert hast, mir Gutes zu thun, 16) da ich dich so inständig darum 17) bat; nun 18) achte ich 19) dasienige, das du mir jetzo erweisest, für nichts, weil ich es mit 20) Gewalt und 21) wider deinen Willen erhalten.

S. L.

1) Un payſan. 2) une indole. 3) les preſſantes néceſſités. 4) invoquer. 5) le ſecours. 6) rebuté de ne pas recevoir. 7) un bâton. 8) briſer. 9) ſortir. 10) pièces d'or. 11) avec ardeur. 12) ramaſſer. 13) avouer. 14) un Dieu bien méchant. 15) d'avoir refuſé. 16) pendant que. 17) prier. 18. compter. 19) celui. 20) par force. 21) malgé toi.

§. §. Man muß 22) auf eine anständige Art denen Personen 23) zuvor kommen, denen wir 24) helfen wollen, und nicht warten, biß sie 25) in der äussersten Noth sind.

XLI. Von der 1) Sonne und vom 2) Winde.

Die Sonne und der Wind 3) stritten 4) um ihre Stärke, und 5) wurden eins, daß derjenige, der am geschwindesten dem ersten 6) vorbey Reisenden, den Mantel 7) abnehmen würde, für den Stärksten sollte 8) gehalten werden. Der Wind 9) blies wider einen Reisenden mit 10) solcher Heftigkeit, daß er ihn zwang, sich 11) einzuwickeln, und ihm noch mehr zu 12) widerstehen. Die Sonne 13) ihrer Seits 14) erweckte 15) nach und nach eine so grosse Wärme bey einem andern Menschen, daß sie ihn zwang, seinen Mantel von seinen 16) Schul-

---

22) de bonne grace. 23) prévenir. 24) secourir. 25) dans la dernière extremité.

1) Le Soleil. 2) le vent. 3) disputer. 4) de 5) convenir. 6) un passant. 7) ôter. 8) être tenu pour. 9) souffler sur. 10) la violence. 11) s'envelopper. 12) résister. 13) de son coté. 14) exciter sur. 15) peu à peu.

16) Schultern 17) herabzuthun; welches der Sonne einen 18) völligen Sieg gab.

S. L. 19) Es ist besser, 20) die Gelindigkeit als die Gewalt 21) anzuwenden, um 22) eine Sache 23) zu Stande zu bringen.

XLII. Von einem Crocodill und einer Egyptischen 1) Ratze.

Eine Ratze erblickte 2) an dem Ufer des Nilflusses ein Crocodill, gegen welches sie einen 3) Groll hatte. Sie 4) redete es an, und 5) erbot sich ihm die Zähne zu 6) reinigen, und ihm ein 7) Stücklein Fleisch 8) heraus zu ziehen, welches ihm 9) beschwerlich seyn könnte. Das Crocodill, welches 10) sich nichts Böses versah, willigte darein, und machte seinen 11) Rachen auf, in welchen dieses kleine Thier alsbald

16) les epaules. 17) ôter de dessus. 18) enfin. 19) il vaut mieux. 20) la douceur. 21) employer. 22) une affaire. 23) faire réussir.

1) Un rat. 2) au bord du Nil. 3) avoir du chagrin. 4) aborder. 5) s'offrir. 6) nettoyer. 7) la pièce. 8) ôter. 9) incommoder. 10) ne se douter de rien. 11) sa gueule.

Fabeln.

bald 12) hinein fuhr, und 13) zernagte ihm 14) dergestalt 15) das Eingeweide, daß es sich 16) völlig 17) gerochen sah, wegen der 18) Grobheiten, die es 19) ehedem von ihm empfangen hatte.

S. L. Man muß nie allzusehr einem 20) versöhnten Feind 21) trauen.

XLIII. Von einem 1) Jäger und einem 2) Rehbock.

Ein Jäger, nachdem er lange Zeit einen Rehbock 3) verfolgt hatte, 4) trieb ihn auf den 5) Gipfel eines Bergs, 6) woselbst es ihm ohnmöglich war, sich zu 7) retten. Nachdem nun dieses Thier sich in 8) die äusserste Noth 9) gebracht sahe, 10) bat es den Jäger um Quartier (um sein Leben) der sich aber 11) nicht darauf verstehen wollte. Worauf der in Ver-

12) s'élancer. 13) ronger. 14) si bien. 15) les entrailles. 16) pleinement. 17) vangé 18) les insultes. 19) autrefois. 20) reconcilié. 21) se fier.

1) Le chasseur. 2) le chevreuil. 3) poursuivre. 4) pousser. 5) le sommet. 6) d'où. 7) se sauver. 8) l'extrémité. 9) réduit. 10) demander quartier. 11) n'en vouloir rien faire.

Verzweiflung 12) gesetzte Rehbock, alsbald mit solcher 13) Heftigkeit auf diesen 14) Unmenschen 15) hinfuhr, daß er ihn, nebst sich 16) um das Leben brachte.

S. L. Man muß seinem Feinde eine 17) goldene Brücke machen, und ihn niemals 18) zu heftig verfolgen.

XLIV. Von einer 1) Jungfer und einer 2) Bisamkatze.

Ein junges Frauenzimmer, 3) unterhielt eine Bisamkatz, welcher sie 4) viele Freyheit gab. Es trug sich zu, daß sie wollte bey einer 5) Versammlung 6) erscheinen; und deswegen 7) Bisam vonnöthen hatte, sich 8) wohlriechend zu machen. Daher 9) verlangte sie welchen von diesem Thier, welches ihr selbigen 10) versagte. Diese 11) Grobheit 12) rührte dieses

---

12) désespéré. 13) la violence. 14) cet inhumain. 15) se précipita. 16) fit périr. 17) un pont d'or. 18) pousser à bout.

1) Une demoiselle. 2) une civette. 3) nourir. 4) une grande liberté. 5) une assemblée. 6) paroitre. 7) le musc. 8) se parfumer. 9) demander à. 10) refuser. 11) cette malhonnêteé. 12) toucher.

dieses Frauenzimmer so empfindlich, daß sie selbige 13) auf der Stelle, an eine 14) Kette schliessen ließ, und durch 15) dieses harte Verfahren zwang, ihr mehr Bisam zu geben, 16) als sie brauchte.

S. L. Das heißt klug seyn, 17) gutwillig dasjenige zu 18) verwilligen, was man uns mit Gewalt 19) abnehmen kann.

XLV. Von einer 1) Ameise und einer 2) Fliege.

Eine Fliege 3) begegnete einer Ameise wegen 4) ihrer schlechten Lebensart, äuserst grob, 5) da hingegen sie 6) bey den Königen wäre, und 7) bey denen 8) prächtigsten 9) Mahlzeiten. Die Ameise antwortete auf diese 10) Vorwürfe; daß sie 11) mit ihrem Zustande zufrieden seye, daß eine 12) sichere 13) Wohnung ihr

---

13) à l'heure même. 14) enchainer. 15) ce mauvais traitement. 16) qu'il ne lui en faloit. 17) de bonne grace. 18) accorder. 19) ôter.

1) La fourmi. 2) la mouche. 3) insulter. 4) sur sa maniere de vivre basse. 5) pendant. 6) chés. 7) dans. 8) magnifique. 9) le repas. 10) reproches. 11) de son sort. 12) sûr. 13) demeure.

ihr 14) besser gefiele als ein 15) unbeständiges Leben, und 16) daß die Kornkörner und das Brunnenwasser, ihr 17) eben so gut schmeckten, als die 18) niedlichste 19) Speisen; 20) übrigens hätte die Ameise ihrem 21) Unterhalt nur ihrer Arbeit 22) zu danken, 23) da hingegen die Fliege jedermann beschwerlich fiele.

S. L. Ein mittelmäßiges 24) Glück, ist einem 25) unruhigen, und tausend Gefahren 26) unterworfenen 27) Ueberfluß 28) vorzustehen.

XLVI. Von einem 1) Welschen Hahn und 2) einem Haußhahn.

Ein Welscher Hahn, welcher 3) neuerlich in 4) einem Hühnerhofe ankam, 5) erschröckte alle Hühner, die daselbst waren. Der Haußhahn

14) plaire mieux. 15) inconstance. 16) les grains de blé. 17) sembler d'aussi bon gout. 18) délicieux. 19) les mets. 20) qu'au reste. 21) son entretien, sa subsistance. 22) devoir être redevable à. 23) au lieu que. 24) fortune. 25) inquiet. 26) sujet à. 27) abondance. 28) être préférable.

1) Un coq d'Inde. 2) un coq domestique. 3) nouvellement. 4) une basse-cour. 5) épouvanter.

Fabeln.

Hahn wurde 6) dadurch aufgebracht, und 7) kam auf der Stelle herbey ihn anzufallen. Der welsche Hahn 8) stellte ihm 9) mit Bescheidenheit vor, daß er nicht 10) die mindeste Absicht hätte, sie zu 11) beleidigen, und bat sich seine Freundschaft aus. 13) Dieses höfliche Bezeigen wollte diesem 14) groben Thiere 15) nicht anstehen, und der welsche Hahn 16) konnte nicht anders als nach vielem Bitten, ihn 17) dahin bringen, ihn in Ruhe zu lassen.

S. L. 18) Es ist mehr eine 19) Tollkühnheit, als 20) Muth, diejenigen 21) zu beleidigen, die 22) keineswegs gesonnen sind uns zu 23) schaden.

XLVII.

6) s'en émut. 7) venir aussitôt; sur le champ 8) remontrer. 9) avec douceur. 10) la moindre intention. 11) insulter. 12) demander. 13) cette manière honnête. 14) un brutal. 15) n'être pas du goût. 16) ce ne fut qu'après. 17) l'obliger. 18) il y a plus. 19) brutalité. 20) bravoure. 21) à offenser. 22) n'avoir aucun dessein. 23) nuire.

XLVII. Von einem 1) Straußvogel und einer Nachtigall.

Ein Strauß und eine Nachtigall, 2) begegneten eines Tags einander, sie 3) geriethen alsbald auf die 4) Vorzüge, die sie, einer 5) vor dem andern zu haben, 6) vermeinten. Der Strauß 7) strich die Schönheit seines 8) Gefieders heraus, welches 9) grossen Herren 10) zur Zierde dienete Die Nachtigall 11) gestunde es ihm zwar ein; aber 12) deswegen wäre doch dieses Gefieder 13) mit seiner lieblichen Stimme, welche jedermann 14) vergnügte, nicht zu 15) vergleichen. 16) Hierauf flog sie fort, und wollte des Straussens 17) unverständiges Geschwätz nicht länger 18) anhören.

S. L. Die 19) Güter der Seele sind den Gütern des Leibes weit 20) vorzuziehen.

XLVIII.

1) Une autruche. 2) se rencontrer. 3) tomber. 4) les avantages. 5) sur. 6) croire. 7) étaler. 8) le plumage. 9) les grands Princes. 10) à l'ornement. 11) en demeurer d'accord. 12) non pas pour cela que. 13) à sa douce voix. 14) charmer. 15) être comparable. 16) après quoi. 17) les impertinences. 18) sans vouloir entendre. 19) les biens de l'esprit. 20) être préférable.

Fabeln. 69

XLVIII. Von einer 1) Esche und einem 2) Rosenstock.

Eine Esche 3) rühmte sich ihrer 4) Unbeweglichkeit, und 5) begegnete einem Rosenstock, wegen seiner 6) Schwäche, auf eine grobe Art, indem sie ihm vorwarf: daß er dem geringsten Wind 7) nachgäbe. Kaum hatte die Esche 8) ausgeredet, so 9) entstund ein so erschrecklicher 10) Wirbelwind, daß er selbige mit der Wurzel 11) ausriß und 12) zu Boden warf. Der Rosenstock 13) hingegen 14) gab geschicklich nach. Nachdem das 15) Wetter vorbey war, 16) wandte er sich gegen die Esche und sagte zu ihr: daß sie 17) mit ihrem Schaden sähe, daß 18) es dienlicher wäre, einem mächtigen Feind 19) nachzugeben, als ihm 20) verwegener Weise zu 21) widerstehen.

---

1) Un Frêne. 2) un rosier. 3) vanter. 4) la fermeté. 5) insulter. 6) la foiblesse. 7) céder au. 8) parler. 9) survenir. 10) un tourbillon qui. 11) déraciner. 12) jetter par terre. 13) de son coté. 14) plier. 15) l'orage. 16) se tourner vers. 17) à ses dépens. 18) être plus à propos. 19) céder. 20) témerairement. 21) résister.

S. L. Es ist besser 22) nachgeben, als 23) brechen.

XLIX. Von einem Bauern und einem 1) Waldteufel.

Ein Bauer fand 2) in einem 3) strengen Winter einen Waldteufel, der 4) vor Kälte und Hunger 5) halb tod war, in einem Wald. 6) Gerührt von Mitleiden führte er ihn in seine 7) Hütte, 8) wärmte ihn allda und gab ihm zu essen. Als der Satir sahe, daß der Bauer 9) auf die Suppe 10) blies, fragte er ihn deswegen um 11) die Ursach; der Bauer antwortete ihm, 12) daß es geschähe, um 13) sie abzukühlen. Aber warum bliesest du in die Hände 14) auf dem Weg? Das geschahe um sie zu 15) erwärmen, antwortete der Bauer. 16) Fürwahr ich begreife nicht, rufte der Satir aus, wie du 17) aus eben dem Mund 18) sowohl warm als kalt

---

22) plier. 23) rompre.

1) Un Satire. 2) pendant. 3) rude, rigoureux. 4) de. 5) demi-mort. 6) touché. 7) la cabane. 8) chauffer. 9) sur. 10) souffler. 11) la raison. 12) que c'étoit. 13) refroidir. 14) chemin faisant. 15) réchaufer. 16) véritablement. 17) d'une même. 18) également.

Fabeln.

kalt blasen kannſt, und gieng 19) ſogleich aus dem Hauſe.

S. L. Man muß wie die Peſt diejenigen Leute 20) fliehen, die 21) mit doppelter Zunge reden.

L. Von einem Prinzen und einem 1) Sclaven.

Ein Prinz hatte einen ſeiner Sclaven 2) wegen eines 3) begangenen Verbrechens zum Tod verdammt. Dieſer 4) Elende 5) fiel auf ſeine Knie nieder, und bat ihn demüthig, ihm das Leben zu ſchenken. 6) Wegen dieſer Gnade 7) erbot er ſich, einem ſeiner Eſel das Reden zu lernen; und damit er dieſes möchte 8) bewerkſtelligen, verlangte er von demſelben nur eine 9) Friſt von ſieben Jahren. Der Prinz, ob er gleich über den 10) Antrag ſich ſehr verwunderte, 11) nahm doch die Anerbietung an.

19) auſſitôt. 21) éviter. 21) tenir un double langage.

1) Un Eſclave. 2) pour. 3) crime qu'il avoit commis. 4) malheureux. 5) se jetter. 6) pour 7) s'offrir. 8) en venir à bout. 9) un terme 10) propoſition. 11) ne laiſſa pas d'accepter

Der listige Sclav aber sahe diesen 12) Verschub als ein Mittel sein Leben zu erretten, an; indem er 13) hoffte, daß 14) in dieser Zeit, der Prinz, der Esel, oder er, 15) sterben würden, und daß 16) auf solche Weise er von seinem Versprechen würde 17) frey seyn.

S. L. Die schlimmsten Händel werden 18) mit der Zeit 19) beygeleget.

12) le délai. 13) espérer. 14) pendant. 15) venir à mourir. 16) par ce moyen. 17) être dégagé. 18) avec. 19) s'accommoder.

Begebenheiten

1) aus der Natur und Weltgeschichte.

I. Der wahrgemachte 2) Traum.

Es 3) träumte einem Italiäner 4) in einer Nacht, daß die Figur eines Löwens, der 5) bey dem Eingang einer Kirche 6) stunde, ihn 7) verschlingen wollte. 8) Des folgenden Tages gieng er 9) in eben diese Kirche, mit einigen seiner Freunde, 10) welchen er seinen Traum 11) mit Lachen 12) erzehlet hatte. Als er nun 13) zu diesem Löwen gekommen war, 14) steckte er den 15) Finger in dessen 16) Rachen, und sagte: Friß mich, Löw. Aber er

---

1) Tirées de. 2) le songe vérifié. 3) songer. 4) une nuit. 5) à l'entrée. 6) étoit. 7) dévorer. 8) le lendemain. 9) à la même église. 10) à qui. 11) en riant. 12) raconter. 13) auprès de. 14) lui fourrer. 15) le doigt. 16) la gueule.

er hatte 17)- kaum diese Worte geendiget; so
18) stach ihn ein Scorpion, der 19) von ohngefähr in dem Rachen des Löwens war, 20) so empfindlich, daß er 21) davon 22) starb.

II. Kluge 1) Ueberlegung 2) eines Hofnarren.

Leopold Herzog von 3) Oesterreich wollte 4) die Schweizer, welche mit dem Kaiser Ludwig von 5) Bayern 6) in ein Bündniß getreten waren, 7) mit Krieg überziehen, und 8) warb 9) zu diesem Ende zwey tausend Mann Reuterey und zwölf tausend Mann Fußvolk. 10) Hierauf ließ er seinen geheimen Rath 11) zusammen kommen, um zu 12) vernehmen, 13) auf welcher Seite man am leichtesten 14) in die Schweiz eindringen könnte. Nachdem 15) die Rathsversammlung zu Ende gebracht, 16)

17) à peine. 18) piquer. 19. par hazard. 20) si vivement. 21) en. 22) mourir.

1) Sage reflexion. 2) un bouffon. 3) Autriche. 4) les Suisses. 5) Baviere. 6) faire une alliance. 7) aller faire la guerre. 8) lever. 9) pour cet effet. 10) ensuite. 11) faire assembler. 12) savoir. 13) de quel côté. 14) pénétrer dans la Suisse. 15) le conseil fini.

16) kam des Herzogs Hofnarr herben, welcher, nachdem er 17) den gefaßten Entschluß vernommen, zu den 18) Räthen sagte: Euer Rath gefällt mir nicht; denn ihr habet 19) zwar gezeiget, wie man in die Schweiz hinein kommen kann, 20) nicht aber wie man werde 21) heraus kommen können. Der Herzog gieng 22) dennoch hinein, und die Schweizer 23) schlugen ihn, und sein ganzes Kriegsheer.

III. Die 1) wohlausgesonnene Mahlzeit.

Als Kaiser 2) Carl der vierte 3) einstens mit seinem ganzen 4) Hofstaat 5) reisete, kam er, bey einem seiner 6) Pachter, Namens Theodoric Kogelweit, 7) sein Quartier zu nehmen. Dieser 8) ehrliche Mann war 9) über diesen Besuch, 10) dessen er sich nicht 11) versah, gar 12) sehr bestürzt, indem er nicht wußte, 13) wie er einen so grossen Prinzen und 14) zahlreichen Hof

16) arriver. 17) avoir appris la résolution qu'on avoit prise. 18) conseiller. 19) bien. 10) mais non pas. 21) sortir. 22) ne laisser pas de. 23) battre.

1) Le repas bien imaginé. 2) Charles quatre. 3) un jour. 4) la cour. 5) voyager. 6) le fermier nommé. 7) se loger. 8) brave, honnête. 9) de. 10) à laquelle. 11) s'attendre. 12) bien surpris. 13) comment. 14) nombreux.

Hof 15) bewirthen sollte. Endlich 16) fiel ihm etwas ein, welches dem Kaiser wohl gefiel 17) Nemlich er 18) ließ die Ohren und 19) Schwänze allen 20) Schweinen des 21) Dorfes abschneiden, und nachdem er sie auf 22) verschiedene Art hatte 23) zurichten lassen, ließ er sie 24) zu grosser 25) Verwunderung des Hofes 26) auftragen, als welcher 27) anfangs glaubte, daß dieser Mann eine so 28) ungeheure Menge 29) eingesalzener Schweine hätte. 30) Nach der Hand aber lachte man 31) über den lustigen Einfall.

IV. Soliman ein grosser 1) Liebhaber der Gerechtigkeit.

2) Jedermann 3) gestehet ein, daß Soliman der größte Prinz gewesen sey, der 4) jemals den Ottomannischen Thron 5) bestiegen hat.
Er

---

15) régaler. 16) s'aviser d'une chose. 17) c'est 18) faire. 19) les queues. 20) les cochons. 21) le village. 22) divers. 23) aprèter. 24) au. 25) étonnement. 26) servir. 27) dabord. 28) prodigieux. 29) salé. 30) dans la suite. 31) de la plaisanterie.

1) Grand justicier. 2) tout le monde. 3) convenir. 4) jamais. 5) être monté sur.

Begebenheiten.

Er liebte 6) die Gerechtigkeit dergestalt, daß wann er 7) vernahm, daß einer seiner Bedienten 8) das Recht 9) verdreht hatte, er selbigen ohne Barmherzigkeit umbringen 10) ließ. Man 11) erzehlet von ihm, daß als er von 12) der Belagerung 13) der Vestung Belgrad 14) zuruck zog, eine arme Frau sich zu ihm 15) nahete, und 16) sich bey ihm beklagte, 17) daß seine Soldaten, ihr all ihr 18) Vieh 19) hinweggenommen hätten. Der Prinz antwortete ihr 20) lachend: Daß sie müßte sehr 21) verschlafend gewesen seyn; 22) weil sie die Diebe nicht hätte kommen hören. Ja, ich schlief, antwortete sie ihm, 23) aber gnädigster Herr, in dem 24) Vertrauen, daß 25) Ihro Hoheit, für die öffentliche 26) Sicherheit wachte. 27) Anstatt nun, daß er sich über diese Antwort 28) erzürnet hätte, ließ er dieser Frauen solche Ge-

6) la justice. 7) aprendre. 8) le droit. 9) pervertir. 10) faire mourir. 11) raconter. 12) le siége. 13) la forteresse. 14) se retirer. 15) s'aprocher de. 16) se plaindre à. 17) de ce que. 18) le bétail. 19) enlever. 20) en riant. 21) endormie. 22) de n'avoir pas. 23) Seigneur. 24) la confiance. 25) votre Altesse. 26) veiller pour la sûreté. 27) au lieu de. 28) se fâcher de.

Geschenke 29) reichen, welche ihren 30) Schaden ersetzten, und sie sogar 31) reich machten.

V. 1) Wachsamkeit 2) der Gänse.

Man 3) giebt vor, daß die Gänse eben so 4) tauglich sind als die Hunde 5) bey Nacht ein Haus zu 6) hüten, weilen, 7) so bald sie etwas hören, sie 8) die Hausherren, 9) zu Hülfe ruffen. Hievon 10) führt man ein 11) berühmtes Exempel an. Als die 12) Gallier bey Nacht das Capitolium zu Rom 13) besteigen wollten, so 14) wurfen sie denen Hunden, die es bewachten, Fleisch vor, 15) damit sie selbige 16) vom Bellen 17) abhielten. Welches ihnen 18) vollkommen 19) wohl gelungen. Aber ob sie gleich denen Gänsen, so daselbst waren, 20) zu fressen vorwarfen, konnten sie doch diese nicht hindern zu 21) schreyen; und die Römer

---

29) faire donner. 30) dédommager. 31) enrichir.

1) La vigilance. 2) les oyes. 3) prétend. 4) propre à. 5) de nuit. 6) garder. 7) dabord. 8) les maitres du logis. 9) à leur secours. 10) citer. 11) fameux. 12) les Gaulois. 13) escalader. 14) jetter. 15) pour. 16) aboyer. 17) empécher. 18) parfaitement. 19) réussir. 20) dequoi manger. 21) crier.

mer 22) aufzuwecken, welche ihre Feinde 23) glücklich 24) zurück trieben. 25) Von selbiger Zeit an 26) erwies man zu Rom denen Gänsen viel Ehre, wegen ihrer Wachsamkeit, 27) da man hingegen denen Hunden, wegen ihrer 28) Nachlässigkeit, 29) harte Strafen 30) ausstehen ließ.

VI. 1) Fruchtbarkeit des Königreichs Schweden.

2) Die Erdebeschreiber 3) behaupten, daß in Schweden nur zwo 4) Jahrszeiten sind, nemlich der Sommer und der Winter. 5) Dieser dauert neun Monate, und 6) jener dauret nur drey. 7) Inzwischen, 8) obgleich diese Zeit sehr 9) kurz ist; so 10) säet und 11) erndtet man daselbst, und alle 12) Früchte kommen 13) zur Reife. Denn diese Zeit über, 14)

---

22) éveiller. 23) hureusement. 24) repousser. 25) depuis. 26) rendre. 27) au lieu que 28) la négligence. 29) de grands suplices. 30) faire soufrir.

1) La fertilité de la Suede. 2) Géographes. 3) soutenir. 4) la saison. 5) celui-ci. 6) l'autre. 7) cependant. 8) quoique. 9) court. 10) sémer. 11) moissonner. 12) les fruits de la Campagne. 13) parvenir à maturité.

14) scheint die Sonne fast 15) immer hin; und weilen die Nächte sehr kurz sind, so wird der Erdboden 16) nicht viel 17) abgekühlt; welches dann macht, daß zuweilen die Hitze der Sonne so groß wird, daß sie 18) Wälder 9) anzündet, und entsetzliche 20) Feuersbrünste verursacht, welche nicht können 21) gelöscht werden, 22) es sey dann, daß ein 23) See oder grosse 24) Ebene 25) den Fortgang 26) hinderte.

VII. 1) Buße des Kaisers Theodosii.

Unter 2) der Regierung Theodosii des Grossen, 3) empörten sich die Thessalonicher, 4) wurfen die Statuen des Kaisers und seiner 5) Gemahlin über den Haufen, und 6) tödteten verschiedene seiner 7) Bedienten. Ein 8) solches Verbrechen 9) brachte diesen 10) Regens

 14) luire. 15) continuellement. 16) n'est gueres. 17) rafraichir. 18) la forêt. 19) embraser. 20) l'incendie. 21) s'éteindre. 22) à moins que. 23) un lac. 24) une plaine. 25) les progrés. 26) en empêche.

 1) Pénitence. 2) le régne. 3) les Thessaloniciens se souleverent. 4) renverser. 5) son épouse. 6) tuer. 7) les officiers. 8) tel. 9) un attentat. 10) le prince.

Begebenheiten 81

genten 11) dergestalt 12) in Zorn, daß er 13) Kriegsvölker dahin schickte, welche siebentausend 14) Innwohner von dieser Stadt 15) umbrachten. Als Ambrosius, der 16) damals 17) Erzbischof zu Mayland war, diese 18) Nachricht erfuhr; 19) that er diesen Kaiser in den Bann, und 20) gab ihm einen schrecklichen Verweis. Dieser 21) Regent war dadurch dergestalt 22) gerührt, daß er die aufrichtigste 23) Reue 24) bezeigte. Man sahe ihn 25) mit bloßem Kopfe und 26) barfüßig 27) vor den Thüren der Kirchen um 28) Vergebung seiner Sünden bitten, bis daß er die ganze 29) Buße, die ihm war 30) aufgelegt worden, 31) erfüllt hatte. Das 32) Verfahren des heiligen Ambrosii würde 33) in unsern Zeiten 34) nicht genehmiget werden.

VIII.

11) au point que. 12) irriter. 13) des troupes. 14) habitans. 15) massacrer. 16) pour lors. 17) Ambroise Archevêque de Milan. 18) la nouvelle. 19) excommunier. 20) faire une terrible censure. 21) ce prince. 22) être touché. 23) la repentance. 24) témoigner. 25) tête nue. 26) pieds nuds. 27) aux. 28) demander la remission. 29) la pénitence. 30) imposé. 31) accomplir. 32) le procédé. 33) de notre tems. 34) n'être pas recevable.

VIII. 1) Trauriger 2) Einsturz eines Amphitheaters.

Die Römer 3) hatten einen sehr grossen Geschmack an denen 4) Schauspielen. Sie 5) sparten nichts, 6) damit sie sich 7) dieses Vergnügen 8) verschaffen mögten. Sie ließen grosse 9) Gebäude, die zu diesem 10) Gebrauch 11) bestimmt waren, 12) aufrichten, und 13) wandten übermäßige 14) Kosten auf, 15) wilde Thiere und 16) Fechter zu unterhalten. Die 17) Einwohner der Stadt Fidene, so 18) nicht weit von Rom 19) liegt, hatten ein sehr 20) prächtiges Amphitheater 21) aufbauen lassen: dieses 22) ansehnliche Gebäude war ihnen aber 23) sehr schädlich; dann da sie sich 24) eines Tages daselbst 25) belustigten, 16) fiel es 27) schnell über

1) Funeste. 2) chute. 3) être fort du goût de. 4) les spectacles. 5) épargner. 6) pour. 7) ces plaisirs. 8) procurer. 9) édifices. 10) usage. 11) destinés. 12) faire élever, construire. 13) faire. 14) des dépenses excessives. 15) des bêtes feroces. 16) entretenir des gladiateurs. 17) habitant. 18) près de. 19) être situé. 20) magnifique. 21) bâtir. 22) superbe. 23) très funeste pour eux. 24) un jour que. 25) se divertir. 26) tomber. 27) tout d'un coup.

über den Haufen, und 28) brachte durch seinen 29) Einsturz mehr als funfzigtausend Personen um das Leben. Dieses 30) ereignete sich sieben und zwanzig Jahr nach der 31) Geburt unsers 32) Heilandes.

IX. Gottfrieds von Bouillon 1) Unerschrockenheit.

Die 2) Großmuth Gottfrieds von Bouillon 3) wie auch dessen 4) Herzhaftigkeit waren 5) bey der ganzen Armee der 6) Creutzzüger 7) dergestalt bekannt, daß man ihm das Commando 8) über selbige 9) auftrug, und nachdem die Stadt Jerusalem war 10) eingenommen worden, wurde er 11) daselbst zum Könige 12) gekrönt. Als er 13) nach Armenien gekommen war, sahe er, daß ein Soldat 14) in Gefahr war, von einem Löwen 15) zerrissen

---

28) faire mourir. 29) la chute. 30) arriver. 31) la naissance. 32) le Sauveur.

1) Intrepidité de Godefroi. 2) generosité. 3) de même que. 4) courage. 5) de. 6) les croisées. 7) si. 8) en. 9) déférer le commandement. 10) prise. 11) y. 12) couronné. 13) étant arrivé en. 14) en danger. 15) déchiré

riſſen zu werden, da 16) ſtieg er vom Pferde ab, 17) brachte dieſes 18) reiſſende Thier um, und 19) erhielt dieſen Soldaten beym Leben.

X. 1) Ausrottung der 2) Wölfe in England.

Es gab 3) ehedeſſen eine ſehr groſſe 4) Menge Wölfe in 5) England. 6) Es trug ſich einsmals zu, daß ein Herzog von 7) Wallis, wider den König von Engelland, ſeinen 8) Oberherrn 9) rebellirte. Dieſer, um ihn 10) zum Gehorſam zu bringen, 11) überzog ihn mit Krieg, 12) zwang ihn, ihn für ſeinen 13) Oberherrn zu 14) erkennen, und 15) legte ihm einen 16) jährlichen Tribut auf, den er in 17) lauter Wolfs 18) Häuten bezahlen 19) muſte. Damit der Herzog ſelbige 20) verſchaffen möchte

ſchickte

16) mettre pied à terre. 17) tuer. 18) furieux. 19) ſauver la vie à.

1) Extirpation. 2) le loup. 3) autrefois. 4) la quantité. 5) l'Angleterre. 6) il arriva ûn jour. 7) Galles. 8) ſouverain. 9) rebeller, ſe ſoulever. 10) mettre à la raiſon. 11) faire la guerre. 12) obliger à. 13) ſeigneur. 14) reconnoitre. 15) impoſer. 16) annuel. 17) tout en. 18) la peau. 19) devoit. 20) fournir.

schickte er eine so grosse 21) Menge 22) Jäger wider die Wölfe aus, daß sie ganz Engelland und das Herzogthum Wallis 23) von selbigen 24) rein machten, 25) dergestalt, daß man keine mehr siehet.

XI. Der ohnschädlich 1) genommene 2) Gift.

Mithridates, König in Ponto, war so 3) gelehrt, daß er sechszehn 4) verschiedene Sprachen wie seine Muttersprache redete. Er hatte sich 5) gewöhnt, 6) allerley giftige Kräuter zu essen, ohne daß sie ihm 7) einigen Schaden 8) verursachten. Und 9) nach der Hand, da er sich wollte 10) mit Gift umbringen, 11) damit er nicht in der Römer Hände 12) gerathen mögte; so war es ihm ganz unmöglich, es zu bewerkstelligen. 14) So sehr hatte sich die Natur an diese Gattung des Gifts gewöhnt.

21) nombre. 22) le chasseur. 23) en. 24) dépeuplerent. 25) de sorte que.

1) Sans faire du mal. 2) du poison. 3) savant. 4) diférentes. 5) s'acoutumer à, 6) toutes fortes de, 7) aucun mal. 8) faire. 9) dans la suite. 10) s'empoisonner. 11) pour ne pas. 12) tomber. 13) faire, effectuer. 14) tant.

XII. 1) Uebertriebene 2) zärtliche Liebe einer Frauen.

3) Als im Jahr 1602. die 4) Savoyarden die Stadt Genf 5) überrumpeln wollten 6) und ihr 7) Streich ihnen 8) mißlunge; so 9) geriethen verschiedene der Ihrigen den Genfern 10) in die Hände, die sehr 11) übel mit ihnen verfuhren. Es befand sich unter den 12) Gefangenen ein 13) verheiratheter Mann, von 14) ansehnlichen Stand. 15) Kaum hatte seine Ehegattin 16) Nachricht von seinem Unglücke bekommen, so kam sie 17) alsbald nach Genf, und 18) bat den Magistrat, er mögte ihr 19) erlauben, mit ihrem Mann zu sprechen, 20(ehe man ihm 21) das Leben nähme. Es wurde ihr aber diese 22) Gefälligkeit 23) abgeschlagen. 24) Gleich darauf ward ihrem Manne

---

1) Outré. 2) tendresse. 3) lorsque. 4) Savoyards. 5) surprendre. 6) et que. 7) coup. 8) manquer. 9) tomber. 10) au pouvoir des Genevois. 11) faire un mauvais parti à. 12) les prisonniers. 13) marié. 14) d'un rang distingué. 15) à peine. 16) avoir avis de. 17) aussitôt. 18) prier. 19) permettre. 20) avant qu'on ne. 21) ôter la vie. 22) la faveur. 23) refuser. 24) peu après.

ne wie allen andern der 25) Kopf abgehauen, und man 26) steckte die Köpfe auf die Stadtmauer, die 27) gegen Savoyen 28) hinsieht. Nachdem die gute Dame diese traurige Nachricht 29) erfahren, da kam sie, 30) setzte sich 31) gegen eben diesen, 32) Ort über, und 33) blieb allda ohne 34) etwas zu essen, noch zu trinken, 35) biß daß der Tod ihrer Traurigkeit 36) ein Ende gemacht hatte.

XIII. 1) Unerträgliche Kälte.

Auf dem 2) Andischen Gebürg, welches zwischen Peru und Chili 3) liegt, 4) regiert eine so kalte und subtile 5) Luft, daß sie die Leiber der Menschen 6) durchdringet, und sie 7) tödtet. 8) Dieses begegnete einem 9) Trupp Spanier, welcher, als er über dieses Gebürg 10) marschirte,
eine

25) trancher la tête. 26) planter. 27) du coté. 28) regarder. 29) apris. 30) vint s'asseoir. 31) vis à vis de. 32) endroit. 33) rester. 34) rien. 35) jusqu'à ce qui. 36) terminer la tristesse.

1) Insuportable. 2) les montagnes des Andes. 3) situées. 4) il régne. 5) un air, un vent. 6) pénétrer. 7) tuer. 8) c'est ce qui. 9) troupe. 10) traverser.

eine sehr grosse Anzahl Leute verlohr. Als einige Jahre hernach andere Spanier 11) durch eben diesen Ort zogen, fanden sie die Leiber ihrer 12) Landsleute 13) starr gefroren, nemlich 14. die Reuter auf ihren Pferden 15) sitzend, mit dem 16) Zügel in der Hand, und die 17) Fußgänger mit der Mußkete auf der 18) Schulter, 19) eben so, als wenn sie 20) Schildwache stünden. Man muß wissen, daß diese Berge von einer ungeheuren 22) Höhe sind, und daß die höchsten Berge in Europa, 23) gegen sie nur 24) Hügel seyen.

XIV. Die in einen 1) See 2) verwandelte Stadt.

Plurs, eine in der 3) Grafschaft Chiavenna gelegene 4) Handelsstadt, die 5) beynahe vier tausend Inwohner 6) enthielte, hatte den fünf

12) passer par le même endroit. 12) compatriotes. 13) tout gelés. 14) le cavalier. 15) monté 16) la bride en main. 17) les fantassins. 18) l'épaule. 19) comme si. 20) faire sentinelle. 21) prodigieux. 22) la hauteur. 23) en comparaison de celles la. 24) que des côteaux.

1) Un Lac. 2) changé. 3) le comté de Clavenne. 4) vile marchande. 5) environ. 6) contenir,

Begebenheiten. 89

fünf und zwanzigsten Augusti des Jahrs 1618. das Unglück, daß sie 7) bey einem erschröcklichen 8) Erdbeben 9) verschlungen wurde, und der Ort, 10) wo sie stund, ward in einen See verwandelt. Man erzehlet, daß einige Tage vor diesem 11) traurigen Zufall, ein Mann durch die ganze Stadt 12) lief, und die Bürger 13) ermahnte, sich zur Stadt 14) hinaus zu begeben; weil er 15) wahrgenommen hätte, daß der Berg Conto genannt, sich 16) losrieße, und der Stadt den Untergang 17) androhete. Aber niemand wollte ihm 18) Gehör geben. Er 19) gieng also allein mit seiner Tochter hinaus. 20) Die Begierde ein 21) Kistlein 22) zu holen, das sie vergessen hatte 23) verleitete sie in die Stadt 24) zurück zu kehren; und sie wurde mit dem grösten Theil der Inwohner unter dem Berg 25) begraben.

E 5   XV.

7) pendant. 8) tremblement de terre. 9) engloutie. 10) qu'elle occupoit. 11) funeste accident. 12) parcourir. 13) avertir. 14) se rétirer. 15) remarquer. 16) se détacher. 17) menacer. de. 18) écouter. 19) sortir. 20) l'envie. 21) un petit coffre. 22) chercher retirer. 23) engager à. 24) s'en retourner. 25) ensevelir.

XV. Das durch einen 1) Zufall 2) ungestrafte 3) Verbrechen.

4) Die Jahrbücher der in den 5) Oesterreichischen Niederlanden liegenden Stadt Gent 6) melden, daß ein Vater, nebst seinem Sohne waren eines großen Verbrechens 7) überzeugt, und zum Tod verdammt worden. 8) Nach der Hand aber wurde das 9) Todesurtheil 10) gemildert, 11) dergestalt, 12) daß nur einer von denen 13) Verbrechern sterben, der andere aber 14) das Amt des 15) Henkers verrichten sollte. Der Vater wollte durchaus nicht dem Sohn das Leben 16) nehmen. Der Sohn aber war nicht so 17) gewissenhaft; dann er 18) entschloß sich, seinem Vater den Kopf herabzuschlagen. Es 19) trug sich aber 20) glücklicher Weise zu, daß in dem Augenblick, da er 21) den Hieb 22) that, 23) die Klinge des Schwerdts, aus

1) Un accident. 2) impuni. 3) le crime. 4) les Annales. 5) la Flandre Autrichienne. 6) raporter. 7) convaincu de. 8) dans la suite. 9) la sentence. 10) modéré. 11) de manière. 12) qu'il n'y auroit. 13) les coupables. 14) l'office. 15) le boureau. 16) ôter. 17) scrupuleux. 18) il se mit en devoir. 19) il arriva. 20) heureusement. 21) le coup. 22) donna. 23) la lame de l'épée.

Begebenheiten. 91

aus 24) dem Heft 25) fuhr, 26) ohne den Vater zu beschädigen. 27) Hierauf 28) schenkte man allen beyden das Leben. 29) Zum Andenken dieser 30) Begebenheit, 31) verwahrt man bis jetzt dieses Schwerdt 32) auf dem Rathause zu Gent.

XVI. 1) Trauriger Erfolg 2) eines Heyrathsverspruchs.

Ernest Herzog zu 3) Bayern hatte nur einen Sohn mit Namen Albert. Dieser Prinz wurde in eine Barbiers Tochter zu Augsburg, Agnes genannt, 4) sterblich verliebt. Dieses Mädchen 5) brachte durch ihre 6) Reizungen ihren Liebhaber 7) dahin, daß er die 8) Schwachheit begieng, sich mit ihr 9) in einen Eheversprych 10) einzulassen; welches sie veranlaß-

24) la poignée. 25) se défaire. 26) sans faire aucun mal. 27) alors. 28) faire grace à 29) en memoire. 30) le fait. 31) garder. 32) dans l'hôtel de ville.

1) Funeste suite. 2) promesse de mariage. 3) Baviere. 4) devint éperdûment amoureux de. 4) fille. 6) manieres séduisantes. 7) porter. 8) avoir la foiblesse. 9) faire une promesse de mariage. 10) engager.

anlaßte, sich die 11) Hofnung zu machen, bald eine Prinzeßin zu 12) werden. Nachdem der Vater des Prinzen, 13) die Wege der 14) Gelindigkeit und der 15) Schärfe 16) vergeblich 17) angewendet hatte, seinen Sohn von einer so 18) unschicklichen Verbindung 19) abzuziehen; auch 20) vernommen hatte, daß Agnes öffentlich den Titel einer Herzogin von Bayern 21) führte; 22) fand er kein kürzeres 23) Mittel, seinen Sohn von seiner 24) tollen Liebe zu 25) curiren, als sie in der Donau 26) ertränken zu lassen; 27) welches nahe bey Regenspurg geschah.

XVII. 1) Bewundernswürdiges Exempel einer aufrichtigen 2) ehelichen Liebe.

Als Rudolph von Wart, einer der 3) Meuchelmörder des Kaisers Albert, nicht mehr wuste,

11) former l'espérance. 12) devenir. 13) les voyes. 14) de douceur. 15) de rigueur. 16) en vain. 17) employer. 18) une alliance disproportionnée. 19) détourner. 20) ayant apris. 21) prendre. 22) ne trouver. 23) le moyen. 24) fol amour. 25) guérir. 26) faire noyer dans le Danube. 27) ce qui fut fait. 28) Ratisbonne.

1) Merveilleux. 2) amour conjugal. 3) assassin.

Begebenheiten.

wuste, wo er sich 4) hinflüchten sollte, 5) damit er vor den 6) Verfolgungen der Söhne des 7) verstorbenen Kaisers 8) sicher seyn möchte, 9) begab sich zu dem Grafen von Blamont. Endlich aber wurde er an Leopold 10) Herzogen von Oesterreich 11) ausgeliefert, der ihn 12) lebendig rädern und auf 13) das Rad 14) legen ließ, wo er noch dren Tag 15) lebte. Seine Gemahlin gab ihm ben 16) dieser traurigen Gelegenheit einen Bewundernswürdigen 17) Beweis von ihrer 18) wahren und aufrichtigen ehlichen Liebe. Denn sie 19) begab sich alle Nächte 20) unter das Rad, wo sie 21) Gott mit 22) blutigen Thränen 23) um 24) das Heil seiner Seele bat, und man konnte sie von 25) dar 29) nicht hinweg bringen, 27) bis er gestorben war.

XVIII.

4) se retiter. 5) pour. 6) poursuite. 7) défunt. 8) se garantir. 9) se rendre. 10) Duc. 11) livrer. 12) rompre vif. 13) la roue. 14) exposer sur. 15) vécut. 16) triste occasion. 17) une épreuve. 18) véritable. 19) se rendre. 20) sous. 21) prier Dieu. 22) des larmes de sang. 23) pour. 24) le salut. 25) en. 26) faire partir. 27) qu'il ne fut mort.

XVIII. Bajazeths 1) unglückliches Ende.

Nachdem Tamerlan, Bajazeth den 2) türkischen Kaiser in einem Treffen 3) überwunden und 4) gefangen genommen hatte, konnte er sich nicht 5) des Lachens enthalten, 6) als er ihn sah. Diese 7) Bewillkommung 8) verdroß den Bajazeth, welcher zu ihm sagte: O Tamerlan lache nicht 9) über mein Unglück; 10) Gott ist derjenige, der die Cronen und Scepter giebt, und 11) nimmt, 12) wann es ihm gefällt; und 13) mancher, der heute 14) Ueberwinder ist, kann morgen 15) überwunden werden. Ich lache nicht 16) hierüber, sagte Tamerlan; sondern 17) darüber; daß er selbstgen einem 18) Einäugigen, wie du bist, und einem Elenden 19) Hinkenden, wie ich bin, gegeben hat. 20) Inzwischen ließ er den Bajazeth

---

1) Tragique. 2) turc. 3) vaincu. 4) faire prisonnier. 5) s'empecher de rire. 6) lorsque. 7) la reception. 8) fâcher. 9) de. 10) c'est Dieu. 11) ôter. 12) quand. 13) tel. 14) vainqueur. 15) vaincu. 16) de cela. 17) je ris de ce que. 18) un borgne. 19) un boiteux. 20) cependant.

Begebenheiten. 95

zeth in 21) einen eisernen Käsig einsperren, 22) aus welchem man ihn nicht 23) heraus ließ, als wenn Tamerlan wollte zu 24 Pferd sitzen; 25) alsdann muste sich Bajazeth 26) bücken, 27) damit Tamerlan den Fuß auf dessen Rücken 28) setzen, und 29) auf das Pferd steigen konnte. Weil Bajazeth dieses 30) unwürdige 31) Bezeigen nicht ertragen konnte; so 31) stieß er sich den Kopf an den eisernen 33) Stangen des Käsigs entzwey.

XIX. Carl des zwölften 1) Unerschrockenheit.

Als 2) Carl der Zwölfte 3) König in Schweden, im Jahr 1700, mit Christian dem Fünften, König in Dännemark 4) in einen Krieg geriethe, that er eine 5) Landung in der Insel See-

21) une cage de fer. 22) d'où. 23) faire sortir. 24) monter à cheval. 25) alors on l'obligeoit. 26) se courber. 27) pour que. 28) mettre. 29) monter à cheval. 30) indigne. 31) traitement. 32) se casser la tête. 33) aux barreaux de fer.

1) Intrépidité. 2) Charles. 3) Roi. 4) faire la guerre à Chrétien. 5) une descente.

Seeland, 6) in der Absicht, Koppenhagen 7) die Hauptstadt des Königreichs zu 8) belagern. 9) Weil aber 10) unter den 11) Transportschiffen, 12) dasjenige, worinn der König Carl war, nicht 13) nahe genug 14) an das Ufer 15) gelangen konnte, wo 16) die Landung 17 geschehen sollte, 18) sprang er aus seiner 19) Schaluppe in das Meer, mit dem Degen in 20) der Faust, indem ihm das Wasser biß an dem 21) Gürtel 22) gieng. Seine Minister, die Officiere und die Soldaten 23) folgten alsbald seinem Exempel, und 24) marschirten 25) gegen das Ufer hin, 26) ohngeachtet 27) eines Hagels von 28) Mußkettenschüssen, welche die Dänen auf sie 29) machten. Der König, welcher niemals 30) Musketen 31) mit Kugeln geladen hatte abfeuern hören, 32) fragte den Major Stuard,

6) pour. 7) la Capitale. 8) assiéger. 9) comme. 10) parmi. 11) les bâteaux de transport. 12) celui. 13) assez près. 14) du rivage. 15) aborder. 16) le débarquement. 17) se faire. 18) sauter. 19) la chaloupe. 20) la main. 21) la ceinture. 22) avoir. 23) suivre. 24) marcher. 25) au rivage. 26) malgré. 27) une grêle. 28) mousquetades. 29) tirer. 30) de la mousqueterie. 31) chargés à balles. 32) demander à.

Stuard, der sich 33) neben ihm befand: 34) was das kleine 35) pfeifen wäre, das er 36) vor seinen Ohren hörte? Das ist das 37) Geräusch, welches die 38) Flintenkugeln machen, die man nach uns schießt, sagte der Major zu ihm. 39) Gut, sagte der König, das soll 40) in Zukunft meine Musik seyn.

XX. Kaiser Carls des Fünften 1) Klosterleben.

Carl der Fünfte, der 2) der Regierung seiner Staaten 3) überdrüssig war, 4) begab sich in das 5) Kloster des Heiligen Just in Spanien, 6) damit er daselbst den 7) Uebungen der Andacht 8) obliegen möchte. Er gieng an einem Morgen 9) da die Ordnung an ihm war, alle die andern 10) Geistlichen des Klosters auf 11) zu

33) auprès de lui. 34) ce que c'étoit. 35) sifflement. 36) à. 37) le bruit. 38) les bales de fusils. 39) bon. 40) dorénavant oder à l'avenir.

1) Vie monastique. 2) de gouverner. 3) Charles Quint dégouté. 4) se retirer. 5) le monastere Saint Iuste en Espagne. 6) pour. 7) les exercices de devotion. 8) s'occuper. 9) à son tour. 10) le religieux. 11) éveiller.

zu wecken. Er fand einen jungen 12) Mönchen, der noch ein 13) Neuling war, in einem so 14) tiefen 15 Schlaf 16) liegend, daß er viel Mühe hatte, ihn aus dem Bett zu 17) bringen. Als der Neuling endlich 18) mit Unwillen, und noch 19) halbschlafend aufgestanden, konnte er sich nicht 20) entbrechen 21) zu ihm zu sagen: Er sollte sich doch 22) begnügen, die 23) Ruhe der Welt 24) gestört zu haben, und 25) nicht kommen, die Ruhe 26) derjenigen zu stören, welche die Welt verlassen hätten.

XXI. Grosse 1) Hungersnoth.

Im Jahre 1590. 2) empörte sich die Stadt Paris wider Heinrich den Grossen. 3) Dieses nöthigte ihn, sie 4) einzuschliessen, und 5) keine Lebensmittel 6) hinein zu lassen. Dieses machte daß die Hungersnoth sich bald darinnen
— 7) spü-

---

12) moine. 13) novice. 14) profond. 15) sommeil. 16) enseveli. 17) faire lever. 18) à regrer. 19) moitié endormi. 20) s'empécher. 21) de. 22) se contenter. 23) le repos. 24) troubler. 25) sans venir. 26) de ceux.

1) La famine. 2) se soulever. 3) c'est ce qui. 4) bloquer. 5) aucune provision. 6) y laisser entrer.

Begebenheiten.

7) spüren ließ. Man 8) verkaufte daselbst das 9) Malter 10) Korn für achtzig 11) Thaler, das 12) Pfund 13) Butter für zween Thaler, einen 14) Hammelschlegel für vier Thaler und ein 15) Ey für fünf Groschen. 16) Es waren also nur die Reichen, die Brod haben konnten; 17) noch hatten sie dessen nicht 18) nach Genügen. 19) Was die Armen anbelanate, wurden sie 20) in die äußerste Noth 21) gesetzt, und genöthiget Brod aus 22 Todtenbeinen zu machen, welche sie 23) in Mehl 4) verwandelten. Man wurde aber bald 25) gewahr, daß diese 26) Nahrung dem menschlichen Leib nicht 27) anstund; denn 28 diejenigen, die davon assen, sturben bald darauf.

XXII.

7) se faire sentir. 8) vendre. 9) le septier. 10) le blé. 11) un écu. 12) la livre. 13) le beurre. 14) un gigot de mouton. 15) un oeuf. 16) ainsi il n'y eut que. 17) encore. 18) suffisamment. 19) pour les pauvres. 20) à l'extrêmité. 21) réduit. 22) les os de morts. 23) en farine. 24) mettre. 25) s'apercevoir. 26) la nourriture. 27) convenir. 28) ceux.

XXII. 1) Ursprung des 2) blauen Ho- senband-Ordens.

Eduard der Dritte, König in 3) England, tanzte eines Tags mit der Gräfin von Sa- lisbury, und 4) hub das Strumpfband auf, welches diese Dame hatte 5) fallen lassen. Die- ses gab einigen 6) vornehmen Herren bey Hof Gelegenheit, zu 7) vermuthen, daß 8) zwischen dem Könige und dieser Dame 9) ein heimliches Verständniß wäre. Damit aber Eduard 10) sein unschuldiges Verfahren, und der Gräfin 11) tugendhafte Gesinnungen an den 12) Tag legen möchte; so 13) setzte er den 14) edlen Orden des Hosenbands ein, und 15) verordnet, daß diejenigen, welche 16) mit selbigem 17) beehret würden, sollten ein blaues Hosenband 18) tragen, mit diesem 19) Denkspruch: 20) Trotz

---

1) Origine. 2) de la jarretiere. 3) d'Angle- terre. 4) ramasser. 5) laisser tomber. 6) Sei- gneurs. 7) présumer, croire. 8) entre. 9) du mistere. 10) l'innocence de son procédé. 11) les sentiments d'honnêteté. 12) pour faire voir. 13) instituer. 14) le noble ordre. 15) ordonner. 16) en. 17) honoré. 18) porter. 19) devise.

Begebenheiten.

Troß sey dem, der etwas Böses dabey gedenkt. Eine Antwort, die er denenjenigen gab, die ihn 21) mit der Gräfin 22) verirten. 23) Es wurde niemand als 24) die vornehmsten Herren des Königreichs 25) mit diesem Orden 26) versehen. 27) Von dieser Zeit her haben die grösten Prinzen es 28) für eine besondere Ehre gehalten, dieses Ordensband zu tragen. Dieser Orden wurde im Jahr 1345. eingesetzt.

XXIII. 1) Ursache der harten 2) Hirnschädel.

Herodotus 3) erzehlt, daß, als die Egyptier und die Persianer 4) mit einander Krieg führten, sie ein grosses 5) Treffen 6) einander lieferten, in welchem 7) beyderseits eine grosse Anzahl Soldaten 8) getödtet wurden. Weilen die Todten 9) unbegraben 10) liegend geblieben; so

20) Honni soit qui mal y pense. 21) au sujet de. 22) railler. 23) il n'y eut que. 24) les plus grands. 25) de. 26) revêtu. 27) depuis. 28) se croire fort honoré.

1) Cause. 2) la dureté. des cranes. 3) raporter. 4) les Egiptiens et les Persans étant en guerre. 5) bataille. 6) se livrer. 7) de part et d'autre. 8) tuer. 9) sans sépulture. 10) demeurer.

so 11) verfaulte ihr Fleisch. Diejenigen, welche lange Zeit hernach 12) an dem Ort, wo das Treffen 13) geliefert worden, vorbey giengen, konnten gar leicht die Hirnschädel der Egyptier von den Hirnschädeln der Persianer 14) unterscheiden. Dann 15) der ersten ihre waren hart wie Eisen, und der andern ihre waren so 16) weich, daß man sie auf einen 17) Schneller mit dem Finger 18) zerbrechen konnte. 19) Der Geschichtschreiber sagt, 20) daß dieses daher kam, weil die Egyptier sich den Kopf 21) abscheeren ließen, und allezeit 22) mit entblößtem Haupte giengen, 23) da hingegen die Persianer 24) sehr besorgt waren, sich wohl zu 25) bedecken.

XXIV. 1) Der aus Versehen, 2) mit Gift vergebene Pabst Alexander der Sechste.

Cäsar Borgia, ein Sohn des Pabst Alexanders des Sechsten, wollte einige Cardinäle

11) se pourir, corrompre. 12) près, par. 13) se donner. 14) discerner. 15) ces des premiers. 16) tendre. 17) une chiquenaude. 18) briser. 19) historien. 20) que cela venoit de ce que. 21) faire raser. 22) tête nue. 23) au lieu que. 24) avoir grand soin. 25) couvrir.

1) Par mégarde. 2) empoisonné.

Begebenheiten.

nále, und unter andern den Hadrian Cornet-re, mit Gift vergeben, 3) damit er sich seines 4) großen Vermögens 5) bemächtigen möchte. 6) In dieser Absicht 7) lud er ihn zu einem 8) Gastmahl ein, 9) bey welchem sich der Pabst 10) ebenfalls 11) einfand. Es trug sich aber zu, 12) daß ehe alle 13) Gäste 14) beysammen waren, der Pabst zu trinken verlangte. Sein 15) Mundschenk, der 16) von nichts wuste, nahm eine mit dem vergifteten Wein 17) angefüllte Flasche, so auf dem 18) Credenztisch stunde, und gab ihm davon zu trinken, 19) wie auch seinem Sohn Cäsar. Der Pabst starb alsbald davon; Borgia hingegen, der sich in den Bauch eines 20) Maulthiers 21) stecken ließ, 22) vertrieb einen Theil des Gifts; es blieb ihm aber eine so große 23) Schwachheit zurück, daß er nicht mehr im Stande war, 24) etwas zu 25) unternehmen.

F 4   XXV.

3) pour. 4) de grands biens. 5) s'emparer. 6) dans ce dessein. 7) convier. 8) un festin. 9) où. 10) aussi. 11) se trouver. 12) qu'avant que. 13) les conviés. 14) arrivés. 15) un échanson. 16) n'être averti de. 17) plein, rempli. 18) être sur le buffet. 19) de même qu'à. 20) une mule. 21) mettre. 22) dissiper. 23) la foiblesse. 24) rien. 25) entreprendre.

XXV. Die 1) heldenmüthigen Frauen.

Nachdem ein Herzog von Bayern, 2) Welph genannt, sich wider den Kaiser Konrad den Dritten 3) empöret hatte, wurde er von diesem 4) so nachdrücklich 5) verfolgt, daß jener 6) gezwungen wurde, sich in ein 7) vestes Schloß 8) zu werfen, welches der einzige Platz, war, den er noch 9) hatte. Als der Kaiser hievon 10) Nachricht erhalten hatte; kam er selbst, den Platz 11) zu belagern, und setzte ihn 12) in die äußerste Noth; welches die Belagerten in die größte 12) Bestürzung 14) brachte, weil sie 15) voraussahen, daß es ihnen das Leben 16) kosten würde. Aber die Herzogin, die sich in dem Platze befand, nebst den 17) Gemahlinnen verschiedener 18) vornehmer Herren, die der 19) Parthey des Herzogs 20) gefolgt waren, 21) sanne eine 22) List aus, die voll-
kom-

---

1) Héroïque. 2) Guelphe. 3) se révolter. 4) si vivement. 5) poursuivi. 6) se voir obligé. 7) un château fortifié. 8) se retirer. 9) restoit. 10) être averti. 11) assiéger. 12) réduire aux abois. 13) consternation. 14) mettre. 15) prévoir. 16) en coûter. 17) les Epouses. 18) Seigneurs. 19) le parti. 20) suivre. 21) s'aviser de. 22) un stratagème.

kommen wohl 23) ausschlug. Sie schickte einen Trompeter an den Kaiser, und 24) bat ihn, er mögte ihr und allen Damen die Freyheit 25) erlauben, mit allem was sie 26) tragen könnten, 27) auszuziehen, ohne sie 28) auf einige Art zu 29) beunruhigen. Nachdem der Kaiser 30) das sichere Geleit hatte 31) ausfertigen lassen; so sahe man die Herzogin 32) in Gefolg aller andern Damen, 33) deren jede ihren Gemahl auf denen 34) Schultern trug, aus dem Schloß 35) heraus gehen. Der Kaiser wurde durch diesen 36) Anblick also 37) gerühret, daß er denen Rebellen, 38) denen Damen zu liebe, 39) verziehe.

XXVI. Die Sicilianischen 1) Vespern.

Die Franzosen hatten sich im dreyzehnden 2) Jahrhundert des Siciliens 3) bemeistert, und

23) réussir. 24) prier. 25) accorder. 26) emporter. 27) sortir. 28) en aucune maniere. 29) inquiéter. 30) le sauf-conduit. 31) expédier. 32) suivie de. 33) dont. 34) les épaules. 35) sortir. 36) ce spectacle. 37) touché. 38) en faveur des Dames. 39) pardonner.

1) Les vêpres. 2) siécle. 3) s'emparer de la Sicile.

und lebten daselbst auf eine so 4) ausgelassene Art, daß die Sicilianer, weil sie 5) die Drangsalen, die sie ihnen 6) anthaten, nicht mehr 7) ertragen konnten, 8) Mittel suchten, 9) sich deswegen zu rächen. Einer, 10) mit Namen Procida von Salerno, war durch ihre 11) Gewaltthätigkeiten 12) also aufgebracht, daß er allen Franzosen, die in Sicilien waren, den 13) Untergang 14) schwur. 15) Damit er 16) den Zweck seines 17) Vorhabens erreichen möchte; 18) zog er eine Kutte an, und also 19) verkleidet, durchreisete er die ganze Insel, 20) flößte seinen 21) Landsleuten 22) die Begierde sich zu rächen ein, und 23) zeigte ihnen zu gleicher Zeit 24) das Mittel hiezu an. 25) Er brachte drey Monate zu, sie zu dieser 26 Unternehmung 27) zuzubereiten. Endlich aber wurde

---

4) déréglé. 5) les outrages. 6) faire. 7) suporter. 8) les moyens. 9) s'en venger. 10) Un nommé. 11) les violences. 12) si outré. 13) la perte. 14) jurer. 15) pour. 16) venir à bout. 17) le dessein. 18) prendre le froc. 19) déguisé. 20) inspirer. 21) compatriotes. 22) le desir. 23) indiquer. 24) le moyen. 25) il fut trois mois à. 26) cette entreprise. 27) préparer.

Begebenheiten.

be 28) der Streich 29) ins Werk gesetzt. Man war 30) eins worden, daß den zweyten Ostertag des Jahrs 1282. 31) wann man die 32) Vesperglocken läuten würde, jeder 33) Haußwirth, denjenigen Soldaten, der bey ihm 34) im Quartier wäre, 35) umbringen sollte. Dieses 36) geschah mit einer solchen 37) Wuth und Grausamkeit, daß innerhalb zwo Stunden fast alle Franzosen 38) ausgerottet wurden. Drey bis vier Hundert, die sich in das feste Schloß Sperlingua 39) geflüchtet hatten, wurden so 40) eng eingeschlossen, daß sie Hungers sterben musten. 41) Diese Ermordung der Franzosen, 42) nennt man die Sicilianische Vesper.

XXVII.

28) la chose, le coup. 29) exécuter, fraper. 30) convenir. 31) lorsque. 32) sonner vêpres. 33) chaque hôte. 34) être logé chez lui. 35) égorger. 36) se fit. 37) la furie. 38) exterminé. 39) sauvé. 40) être serré de si près. 41) ce massacre. 42) s'appelle.

XXVII. Die wegen ihrer 1) Untreue 2) streng gestraften Stadt Xativa.

3) Ohngefehr zu Anfang dieses Jahrhunderts, 4) wurde die Spanische Monarchie, 5) um welche das Oesterreichische und Bourbonische Haus 6) sich stritten, das Theater eines 7) blutigen Kriegs; die Provinzen und die Städte 8) unterwarfen sich 9) bald der einem, bald der andern 10) sieghaften Parthei. Als Philippus der Königreiche Arragonien und Valenzia sich 11) bemächtigt hatte, 12) strafte er sie wegen ihrer Unbeständigkeit; und 13) beraubte sie ihrer Privilegien. Aber die Stadt Xativa in dem Königreich Valenzia, muste ein über die Maßen 14) trauriges Schicksal 15) erfahren. Dann nachdem sie eine lange 16) Belagerung 17) ausgestanden, wurde sie von Philippo 18) eingenommen, und 19) von Grund aus

---

1) La perfidie. 2) sévérement. 3) environ. 4) devenir. 5) qui. 6) être contestée par. 7) sanglant. 8) se soumettre à. 9) tantôt. 10) victorieux. 11) se rendre maître. 12) châtier. 13) priver de. 14) un sort des plus tristes. 15) éprouver. 16) le siege. 17) soutenir. 18) pris. 19) de fond en comble.

aus zerſtöret. Zu ihrer gröſſern 20) Schmach
21) richtete man daſelbſt 22) eine Säule auf,
mit dieſer Beyſchrift: 23) Hier iſt eine Stadt
geſtanden, genannt Xativa, welche 24) zu Be‑
ſtrafung ihrer 25) Untreue und 26) Empörung
wider ihren König und Vaterland, iſt bis auf
27) den Grund 28) geſchleift worden, im Jahr
1707.

XXVIII. Der 1) vollkommen gerüſtete
Biſchoff.

In der Zeit da die Engländer 2) faſt von
ganz Frankreich Meiſter waren, und die
Franzoſen 3) ihr möglichſtes thaten, ſie 4) her‑
aus zu treiben, 5) lieferten ſie einander ein blu‑
tiges Treffen, in welchem die Franzoſen, weil
ſie 6) den kürzeren zogen, 7) auſſer den Todten
viele Gefangene 8) zuruck laſſen 9) muſten.
Unter den letzten befand ſich der Biſchof von Beau‑
vais,

20) ignominie. 21) ériger, élever. 22) une
colonne. 23) ici a été. 24) en punition. 25)
trahiſon. 26) revolte. 27) iusqu'aux fonde‑
mens. 28) raſé.

1) Armé de pied en cap. 2) presque. 3) faire
ſon poſſible. 4) dénicher, chaſſer. 5) ſe livrer. 6)
ſuccomber. 7) outre. 8) laiſſer. 9) être obligé‑

vais, der im 10) völligen Harnisch, und 11) mit bewafneter Hand war: Der König von England ließ ihn alsbald in ein 12) enges Gefängniß 13) setzen und 14) genau 15) bewachen. Damit aber der Pabst ihm die Freyheit 16) verschaffen möchte, so schrieb er an den König von England einen 17) weitläuftigen Brief, in welchem er den gefangenen Bischof, seinen Sohn nannte, und ihn bat, er möchte selbigen 18) auf sein Vorbitten 19) loß lassen, der König 20) wollte es aber nicht thun, und übersandte dem Pabste, des Bischoffs 21) Helm, 22) Brustharnisch und übrige 23) Waffen, und ließ ihm diese Worte der Söhne Jakobs sagen: 24) Siehe zu, ob dieses deines Sohnes 25) Rock ist. Worauf der Pabst für den Bischof zu 26) bitten, 27) unterließ.

XXIX.

10) armé de pied en cap. 11) les armes à la main. 12) étroit. 13) mettre. 14) de près, à vue. 15) garder. 16) procurer, 17) grand, ample. 18) à sa priere. 19) relâcher. 20) n'én voulut rien faire. 21) le casquet. 22) le corselet. 23) les armes. 24) reconnois. 25) la robe, l'habit. 26) soliciter. 27) cesser.

XXIX. Die 1) wolfeil erkaufte Weisheit.

2) Dionysius der Tyrann 3) gieng eines Tags auf 4) dem Markt, wo man 5) Jahrmarkt hielte, spazieren, und 6) betrachtete die Waaren so man allda verkaufte. 7) Unter denen Verkäufern 8) erblickte er einen Weltweisen. Er 9) nahete sich zu ihm und fragte ihn: was er zu verkaufen hätte? Die Weisheit antwortete ihm der Weltweise. 10) Wie hoch verkauft ihr sie, sagte Dionysius zu ihm: um 600 Thaler, versetzte der andere. Dionysius ließ ihm selbige alsbald 12) hinzehlen, und wollte die Waare haben, worauf der Weise nur diese Worte sagte: 13) Was ihr thut, das thut mit Klugheit und 14) bedenkt das Ende. Dionysius 15) gieng ganz vergnügt mit seiner Waare fort, und 16) behielte die Worte des Weisen so wohl, daß er sie 17) beständig im Mund 18).

1) à bon arché. 2) Denis. 3) se promener 4) le marché. 5) tenir la foire. 6) regarder, considérer. 7) parmi. 8) apercevoir. 9) s'aprocher. 10) combien. 11) repartir. 12) compter. 13) en tout ce que vous faites agissés. 14) songés à. 15) s'en aller. 16) retenir. 17) toujours.

18) führte. Es ereignete sich 19) hernach, daß man 20) eine heimliche Verschwörung wider Dionysius 21) anspann. Die 22) Urheber, welche dessen Barbirer 23) auf ihre Seite gebracht hatten, 24) vermochten ihn dahin, dem Tyrannen 25) die Gurgel abzuschneiden, wann er ihn 26) rasiren würde. Der Tag der 27) Vollziehung wurde 28) bestimmt und der Barbirer 29) begab sich zu dem König. In der Zeit, da er den Tyrannen rasirte, fieng 30) dieser 31) nach seiner Gewohnheit an zu sagen: Thue mit Klugheit, was du thust, und bedenke das Ende. Diese Worte 32) entsetzten den Barbirer 33) dergestalt, daß er 34) das Scheermesser fallen ließ; und nachdem er sich zu den Füssen des Dionysius 35) niedergeworfen, 36) gestand er das böse 37) Vorhaben, welches er gehabt hatte, 38) auf Zureden verschiedener

Per-

---

18) avoir. 19) quelque tems après. 20) une conspiration. 21) tramer. 22) les auteurs. 23) mettre dans les intérêts. 24) porter, engager à. 25) la gorge. 26) faire la barbe. 27) l'exécution. 28) fixer. 29) se rendre. 30) celui-ci se mit. 31) à son ordinaire. 32) épouvanter. 33) de telle sorte. 34) le rasoir. 35) se jetter. 36) avouer. 37) le dessein. 38) à la persuasion.

Personen, die er ihm nannte. Dionysius, welcher dieser Gefahr glücklich 39) entgangen, 40) war sehr froh, daß er diese Worte von dem Weltweisen erkauft hatte, und weil er glaubte daß er sie nicht 41) genugsam bezahlt hätte, schickte er ihm noch eine 42) ansehnliche 43) Verehrung.

XXX. Der in einen 1) vernünftigen Menschen 2) verwandelte 3) Dummkopf.

Es befand sich 4) auf der Insel Cypern 5) ein Adelicher, der verschiedene Söhne hatte, davon einer Namens Cimon vollkommen 6) wohlgestalt, aber 7) so dumm war, daß man ihm niemals 8) etwas beybringen konnte. Er gieng 9) auf dem 10) Land herum, mit einem grossen Stecken auf den 11) Schultern, und sehr 12) schlecht gekleidet; dergestalt, daß sein Vater

---

39) échapeé à. 40) être bien aise. 41) assés. 42) considérable. 43) des présens.
1) Raisonable. 2) changé. 3) stupide. 4) dans l'isle de Chipre. 5) un gentil-homme. 6) bien fait. 7) stupide. 8) rien faire aprendre. 9) par. 10) les champs. 11) les épaules. 12) mal vêtu.

ter in dem 13) äussersten Kummer war, einen so 14) übel gearteten Sohn zu haben. Eines Tags, da dieser 15) einfältige Mensch auf denen Feldern 16) herumzog, kam er in ein kleines 17) Gehölze, woselbst er von 18) ungefehr die Tochter eines andern Edlen dieses Orts auf dem 19) Grase schlafend 20) antraf. Dieses 21) Frauenzimmer, welches von 22) ungemeiner Schönheit war, 23) rührte das Herz dieses 24) Klotzes 25) so lebhaft, daß er einige Zeit 26) stehen blieb, sie zu 27) betrachten; indem er sie aber 28) aufmerksam betrachtete, so 29) empfand er gewisse 30) Regungen, welche ihn ganz anderst machten, als er war; sein Herz wurde gerührt, und alle 31) Fähigkeiten seiner Seele veränderten sich 32) dergestalt, daß er 33) in seines Vaters Haus zurück kehrte, und ihn bat, er möchte ihm lernen lassen, was er
seinen

---

13) un chagrin mortel. 14) mal avisé. 15) nigaud. 16) roder dans. 17) les bois. 18) par hazard. 19) l'herbe. 20) rencontrer. 21) fille. 22) achevée. 23) toucher. 24) une buche. 25) si vivement. 26) rester là. 27) considérer. 28) regarder attentivement. 29) sentir. 30) mouvemens. 31) les facultés. 32) de maniere que. 33) chez son pere.

seinen andern Söhnen lernen ließ. Der Vater, der sich 34) äußerst erfreuete, ihn 35) bey so guten Gesinnungen zu sehen, wandte alle 36) Sorgfalt an, ihn 37) weiter zu bringen, und es 38) gelung ihm so wohl, daß er in kurzer Zeit ein in allen Wissenschaften sehr geschickter Mann 39) wurde. Endlich 40) suchte er um diejenige zur Ehe an, die ihn aus einem 41) unvernünftigen Thiere zu einem Menschen gemacht hatte; und nachdem er selbige erhalten hatte, lebte er sehr vergnügt mit ihr, und von jedermann 42) hochgeachtet.

XXXI. 1) Unglückliches Ende Carls des Kühnen, Herzogs von Burgund.

Nachdem Carl der Kühne, Herzog von Burgund, in zweyen Treffen, die er den Schweizern 2) geliefert hatte, den 3) Kürzern gezogen, bildete er sich ein, daß er 4) glücklicher

---

34) charmé. 35) dans. 36) ses soins. 37) pousser. 38) réussir. 39) devenir. 40) rechercher en mariage. 41) de bête. 42) fort estimé.

1) Funeste fin de Charles le hardi Duc de Bourgogne. 2) livrer. 3) être défait. 4) réussir mieux.

chet seyn würde, wenn er 5) Renatum Herzogen von Lothringen anfiele. Zu diesem Ende 6) zog er seine Truppen zusammen, und 7) belagerte die Stadt Nancy. Und obgleich die 8) Besatzung nebst der Bürgerschaft sich sehr 9) tapfer hielten; so würde der Herzog von Burgund sie endlich doch 10) zur Uebergabe genöthiget haben; weil 11) die Hungersnoth in der Stadt so groß war, daß man nichts als Pferd- Hund- und Kazenfleisch zu essen hatte. Es 12) kamen aber die Schweizer dem Herzog von Lothringen zu Hülfe, und 13) zwangen Karl den Kühnen die 14) Belagerung aufzuheben, damit er ihnen 15) entgegen ziehen konnte. Da aber Carls Armee nicht gar 16) zahlreich, und durch die Belagerung sehr 17) abgemattet war; so wurde er abermal 18) geschlagen und 19) die Flucht zu nehmen gezwungen. 20) Hierzu trug ein gewisser Italiänischer Graf mit Namen

Cam-

---

5) René Duc de Lorraine. 6) assembler. 7) mettre le siége devant. 8) la garnison. 9) se défendre courageusement. 10) obliger à se rendre. 11) la famine. 12) venir au secours. 13) contraindre à. 14) lever le siége. 15) aller à leur rencontre. 16) nombreuse. 17) fatiguée. 18) être battu. 19) prendre la fuite. 20) c'est à quoi.

Cambasso nicht wenig bey, weil er ihn in der Flucht 21) verließ, ja so gar seine Waffen wider ihn 22) gebrauchte. In diesem unglücklichen Treffen verlohr Carl der Kühne das Leben, und 23) mit ihm endigte sich 24) das Geschlecht der Herzoge von Burgund. Dieser Prinz 25) hinterließ Marien seine einzige Tochter und 26) Erbin aller seiner Staaten, welche Maximilian der erste, ein Sohn des Kaisers Friedrich des dritten 27) heirathete. 28) Diese Heirath 29) brachte die Niederlande zu dem Haus Oesterreich.

XXXII. Die 1) Liebesbegebenheiten der Kaiserlichen Prinzeßin Emma mit Eginard Secretarius 2) Carl des Grossen.

Carl der Grosse hatte ausser verschiedenen Söhnen eilf Töchter, welche durch ihre 3) ausgelassene Lebensart ihm vielen Verdruß mach-

---

21) abandonner. 22) tourner les armes. 23) en lui. 24) la race. 25) laisser. 26) héritiere. 27) épouser. 28) ce mariage. 29) porter les pais-bas à.

1) Les amours. 2) Charlemagne. 3) vie débordée.

machten. Unter diesen Prinzeßinnen war eine, Namens Emma, die in des Kaisers Secretarius sich 4) verliebte, und zwar dergestalt, daß sie ihn 5) bey Nachtzeit in ihre Kammer kommen ließ. In einer Nacht, da sie 6) beisammen waren, 7) schneiete es; da besorgte Emma, man möchte des andern Tages 8) an den Fußstapfen 9) wahrnehmen, daß eine 10) Mannsperson aus ihrem Zimmer herausgegangen wäre, und 11) daß solcher Gestalt der 12) Umgang, den sie mit ihm 13) unterhielt, möchte 14) entdecket werden; deswegen 15) nahm sie den Eginard auf die 16) Schultern und trug ihn zum Hof 17) hinaus. Sie hatte aber die 18) Vorsichtigkeit 19) auf ihren vorigen Fußstapfen wieder zurück zu kommen; damit man glauben sollte, daß 20) eine von ihren Kammerjungfern während der Nacht hinaus gegangen wäre. 21) Zu ihrem Unglück aber, war der Kaiser,

der

4) s'amouracher de, devenir amoureuse de. 5) de nuit. 6) être ensemble. 7) neiger. 8) aux traces. 9) s'apercevoir. 10) un homme. 11) qu'ainsi. 12) le commerce. 13) entretenir. 14) découvrir. 15) prendre sur. 16) les épaules. 17) hors. 18) la précaution. 19) sur ses mêmes pas. 20) une de ses filles. 21) par malheur pour elle.

Begebenheiten.

der diese Nacht nicht schlafen konnte, 22) am Fenster, und sahe 23) diesen ganzen Vorgang. 24) Des andern Tages ließ er seine Tochter und seinen Secretarius 24) in Verwahrung nehmen, und versammlete seinen 26) geheimen Rath, damit er von selbigem 27) vernehmen mögte, mit was für einer Strafe man diejenigen Personen 28) belegen sollte, so die Kaiserliche Würde so sehr 29) verunehrten. 30) Nachdem alle ihre 31) Meynung gesagt hatten, 32) fieng der Kaiser an zu reden, und sprach: Es wird mir leichter seyn, den Eginard 33) zu einer Ehrenstufe zu erhöhen, die ihn, meine Tochter zu heirathen, würdig mache, als sie für eine 34) übelgesittete Tochter zu erklären. 35) Hierauf schenkte er ihnen die Freyheit, 36) machte Eginard zu seinem 37) Canzler, erlaubte ihm seine Tochter zu heirathen, und schenkte ihm 38) Landgüter,

22) être à la fenêtre. 23) tout ce manège. 24) le lendemain. 25) arrêter. 26) le conseil privé. 27) pour savoir. 28) infliger un châtiment. 29) prostituer. 30) après que. 31) voter. 32) prendre la parole. 33) élever à un rang. 34) une fille de mauvaise vie. 35) la dessus. 36) faire. 37) chancelier. 38) de terres.

güter, die ihn in den Stand setzten, seine neue 39) Würde mit Ehre 40) zu behaupten.

XXXIII. Der glücklich errettete Holländische 1) Matrose.

Ein Holländischer Matrose, der wegen 2) eines großen Verbrechens war zum Tode verdammt worden, hatte das Glück, daß dieses 3) Urtheil so, 4) verwandelt wurde, daß er auf die Insul der heiligen Helena 5) ausgesetzt werden sollte. Dieser 6) elende Mensch stellte sich das 7) Schrecken der 8) Einsamkeit so lebhaft vor, daß er in eine 9) Verzweiflung 10) gerieth, die ihn zu der 11) verwegensten That, von der man iemals hat reden hören, 12) verleitete. Man hatte an eben diesem Tag einen Schifsofficier begraben; Da ließ sich der Matrose 13) in den Sinn kommen, ihn 14) auszugraben, 15) den Sarg 16) auszuleeren, und aus dem 17)

39) la dignité. 40) soutenir.

1) Un matelot. 2) un grand crime. 3) la sentence. 4) commué en celle de. 5) être exposé. 6) un misérable. 7) les horreurs. 8) la solitude. 9) en un desespoir qui. 10) tomber. 11) la plus hardie. 12) faire entreprendre. 13) s'aviser. 14) déterrer. 15) le cercueil. 16) vuider.

Begebenheiten.

17) Deckel eine Art 18) Steuerruders zu machen. 19) Nachdem dieses geschehen, 20) begab er sich auf diesem 21) traurigen 22) Schiffe in die See. Das Glück 23) fügte es, daß 24) die Meerstille so groß war, daß das 25) Schifflein, wie unbeweglich, 26) eine Meile weit von der Insel 27) stille stand. Als seine 28) Cameraden dieses neue 29) Schiflein erblickten, vermeinten sie ein 30) Gespenst zu sehen, und 31) waren ganz bestürzt, daß dieser Mensch, in drey zusammen 32) genagelten 33) Brettern, welche eine einige 34) Welle hätte 35) verschlingen können, sich auf dieses Element 36) zu begeben, 37) gewagt hätte 38) Hierauf wurde 39) in Ueberlegung gezogen, ob man ihn in das Schiff 40) aufnehmen sollte oder nicht

---

17) le couvercle. 18) un gouvernail. 19) Celà fait. 20) se mettre en mer. 21) lugubre. 22) le navire. 23) voulut. 24) le calme. 25) la nacelle. 26) à une lieue. 27) demeurer immobilé. 28) les camarades. 29) bâtiment. 30) un spectre. 31) demeurer tout interdit de ce que. 32) clouée. 33) la planche. 34) une vague. 35) engloutir. 36) se metre. 37) oser. 38) alors. 39) mettre en délibération, délibérer. 40) recevoir.

nicht. 41) Einige wollten, daß das Urtheil 42) nach der Strenge sollte vollzogen werden, aber 43) der meiste Theil 44) hielt es mit der Gelindigkeit, und man 45) nahm ihn 46) an Bord. Er kam wieder nach Holland, und lebte noch verschiedene Jahre in der Stadt Horn.

XXXIV. Der mit seinem 1) Zustande 2) vergnügte Matrose.

Als der Marquis de l'Hopital sich zu Amsterdam 3) aufhielte, besahe er den grossen Spital, der zum 5) Aufenthalt und 6. Unterhalt der alten Matrosen 7) bestimmt ist. Er ließ sich mit einem unter ihnen, der funfzig Jahr 8) zur See gedienet hat, 9) in ein Gespräch ein. Dieser ehrliche 10) Greis 11) erzehlte ihm eine 12) gute Weile seine Begebenheiten, und 13)
un-

41) il y en eut qui. 42) exécuter à la rigueur. 43) le plus grand nombre. 44) fut pour. 45) recevoir. 46) a bord.

1) La situation. 2) content, satisfait. 3) faire le séjour. 4) aller voir. 5) la retraite. 6) l'entretien. 7) destiné. 8) par mer. 9) s'adresser à. (lier conversation avec) 10) un vieillard. 11) raconter. 12) quelque tems. 13 malheurs.

unglückliche Zufälle. Seine 14) Erzehlung gieng dem Marquis so zu 15) Gemüth, daß er ihm einen Ducaten 16) darreichte. Er nahm ihn 17) lächelnd an, und wollte ihm selbigen 18). sogleich wieder 19) zurück geben. Da er aber sahe, daß der Marquis ihn nicht wieder 20) zurück nehmen wollte, so fragte er ihn: Was er damit machen sollte, 21) angesehen er in diesem Hause alles dasjenige fände, was er 22) nöthig hätte. Der Marquis antwortete ihm: 23) er könnte damit machen 24) was er wollte. Es 25) bemerkte aber der Lakay, der dem Marquis folgte, daß er dieses 26) Stück, lein Geld einem Mägdlein gab, welches die Thür der 28) bey diesem Spital stehenden Kirche 28) aufmachte. Dieses gab dem Marquis 29) Gelegenheit über 30) die tolle Meinung, die man gemeiniglich von 31) dem Reichthum und der 32) Ar,

14) le récit. 15) être touché de. 16) présenter. 17) en souriant. 18) incontinent. 19) rendre. 20) reprendre. 21) vûque. 22) avoir besoin de. 23) en user comme. 24) trouver à propos. 25) remarquer. 26) une pièce d'argent. 27) l'église qui accompagnoit l'hôpital. 28) ouvrir. 29) sujet. 30) l'extravagante opinion. 31) des richesses.

32) Armuth in der Welt 33) hegt, seine 34) Betrachtung anzustellen. Denn 35) in diesen Zeiten nennt man einen Fürsten 36) denjenigen Menschen, der viele Millionen 37) bedarf: denjenigen der 38) des Tags nur zwanzig Sols 39) braucht, 40) einen schlechten Menschen; und dieser ehrliche Matrose, 41) der gar kein Geld vonnöthen hat, wird für einen armen Menschen 42) gehalten.

XXXV. Grosser Herren Palläste 1) gleichen denen Persischen 2) Gasthöfen.

In Persien sind die Carawanserais grosse 3) Gebäude, die deßwegen 4) erbauet werden, 5) damit die Reisende 6) Dach und Fach haben können. Die Palläste grosser Herren 7) führen eben diesen Namen, damit sie 8) sich erinnern, daß sie nur 9) Reisende auf dieser Welt

32) la pauvreté. 33) avoir. 34) faire réflexion. 35) dans. 36) l'homme. 37) avoir besoin. 38) par jour. 39) à qui il ne faut que. 40) vulgaire. 41) à qui il n'en faut point du tout. 42) passer pour.]

1) Resembler. 2) une hôtellerie. 3) un édifice. 4) fait. 5) pour. 6) donner le couvert à 7) porter. 8) se souvenir. 9) des passagers.

Begebenheiten.

Welt seyn. Als einstens ein Dervis oder Mahometanischer 10) Pfaff in die Tartarey 11) reisete, und in der Stadt Balk ankam, 12) quartirte er sich in den Königlichen Pallast ein, weil er selbigen für ein Carawanserai 13) hielte. Er gieng demnach hinein, 14) sahe sich überall herum, und 15) begab sich in eine schöne Gallerie, 16) nahm seinen Sack herab, breitete seinen kleinen Teppich aus, und 17) setzte sich darauf. Nachdem aber 18) einer von der Wach ihn in dieser 19) Stellung 20) erblicket, 21) schrie er ihm zu: Er sollte 22) aufstehen, und fragte ihn 23) im Zorn: was er da machen wollte? Er antwortete: Er wäre 24) gesonnen, die Nacht in diesem Carawanserat 25) zuzubringen. Die Wache 26) fieng an 27) noch heftiger zu ruffen: 28) er sollte fortgehen; weil hie kein Gasthof, sondern ein Königlicher Pallast

10) un religieux. 11) faire le voyage de. 12) alla se loger. 13) prendre pour. 14) regarder de tous cotés. 15) se rendit. 16) décharger son sac et après avoir déployé son tapis il. 17) mettre, s'asseoir. 18) un des gardes. 19) attitude, posture. 20) apercevoir. 21) il lui cria. 22) de se lever. 23) en colere. 24) prétendre. 25) passer. 26) se mit. 27) avec plus de force. 28) qu'il s'en allat.

laſt wäre. Da aber der König juſt vorbey gieng; ſo fieng er an über die 29) Unachtſamkeit des Dervis zu lachen, ließ ihn 30) herbeykommen, und ſagte zu ihm: Ich wundere mich, daß ihr 31) ſo unverſtändig ſeyd, einen Königlichen Pallaſt nicht von einem Carawanſerai zu 32) unterſcheiden. Hierauf verſetzte der Dervis: Euer Majeſtät 33) erlauben, daß ich Sie 34) etwas frage: Wer hat 35) zuerſt in dieſem Gebäude 36) gewohnt? Der König antwortete: meine 37) Voreltern. Der gute Mann fragte ferner: Wer hat nach ihnen darinn gewohnt? mein Vater, erwiederte der König. Und wer nach ihm? Ich, antwortete der König. Und wer wird nach Euer Majeſtät darinnen ſeyn? Mein Sohn verſetzte der König. Ach 38) gnädigſter Herr, ſagte der Dervis: ein Haus, das oft ſeine 39) Bewohner verändert, iſt nichts anders als ein Gaſthof, und 40) keineswegs ein Pallaſt.

XXXVI.

29) la bévue. 30) aprocher. 31) avoir ſi peu de diſcernement. 32) diſtinguer. 33) daignera ſoufrir. 34) faire une demande. 35) le premier. 36) la maiſon. 37) les ayeux. 38) Sire. 39) les habitans. 40) nullement.

XXXVI. Des Kaisers Probus 1) Verachtung 2) gegen den 3) Pracht.

Der Kaiser Probus verdient 4) mit Recht eine 5) der vordersten Stellen 6) unter denen grösten 7) Regenten, weil 8) unter ihm das Römische Reich 9) auf die höchste Stuffe seines 10) Glücks stieg. Was die Geschichte von seinem 11) äusserlichen schlechten Betragen meldet, ist 12) allerdings bewundernswürdig. Zu der Zeit da er mit den Persianern 13) Krieg führte, 14) setzte er sich auf die Erde 15) ins Gras, seine 16) Mahlzeit allda einzunehmen, welche blos aus einer 17) Schüssel mit Erbsen und einigen Stücken 18) gesalzenem Schweinen-Fleisch 19) bestunde; da kam man, ihm die Ankunft der Persianischen Abgesandten zu 20) melden. Der Kaiser 21) änderte weder seine

---

1) Le mépris. 2) pour. 3) le luxe. 4) avec justice. 5) le premier rang. 6) entre. 7) le Souverain. 8) sous. 9) au comble. 10) le bonheur. 11) la simplicité exterieure. 12) sans doute. 13) faire la guerre aux Perses. 14) s'asseoir à terre. 15) sur l'herbe. 16) le repas. 17) un plat de pois. 18) au porc salé. 19) être composé. 20) annoncer. 21) sans changer de.

seine 22) Stellung noch sein Kleid, welches in einem 23) wollenen Rock von Scharlach und einer Mütze 24) bestunde, die er deßwegen trug, weil er keine Haare hatte, und befahl, man sollte sie 25) herbey kommen lassen. Er sagte ihnen 26) sogleich, daß er der Kaiser wäre, und 27) gab ihnen den Auftrag, ihrem Herrn zu melden, daß wofern selbiger nicht 28) auf die Erhaltung seines Königreichs 29) bedacht wäre, so würde er, 30) innerhalb einem Monat, seine 31) Felder 32) so bloß von Bäumen und 33) Feldfrüchten machen, als sein Haupt es von Haaren wäre; zu gleicher Zeit 34) nahm er seine Mütze ab, 35) damit er, was er zu ihnen sagte, ihnen 36) desto begreiflicher machen könnte. Er 37) ladete sie zu seiner Mahlzeit ein, wenn sie des Essens benöthiget wären; 38) wo nicht, so 39) könnten sie
sich

22) posture. 23) une casaque de pourpré de laine. 24) consister. 25) lde es faire aprocher. 26) d'abord. 27) les charger de. 28) à la conservation. 29) songer. 30) en. 31) rendre les campagnes. 32) aussi nud. 33) les grains. 34) ôter. 35) pour. 36) mieux faire comprendre. 37) inviter à prendre part à. 38) si non. 39) ils n'avoient que.

sich auf der Stelle wieder 40) fortbegeben.
Die Abgesandten 41) statteten ihren Bericht
bey ihrem Prinzen ab, welcher nebst seinen Soldaten äusserst 42) bestürzt war, daß sie 43) mit
Leuten, die so grosse Feinde 44) der Wollüste
und des Prachts wären, 45) sollten zu schaffen
haben. Er kam hierauf 46) selbst, den Kaiser
zu 47) besuchen, und 48) gestand alles ein,
was man von ihm 49) verlangte.

XXXVII. 1) Der Unterschied zwischen
2) Hunde von Christen, und 3) Hunde
der Christen 4) erhielt viele tausend
Christen beym Leben.

Die Türken 5) nennen gemeiniglich die Christen Hunde: dieser Name 6) erhielt
gleichwohl ehedessen alle die Christen; die im 7)
Türkischen Reich waren, wie man aus folgen-
der

40) se retirer. 41) faire son raport. 42) être
effrayé. 43) à des gens. 44) les délices.
45) avoir à faire à. 46) lui même. 47) trouver. 48) accorder. 49) demander.

1) La diférence qu'il y a. 2) chiens de chrétiens.
3) chiens des chrétiens. 4) conserver la vie à
5) nommer. 6) sauver. 7) l'empire des Turcs.

der 8) Begebenheit ersehen wird. Mahomet der dritte Kaiser der Türken war eines Tags dergestalt gegen die Christen erzürnet, daß er 9) mit einem Eid schwur, daß er alle Hunde von Christen, 10) sowol Abgesandte 11) als andere, vom hohen und niedrigen 12) Stand, die sich in seinem Kaiserthum 13) befänden, wollte 14) umbringen lassen. Sein Großvezier, der 15) die Folgen dieser so 16) unmenschlichen Grausamkeit 17) voraus sah, 18) widersetzte sich 19) mit seinen 20) Vorstellungen und Bitten dieser 21) unbesonnenen Entschließung. Da er aber sahe, daß der Kaiser von seinem 22) Vorhaben nicht 23) abstehen wollte, so nahm er seine 24) Zuflucht zu dem Mufti, welcher, um 25) das Gewissen ihrer Hoheit zu 26) beruhigen, ihm den Rath gabe, alle Hunde der Christen umbringen zu lassen. Welches 27)
auf

---

8) avantûre, événement. 9) jurer avec serment. 10) tant les. 11) que les 12) qualité. 13) se trouver. 14) faire mourir. 15) les conséquences. 16) cruauté barbare. 17) prévoir. 18) s'oposer. 19) par. 20) remontrance. 21) folle résolution. 22) dessein. 23) changer de. 24) avoir recours. 25) la conscience de Sa Hautesse. 26) tranquilliser. 27) sur le champ.

auf der Stelle 28) vollzogen wurde. Da brachten die Christen 29) von allen Orten diese arme Thiere 30) herben, sie 31) todtschlagen zu lassen. Vielleicht 32) begleiteten sie selbige mit einer Summe Gelds für den Mufti, für den Vezir, und 33) wohl gar für den Kaiser; denn mit Geld kann man in diesem Land 34) alles ausrichten.

XXXVIII. 1) Erkenntlichkeit und 2) manierliches Bezeigen einiger 3) Schwalben.

In der Zeit, da ich mich in Stuttgard 4) aufhielt, 5) miethete ich eine 6) Wohnung, in welche ich am Johanni 7) einzog. Da die Fenster des vornehmsten 8) Zimmers seit Ostern offen 9) geblieben waren; so 10) machten sich einige Schwalben diese 11) Zwischenzeit

---

28) exécuter. 29) de toutes parts. 30) amener. 31) assommer. 32) accompagner. 33) et même. 34) être un grand mobile.

1) La reconnoissance. 2) la politesse. 3) quelques hirondelles. 4) demeurer. 5) louer. 6) un apartement. 7) entrer. 8) la chambre. 9) avoient été. 10) profiter. 11) intervalle.

zeit zu Nutz, und baueten ihr Nest an 12) einer Schwelle. Sie waren 13) in grosser Verwirrung, 14) als ich am Johannisfest kam, 15) die Wohnung mit ihnen zu 16) theilen. Weil man aber mit mir sehr 17) wohl auskommen kann; so machten wir 18) stillschweigend eine 19) Art des 20) Vertrags mit einander, 21) nemlich, daß ich ihnen den 22) freyen Ein- und Ausflug 23) verwilligen wollte, und daß 24) dagegen sie mein Zimmer nicht 25) verunreinigen sollten. Dieses wurde beyderseits auf das pünktlichste 26) beobachtet Dasjenige wozu ich mich 27) anheischig gemacht, 28) schien mir 29) leichter zu beobachten zu seyn, als das ihrige. Es war 30) von Seiten der Alten nichts zu besorgen, aber wohl von Seiten der 31) Jungen, als welche ihr Nest nicht 32) besudeln 33) dürfen. Inzwischen 34) zogen

---

12) contre une solive. 13) être fort embarassé. 14) quand. 15) le logement. 16) partager. 17) être de facile composition. 18) tacitement. 19) espece. 20) contract. 21) savoir. 22) l'entrée et la sortie libre. 23) accorder. 24) en échange. 25) salir. 26) exécuter. 27) mon engagement. 28) paroitre. 29) être de plus facile exécution. 30) pour. 31) les petits. 32) salir. 33) n'oser.

gen sie sich doch 35) auf eine geschickte Art aus
diesem Handel. 36) Sie fiengen es nemlich
auf diese Weise an. 37) Wann die Nothdurft
die 38) Jungen 39) drang, sich der 40) Natur
zu entledigen, 41) so fiengen der Vater oder
die Mutter, die zugegen waren, mit dem 42)
Schnabel 43) den Unrath mit einer 44) wun-
dersamen Geschicklichkeit auf, und 45) trugen
ihn hinaus, bevor er 46 auf die Erde 47) fiel.
Weil ich nun mit ihrer 48) Aufführung sehr
wohl zufrieden war, so 49) ließ ich sie ihre
Eyer 50) ausbrüten, ihre Junge 51) erziehen,
und in völliger Freyheit 52) abziehen.

XXXIX.

34) se tirer d'une affaire. 35) habilement.
36) Voici comment elles s'y prirent. 37)
quand. 38) les petits. 39) presser. 40) décharger la nature. 41) saisir. 42) le bec.. 43)
les excrémens. 44) dextérité merveilleusé.
45) emporter avant qu'ils ne. 46) à terre.
47) tomber. 48) conduite. 49) laisser. 50)
éclorre. 51) nourrir. 52) se retirer.

XXXIX 1) Poßirlicher Einfall 2) eines Edel-Knaben.

Als (per Particip.) 3) Ludwig der Vierzehnte König von Frankreich von der Jagd 4) zurückkehrte, gab er einem Edelknaben seine Flinte, um selbige 5) nach dem Schlosse zurück zu bringen. Bald hernach hörete der König 6) einen Schuß losgehen, und sahe 7) darauf einen Mann 8) herbeykommen, der 9) voller Blut war, und sich beklagte, daß ihm jemand 10) in das Gesicht geschossen hätte. Der König zweifelte nicht, daß dies 11) ein Streich von seinem Edelknaben wäre; er ließ ihn herbey rufen, und fragte ihn, warum er sich die Freyheit genommen hätte, seine Flinte 12) loszuschießen, und was ihn 13) bewogen diesen armen Bauer 14) so sehr zu verwunden? Ich bitte 15) unterthänigst Ew. Majestät um Vergebung

---

1) Bon mot. 2) un Page. 3) Louis Quatorze. 4) revenir. 5) raporter au château. 6) entendre tirer un coup. 7) ensuite. 8) arriver. 9) tout sanglant. 10) donner un coup de feu oder de fusil dans le visage. 11) un tour. 12) décharger. 13) porter à. 14) si fort. 15) très-humblement.

gebung, sagte er: 16) als ich durch das Holz 17) ritt; 18) stand der Mann hinter einem Busche, und 19) weil er so schwarz 20) aussah, habe ich ihn 21) für eine Amsel gehalten, welches mich 22) angetrieben hat 23) den Schuß zu thun. Der König konnte sich 24) kaum über diese 25) lächerliche Entschuldigung 26) des Lachens enthalten.

XL. 1) Kindliche Empfindung.

Epaminondas, den einige Weltweisen für den größesten Mann halten, den 2) Griechenland 3) hervorgebracht hat; der durch seine 4) Weisheit und 5) Thaten die Stadt Theben, 6) eine Zeit lang zu der mächtigsten Stadt in Griechenland 7) gemacht hat; der die 8) vorher unüberwindlichen Lacedämonier 9) gedemü-
thiget

16) lorsque. 17) j'ai passé. 18) se tenoit derriere un buisson. 19) comme. 20) paroître. 21) prendre pour un merle. 22) engager à 23) lacher le coup. 24) à peine. 25) plaisante manière de s'excuser. 26) s'empêcher de rire.
1) Sentiment filial. 2) la Grece. 3) produire. 4) sagesse. 5) exploits. 6) pendant un tems. 7) rendre. 8) auparavant invincible. 9) humilier.

thiget; und 10) den höchsten Gipfel des Ruhms 11) erreicht hat; dieser Mann sagte oft zu seinen Freunden: daß von allem dem was ihm 12) Gutes und Glückliches 13) begegnet wäre, ihm nichts so sehr gefreut habe, als daß er die Spartaner zu einer Zeit überwunden habe, 14) da sein Vater und Mutter noch) 15) am Leben waren. Diese Empfindung macht ihm eben so viel Ehre, als sein 16) Sieg bey Leuctra.

XLI. Seltene Freundschaft.

Damon und Pythias, welche beyde in den Grundsätzen der Pythagorischen Secte 1) erzogen und durch 2) das geheiligte Band einer zärtlichen Freundschaft 3) verbunden waren, hatten sich eine 4) unverletzliche Treue 5) geschworen. Sie wurde aber 6) auf eine harte Probe gesetzt. Einer 7) unter ihnen, nachdem er von Dionysio dem Tyrannen von Syrakus

---

10) le comble. 11) parvenir à. 12) bien et de bonheur. 13) arriver. 14) où. 15) en vie. 16) victoire.

1) élevé. 2) le lien sacré. 3) uni. 4) inviolable. 5) jurer. 6) à une rude épreuve. 7) d'entre eux.

Begebenheiten.

rakus zum Tode verdammet worden, 8) bat um die Erlaubniß, eine Reise in sein Vaterland 9) zu thun, um seine Sachen 10) in Ordnung zu bringen. Er 11) fügte hinzu, daß er einen guten Freund hätte, der 12) sich unterwerfen würde, das Leben 13) an seiner Statt zu verlieren, wenn er nicht wieder käme. 14) Die Hofleute und besonders Dionysius warteten mit Ungedult, wie eine so ausserordentliche Begebenheit 15) ablaufen würde. Der bestimmte Tag 16) kam heran, und Pythias war noch nicht wieder gekommen; jedermann 17) tadelte den 18) unbedachtsamen Eifer des Damons, der sich 19) zum Bürgen gestellet hatte. Dieser, anstatt Furcht oder Unruhe 20) blicken zu lassen, antwortete 21) mit unverändertem Gesichte; er wäre 22) gewiß genug, daß sein Freund wieder kommen würde; und 23) in der That 24) langete er auch demselben Tag und zur
25)

---

8) demander la permission. 9) aller faire un voyage. 10) mettre ordre à. 11) ajouter. 12) se soumettre à. 13) pur lui. 14) Courtisan. 15) l'issue. 16) arriver. 17) blamer. 18) le zéle inconsidéré. 19) se rendre caution. 20) faire paroitre. 21) d'un visage ferme. 22) assés sûr. 23) en effet. 24) arriver.

25) bestimmten Stunde an. Der Tyrann 26) voll Verwunderung über eine so seltene Treue ward dadurch so gerühret, daß er dem Pythias 27) das Leben schenkte, und diese Freunde 28) ersuchte, ihn 29) als den dritten Mann in eine so schöne Freundschaft aufzunehmen. Ihr könnet euch dessen versichern, antworteten sie, 30) wofern ihr euch derselben würdig machet.

XLII. 1) Mittel für die Großen 2) sich beliebt zu machen.

Die 3) Hofleute Philipps Königs von 4) Macedonien wollten ihn überreden, daß er sich an einem 5) wohlverdienten Mann rächen mögte, der übel von ihm geredet. Man muß vorher wissen, sagte Philipp, ob ich ihm keine 6) Ursache dazu gegeben habe; und nachdem er vernommen, daß dieser Mann niemals von ihm 7) eine Wohlthat empfangen, ob er es gleich verdienet hätte; so 8) schickte er ihm große

---

25) l'heure fixée. 26) plein d'étonnement de 27) faire grace de la vie. 28) prier. 29) recevoir en tiers. 30) pourvuque.

1) Moyen. 2) se faire aimer. 3) courtisan. 4) Macedoine. 5) se venger d'un homme de mérite. 6) sujet. 7) aucun. 8) envoyer.

grosse Geschenke. Einige Zeit hernach 9) vernahm er, daß derselbige Mensch 10) ihn mit vielen Lobsprüchen erhob. Ihr sehet, sagte 11) hierauf Philippus zu demselbigen Hofleuten, daß ich besser als ihr 12) die Kunst verstehe, der Verläumdung 13) ein Ende zu machen. Er 14) fügte hinzu, daß die Könige sichere Mittel hätten sich beliebt zu machen, wann sie nur wollten; und daß sie 15) es sich selber zuzuschreiben hätten, wann sie nicht 16) geliebt würden.

XLIII. Ursprung des Titels 1) Prinz von Wallis.

Der 2) älteste Sohn des Königs von England und 3) nächste Erbe der Krone, wird Prinz von Wallis genannt. Dieser Titel ist sehr 4) alt, denn er ward zum erstenmale 5) von Eduard dem Ersten seinem ältesten Sohne, auf eine 6) ziemlich sonderbare Art gege-

9) aprendre. 10) donner de grandes louanges à. 11) alors. 12) savoir le secret. 13) faire cesser. 14) ajouter. 15) s'en prendre à eux-mêmes. 16) l'être.

1) Prince de Galles. 2) aîné. 3) héritier présomtif. 4) ancien. 5) par. 6) d'une manière assés singuliere.

gegeben. Der König Eduard 7) bekriegte die Einwohner der Provinz Wallis, und da er sie nicht 8) gewöhnen konnte 9) das Joch der Engländer zu tragen, 10) so fiel ihm, um sie 11) unterwürfig zu machen, ein, ihnen einen 12) Vertrag vorzuschlagen. Er fragte sie, ob sie sich wohl einem Prinzen von ihrer Nation 13) unterwerfen würden, dessen Leben ohne 14 Tadel wäre, und der nicht ein Wort Englisch redete? Dieses Volk 15) versicherte, daß sie ihn annehmen würden. 16) Worauf der König ihnen seinen Sohn vorstellete, 17) womit die Königin 18) eben auf dem Schlosse zu Caernarvan in der Provinz Wallis 19) niedergekommen war, welchem das Volk 20) sogleich 21) den Eid der Treue leistete.

XLIV.

7) faire la guerre à. 8) acoutumer à. 9) subir le joug. 10) a'rviser de. 11) soumettre. 12) proposer un accommodement. 13) voudroient s'assujettir. 14) reproche. 15) déclarer. 16) fur quoi. 17) dont. 18) venir de. 19) acoucher. 20) d'abord. 21) prêter le serment de fidélité.

XLIV. Ursprung des Titels Dauphin, den der 1) Kronprinz von Frankreich 2) führet.

Das Wort Dauphin 3) hat seinen Namen von Dauphiné, einer Provinz von Frankreich. Die Prinzen von Dauphine nannten sich 4) zuerst Grafen von Grenoble, hernach Grafen von Vienne, bis gegen das Jahr 1120. 5) da der Graf 6) Veit der Achte den Namen Dauphin 7) annahm. Dieser trug 8) ein Meerschwein in seinem 9) Wappen, und auf seinem 10) Helm. Er 11) that sich durch seine 12) Geschicklichkeit und Tapferkeit hervor, und 13) daher ward er der Graf Dauphin genannt. Seine 14) Nachkommen nahmen 15) gleichfalls diesen Titel an, und nannten auch ihr Land Dauphine. Der Graf Humbert 16) bekam von seiner Gemahlin, welche er im Jahre 1332. 17) geheyrathet hatte, einen Sohn, welchen er 18)

1) Prince Royal. 2) porter. 3) tirer. 4) auparavant 5) que. 6) Gui. 7) prendre. 8) un Dauphin. 9) les armes. 10) le casque. 11) se faire distinguer. 12) adresse. 13) de là 14) les descendans. 15) également. 16) eut. 17) épouser.

18) Andreas nannte. Aber 19) kaum war er 20) aus der Wiege gekommen, als der Graf sein Vater, indem er mit ihm an einem Fenster 21) spielete, welches auf den Fluß Isere 22) hinaus gieng, dieses Kind 23) fahren und in den Fluß fallen ließ. Er ward 24) nachdem zum General 25) eines Creutzzuges wider die Ungläubigen 26) ernannt. 27) Nach seiner Wiederkunft 28) verschenkte er seine Provinz im Jahre 1343. dem Könige von Frankreich Philippo von Valois für dessen ältesten Sohn, 29) mit der Bedingung, daß 30) die ältesten Söhne der Könige von Frankreich den Titel Dauphin und das Wappen von Dauphiné 31) gevieret mit dem Wappen von Frankreich 32) führen sollten.

XLV. Der Arabische Student.

Ein 1) arabischer Student, von guter Gemüthsart, von 3) feinem Verstande, und

18) André. 19) à peine. 20) sortir du berceau 21) se jouer. 22) regarder. 23) échaper. 24) depuis. 25) une croisade. 26) déclarer. 27) à son retour. 28) donner. 29) à condition 30) les ainés. 31) écartelé. 32) porter.

1) Arabe. 2) caractere. 3) esprit subtil.

und welcher schon 4) ziemlicher maffen studiert hatte, 5) saß einmal unter andern Studirenden, welche 6) ihr Gespräch mit einander hatten, u. sagte kein Wort. Mein Sohn, sprach der Vater zu ihm, warum giebst du 7) das Deine nicht auch dazu? Warum lässest du nicht sehen, was du 8) verstehst? Ich sage nichts dazu, antwortete der Sohn, weil ich befürchte, daß sie alsdann Gelegenheit nehmen möchten, mich etwas zu fragen, was ich nicht weiß, und daß ich 9) alsdann 10) mit Schaam bestehen würde. Man 11) fordert hernach mehr von einem als man 12) sich vernehmen lassen. Hast du nicht 13) gehöret, daß ein 14) Geistlicher auf einer 15) Heerstrasse saß und 16) Nägel unter seine Schuhe schlug? Als dieses ein Reuter sahe, nahm er ihn 17) beym Ermel, und sprach: komm mit mir, beschlage mir auch mein Pferd.

XLVI.

4) passablement. 5) se trouver. 6) discourir ensemble. 7) ton sentiment. 8) savoir. 9) alors. 10) être confus de honte. 11) en demander davantage. 12) fait paroître. 13) aprendre. 14) ecclésiastique. 15) étant assis dans un grand chemin. 16) mettre des cloux, sous ses souliers. 17) par la manche. 18) ferrer.

XLVI. Edle 1) Uneigennützigkeit.

Ein 2) Parlaments-Präsident 3) war bedacht seine 4) Bedienung in der Hoffnung 5) niederzulegen, selbige auf seinen Sohn überzubringen. 6) Ludwig der Vierzehnte, welcher dem Herrn le Pelletier, 7) damaligen 8) General-Finanz-Gegenschreiber versprochen hatte, ihm die erste Stelle zu geben, welche 9) ledig seyn würde, bot ihm diese an. Allein Herr Pelletier, nachdem er seine unterthänigste Danksagungen gemacht, 10) fügte hinzu, daß der 11) abgehende Präsident einen Sohn hätte, und daß Ihro Majestät allezeit mit der Familie zufrieden gewesen wären. „So 12) pfleget man nicht mit mir zu reden, 13) versetzte der König, der sich über eine solche Aufführung und 14) Edelmüthigkeit 15) verwunderte; 16) so wird es bann bey der ersten Gelegenheit geschehen." 17) Diese blieb auch nicht lange aus;
denn

---

1) Desintéressement. 2) Président à mortier. 3) songer 4) sa charge. 5) démettre de. 6) Louis 7) alors. 8) Controlleur-General. 9) venir à vaquer. 10) ajouter. 11) qui se démettoit. 12) avoir coutume de. 13) reprendre. 14) générosité. 15) surpris de. 16) ce sera donc pour. 17) elle ne tarda pas.

denn zwey Jahre hernach, als der erste Präsident, ohne Söhne zu 18) hinterlassen gestorben war, wurde eine so edle Uneigennützigkeit belohnet.

XLVII. 1) Ehrfurcht für die 2) Alten.

Alle 3) gesittete Völker haben 4) das Gefühl gehabt, daß das 5) Alter Ehrfurcht verdiene. Die Lacedämonier haben 6) in dieser Tugend, so wie in 7) manchen andern, alle Völker übertroffen. 8) Es begegnete einstmals in Athen, daß ein 9) sehr alter aber 10) gemeiner Mann in die Comödie kam, 11) da schon die Plätze alle 12) besetzt waren. Er 13) sahe sich überall nach einem Platz um, ohne daß 14) jemand 15) so viel Achtung für ihn bezeugte, ihm Platz zu machen. Es befanden sich aber einige Lacädemonier, (oder Spartaner,) bey dem 16) Schauspiele, die damals 17) als Gesandte sich

18) avoir laissé.

1) Veneration. 2) vieillard. 3) policés. 4) reconnoître. 4) la vieillesse. 6) à l'égard de. 7) plusieurs. 8) il arriva. 9) fort âgé. 10) du commun. 11) lorsque. 12) pris. 13) chercher des yeux. 14) personne. 15) assés d' estime pour faire place. 16) spectacle. 17) en qualité de.

sich in Athen 18) aufhielten. Als der Alte dahin 19) kam, wo sie 20) saſſen, ſtunden ſie auf, und gaben ihm die beſte und 21) oberſte von den Stellen, die ihnen 22) angewieſen waren. Das Volk ſahe dieſes und gab durch 23) ein allgemeines Händeklatſchen, dieſer ſchönen That ſeinen 24) Beyfall, welches einen der Geſandten 25) veranlaſſete zu ſagen: die Athenienſer wiſſen was 26) recht iſt, wir aber thun es.

XLVIII. 1) Vergleichungen.

Plato hat geſagt: der Menſch 2) gleiche einem 3) Wagen, vor welchem ein 4) wildes und ein ſtetiges Pferd 5) geſpannet ſind, die ein 6) Kutſcher zu 7) regieren hat. Das wilde Pferd ſtellt die 8) Begierden, das ſtetige 9) die verabſcheuenden Leidenſchaften, der Kut-

18) se tenir. 19) étant venu. 20) être aſſis. 21) principal. 22) aſſigner. 23) un aplaudiſſement géneral. 24) aprobation. 25) donner occaſion. 26) juſte.

1) Comparaiſons. 2) reſſembler. 3) char. 4) cheval farouche et cheval rétif. 5) attelé. 6) cocher. 7) devoir conduire. 8) cupidité. 9) les paſſions honteuſes.

Begebenheiten.

Kutscher stellt die Vernunft vor. Diogenes sagte zu einem schönen 10) Jünglinge, der 11) läppisches Zeug schwätzte: 12) Schämest du dich nicht, aus einer 13) elfenbeinernen Scheide einen bleiernen Degen 13) herauszuziehen? Eben derselbe nannte einen 15) prächtig gekleideten aber 16) unverständigen Menschen, ein Schaaf mit 17) dem goldenen Vlies. Einem Jünglinge, der 18) schamroth wurde, sagte er. 19) Sey gutes Muths, mein Sohn, dies ist der Tugend 20) Leibfarbe. Solon verglich die 21) Strafgesetze den 22) Spinnweben, in welchen die kleinen und schwachen 23) Thierchen 24) hangen bleiben, welche aber stärkere leichtlich 25) zerreissen.

XLIX.

10) jeune homme. 11) sottises. 12) avoir honte. 13) fourreau d'ivoire. 14) tirer. 15) magnifiquement vêtu. 16) stupide. 17) la toison d'or. 18) rougir de honte. 19) prendre courage oder se rassurer. 20) couleur favorite. 21) loi pénale. 22) toile d'araignée. 23) insecte. 24) se trouver pris. 25) déchirer.

XLIX. Ursprung des Titels Graf.

Graf ist der Titel 1) einer Würde, welcher 2) seinem lateinischen Ursprunge nach diejenigen 3) vornehmen Herren 4) andeutete, die allezeit die Person des Kaisers begleiteten. 5) Da sie 6) in alten Zeiten die Gerechtigkeit 7) bey Hofe verwalteten, und ihr 8) Oberhaupt 9) Pfalzgraf genannt wurde, so gab man 10) nachher eben diesen Namen denjenigen, 11) welchen in den Provinzen und Städten 12) diese Besorgung war aufgetragen worden. Der Titel, Graf, wurde nicht eher 13) erblich als unter den 14) Nachfolgern Carls des Großen.

L. Von der 1) Inoculirung der Blattern.

Die Inoculirung ist der Name, den man in der Arzneywissenschaft der neuen 2) Art giebt,

1) De dignité. 2) dans son origine. 3) les Seigneurs. 4) marquer. 5) comme. 6) anciennement. 7) administrer. à la cour. 8) Chef. 9) Comte Palatin. 10) ensuite. 11) qui étoient. 12) chargés du même soin. 13) héréditaire. 14) successeurs de Charlemagne.

1) Inoculation de la petite verole. 2) méthode.

giebt, den 3) unangenehmen Wirkungen der Kinderblattern vorzukommen, indem man den Kindern diese Krankheit 4) freywillig mittheilet, welches auf folgende Art 5) geschiehet. Man macht dem Kinde einen kleinen 6) Einschnitt in den Arm, und 7) schiebet in selbigen ein wenig 8) Eiter, so man aus einer 9) Blatter eines andern kranken Kindes 10) genommen. Dieses Eiter thut in dem Arme, in welchem es, 11) hineingebracht worden, eben diese Würkung, die 12) der Sauerteig in 13) einem Stücke Teig macht, es 14) gähret darin, und 15) breitet in dem ganzen Geblüte, 16) die Eigenschaften aus, 17) womit es 18) angefüllt ist. Diese Art zu inoculiren kommt aus Circaßien, und ist von der Madame Wortley Montaigu, der Gemahlin des 19) Abesandten des Königs von England zu Constantinopel, von dar nach 20) London 22) gebracht worden. Da diese Dame

---

3) fâcheux effets. 4) volontairement. 5) se faire. 6) incision. 7) on y insere. 8) pus. 9) pustule. 10) enlevé. 11) insinué. 12) le levain. 13) un masse de pâte. 14) fermenter. 15) répandre dans tout le sang. 16) qualité. 17) dont. 18) empreint. 19) Ambassadeur. 20) Londres. 21. aporter.

150 **Begebenheiten**

Dame mit einem Sohn 22) niederkam, ließ sie ihm 23) ohne Bedenken die Kinderblattern 24 mittheilen, welche 25) nach Wunsch ausschlugen.

Briefe,
auf verschiedene 1) Fälle.

I. 2) Einladungsschreiben.

3) Vernehmen Sie, mein werther Freund, 4) eine Nachricht, die Ihnen sehr 5) angenehm seyn wird. Ich habe heute das Glück, einen meiner Freunde, der auch der Ihrige ist, und den 6) der Höchste hat 7) wieder gesund werden lassen, bey mir zu sehen. Ich wünschte, daß Sie an meiner Freude möchten

---

22) acouché.   23) sans scrupule.   24) communiquer.   25) réussir heureusement, oder à souhait.

1) Sujet.   2) invitation.   3) aprendre.   4) une nouvelle.   5) faire plaisir.   6) le Seigneur 7) remettre en santé.

Briefe.

ten 8) Theil nehmen. Es 9) fehlt uns nur Dero 10) Gegenwart, damit unser 11) Vergnügen 12) vollkommen sey. 13) Erfüllen Sie doch mein 14) Verlangen und 15) besuchen mich. Ich werde diese 16) Gefälligkeit, mit derjenigen 17) Aufrichtigkeit 18) erkennen, mit welcher ich bin, Euer ganz Ergebener, Alcidor.

II. Antwort.

Sie sind 1) allzu höflich, werthester Freund, 2) als daß ich Ihre 3) geneigte Einladung 4) ausschlagen sollte. 5) Weil nun meine Gesellschaft Ihnen nicht 6) beschwerlich ist: so 7) nehme ich Ihre Anerbietung mit Vergnügen an; denn ich kann meine Zeit nicht angenehmer 8) zubringen, als 9) in Ihrem Umgang. Nur wünschte ich, daß ich öfters 10) hiezu Gele-

8) prendre part. 9) manquer. 10) la présence. 11) le contentément. 12) pour rendre parfait. 13) repondre à. 14) desir. 15) venir voir. 16) faveur. 17) sincérité. 18) reconnoitre.

1) Trop poli. 2) pour. 3) obligeante. 4) refuser. 5) puisque. 6) incommoder. 7) j'accepte le parti que vous m'offrés. 8) passer. 9) en votre conversation. 10) en.

Gelegenheit hätte. 1) Ich würde sie nicht 12) verabsäumen, sondern sie 13) eifrigst ergreifen, damit ich Sie 14) überzeugen könnte, daß ich 15) wahrhaftig bin ꝛc.

III. 1) Abschlägige Antwort.

Mein Herr. Ich bin Ihnen 2) für ihre 3) freundliche Einladung 4) unendlich 5) verbunden. Es sollte mich 6) ungemein erfreuen, 7) wenn ich Ihnen 8) bey dieser Gelegenheit 9) ein Merkmal meines Gehorsams geben könnte. Mein 10) widriges Glück 11) beraubt mich dieses 12) Vergnügens; weil 13) Geschäfte von der 14) äussersten 15) Wichtigkeit; mich Dero 16) Verlangen zu 17) erfüllen, 18) hindern. Ich hoffe, Sie werden mir die 19) Gerechtigkeit 20) wiederfahren lassen,

11) loin de. 12) négliger. 13) embrasser avec zéle. 14) convaincre. 15) essentiellement.

1) Refus. 2) de. 3) gracieuse. 4) infiniment. 5) obligé. 6) être charmé. 7) de pouvoir. 8) en. 9) une preuve. 10) mauvaise. 11) priver. 12) satisfaction. 13) des affaires. 14) derniere. 15) importance. 16) vos desirs. 17) accomplir, oder se rendre à. 18) empécher. 19) la justice. 20) faire.

Briefe.

sen, an meiner 21) Aufrichtigkeit 22) nicht zu zweifeln; und versichert zu seyn, daß ich mit vieler 23) Hochachtung bin ɾc.

IV. 1) Glückwunsch auf eine 2) Wiedergenesung.

Mein Herr. Ich habe jederzeit an allem, so 3) Ihre Person 4) angehet, 6) grossen Antheil genommen. 6) Urtheilen Sie nun wie sehr ich mich 7) über Ihre 8) hergestellte Gesundheit 9) erfreue. Ich hege gegen Sie eine 10) viel zu aufrichtige Freundschaft 11) als daß ich bey einer so 12) wichtigen Gelegenheit 13) unempfindlich seyn sollte. 14) Ich bitte Sie, mein Werthester, Sie wollen für die Erhaltung ihrer Gesundheit 15) Sorge tragen, 16) damit Sie Ihre Freunde nicht aufs neue

in

---

21) sincérité. ɾ 22) ne pas douter. 23) confideration.

1) Felicitation. 2) convalescence. 3) vous. 4) regarde. 4) beaucoup de part. 6) juger. 7) de. 8) rétablissement. 9) de la vive joye que j'ai ober combien je dois me réjouir. 10) trop. 11) pour. 12) importante. 13) insensible dans. 14) je vous conjure. 15) prendre à coeur. 16) afin de ne plus.

in 17) Unruhe setzen. Niemand wird für Dero 18) Wohlstand 19) eifrigere Wünsche gen Himmel 20) schicken, 21) als ich. Seyen Sie hievon versichert, 22) wie auch von der aufrichtigen 23) Ergebenheit, mit welcher ich bin ꝛc.

V. 1) Antwort auf voriges.

Mein Herr. 2) Ich kann Ihnen nicht 3) genugsam meine 4) Erkenntlichkeit 5) für die Merkmale der Freundschaft, die Sie mir 6) bey meiner Wiedergenesung 7) erweisen, 8) ausdrucken. Ich hoffe, daß, da 10) der Höchste mich aus dieser 11) gefährlichen Krankheit 12) herausgerissen hat, er auch ihre 13) gütigen Wünsche 14) erhören werde. Ich habe 15) deren 16) Erfüllung 17) um so mehr ge‑
wün‑

17) causer de l'inquiétude. 18) prospérité. 19) des voeux ardens. 20) faire. 21) plus que moi. 22) de même que. 23) dévouëment.

1) A la précédente. 2) je ne saurois, 3) assés. 4) reconnoissance. 5) des marques. 6) à l'occasion. 7) donner. 8) exprimer. 9) puisque. 10) le Tout puissant. 11) dangéreuse. 12) tiré. 13) que Vous voulés bien faire pour moi. 14) exaucer. 15) en. 16. l'accomplissement. 17) avec d'autant plus d'ardeur.

wünschet, 18) damit ich das Vergnügen haben möge, öfters 19) angenehme Nachrichten von Ihnen zu 20) erhalten, und mich 21) im Stand zu befinden, Ihnen zu 22) bezeigen, daß ich mehr als jemand bin, Dero Diener.

VI. Eine andere Antwort auf Voriges.

Mein Herr. Sie haben 1) Recht daran gethan, daß Sie meiner Gesundheit wegen 2) in Sorgen gewesen sind; 3) denn ich bin allerdings gesonnen, selbige zu Dero Diensten 4) anzuwenden. 5) Geben Sie mir nur Gelegenheit an die Hand; Sie sollen gewiß 6) erfahren, daß ich durch 7) die Proben ihrer Freundschaft, 8) sehr gerührt worden bin, und werde dahero 9) bedacht seyn, Ihnen bey 10) allen Vorfallenheiten 11) zu zeigen, daß ich wahrhaftig sey, Dero Diener.

VII.

18) que je desire vivement la satisfaction. 19) d'agreables nouvelles de votre part. 20) recevoir. 21) être en état. 22) faire connoitre.

1) Avoir d'autant mieux fait. 2) s'intéresser à 3) que j'ai envie. 4) employer, oder en faire usage. 5) mettre dans l'occasion. 6) se convaincre. 7) les marques. 8) être fort sensible à. 9) tâcher. 10) en toute occasion. 11) faire voir.

VII. Man 1) beklagt sich.

Es ist schon sehr lang, mein Herr, daß man Sie nicht mehr siehet. Haben Sie mich dann 2) vergessen, oder sind Sie nicht mehr mein 3) Freund? 4) Das hieße 5) verwegen seyn, 6) wenn man sich dieses einbilden sollte; aber Ihr Stillschweigen sollte mich fast 7) verleiten es zu glauben. Wenn Sie mich lieb haben; so 8) ziehen Sie mich aus dieser 9) Ungewißheit, indem Sie mir 10) schreiben, oder mir einen 11) Besuch machen. Ein Brief 12) von Ihrer Hand würde mich in etwas 13) wegen ihrer Abwesenheit 14) trösten; und Ihr 15) Besuch würde mich 16) vergnügt machen. 17) Dieses erwarte ich von Ihnen, und bin mit 18) unaussprechlichem 19) Verlangen ꝛc.

VIII.

1) Se plaindre. 2) oublier. 3) être ami, aimer. 4) ce seroit. 5) téméraire. 6) que d'avoir cette pensée. 7) faire croire. 8) tirer. 9) l'incertitude. 10) écrire. 11) venir voir. 12) de votre part. 13) de. 14) consoler. 15) la visite. 16) rendre satisfait. 17) c'est ce que. 18) inexprimable. 19) passion.

VIII. 1) Ansuchen um eine Gefälligkeit.

Ich weiß, mein Herr, daß Sie gegen mich und meinen Bruder 2) freundschaftliche Gesinnungen 3) hegen. 4) Dieser soll sich nach 5) Regenspurg begeben, und ich weiß, daß Sie 6) in Kurzem auch dahin wollen. Ich bitte Sie, ihm einen 7) Platz in Ihrer 8) Kutsche 9) zu vergönnen. Ich hoffe, Sie werden mir 10) meine Bitte nicht 11) versagen. Sie werden mir einen ungemeinen 12) Gefallen thun. Ich werde Ihnen 13) bey Gelegenheit meine 14) Erkenntlichkeit bezeigen, und jederzeit mit 15) besonderer Hochachtung 16) verharren ꝛc.

IX. Antwort auf Voriges.

Es ist nichts mein Herr, so mir 1) auf meiner Reise ein grösseres Vergnügen ge-

---

1) Pour demander une grace. 2) des sentimens d'amitié. 3) avoir pour. 4) il. 5) Ratisbonne. 6) aller dans peu. 7) une place. 8) le carosse. 9) accorder. 10) la priere que etc. 11) refuser. 12) obliger infiniment. 13) dans l'occasion. 14) témoigner de la reconoissance. 15) une consideration particuliere. 16) être.

1) Dans.

2) gewähren könnte, als wenn ich selbige inGesellschaft Ihres Herrn Bruders machen kann. Urtheilen Sie 3) hieraus von der Freude, die mir Dero Brief verursacht, durch welchen Sie mir selbigen zum 4) Reisegefährten anbieten. 5) Wie wird mir dieser Weg so kurz 6) vorkommen! Wie wird er mir so 7) angenehm seyn, 8) wegen 9) des liebreichen Gesprächs, so wir miteinander 10) führen werden. 11) Das einzige so ich mir wünsche, ist dieses, daß er seine Geschäfte bald 12) endigen möge, damit ich auf meiner 13) Ruckreise das Vergnügen habe, Ihn wieder mit mir 14) zurück zu bringen. Dieses würde die Verbindlichkeit, die ich Ihnen, 15) wegen 16) vergnügt zugebrachter Reise 17) schuldig seyn werde, 18) vermehren. Ich verharre mit vollkommener 19) Bereitwilligkeit, ꝛc.

X.

2) faire goûter. 3) par là. 4) compagnon de voyage. 5) que. 6) paroitre. 7) agréable pour moi. 8) par. 9) les doux entretiens. 10) avoir. 11) l'unique chose. 12) terminer ses affaires. 13) à mon retour. 14) ramener. 15) de. 16) fait avec plaisir. 17) avoir. 18) redoubler. 19) empressement.

X. Einladung zu einem Spaziergang.

Wenn Sie, mein Herr, eben so 1) mit meinen Wünschen 2) übereinstimmen, 3) als es der Himmel und die Jahrszeit thun, so werde ich den heutigen Tag in dem 4) süssesten Vergnügen zubringen. Die Luft ist 5) heiter; die 6) Sonne kann nicht lieblicher scheinen, und das Feld ist 7) gegenwärtig am 8) anmuthigsten. 9) Befördern Sie doch, ich bitte Sie inständig, die Erfüllung meiner Wünsche und 10) machen mit mir einen Spaziergang in den 11) Irrgarten 12) des Schlosses. Dero 13) Geschäfte können Sie hieran nicht 14) hindern, das weis ich. Sie verbinden hiemit unendlich eine Person, so 15) aus Dero 16) Umgang tausend 17) Vergnügen 18) schöpfet, und mit der zärtlichsten 19) Neigung ist ꝛc.

XI.

1) à. 2) répondre. 3) que le font. 4) l'agrément le plus doux. 5) serein. 6) il fait un beau soleil. (Die Sonne scheint lieblich.) 7) maintenant. 8) des plus riantes. 9) mettre le comble à. 10) venés faire. 11) le Labirinthe. 12) château. 13) les occupations. 14) empêcher. 15) en. 16) conversation. 17) douceurs. 18) trouver, tirer. 19) passion.

XI. Ein Billet über dieselbige Materie.

1) Die anmuthige Jahrszeit, mein Herr, hat meine 2) Geschwister und mich 3) bewogen, den Vorsatz zu fassen, uns in dem Garten des Fürsten ein 4) Vergnügen zu machen. Unsre Familie hat mir 5) aufgetragen, Denenselben von dieser 6) Entschließung 7) Nachricht zu geben, und sich die Ehre Ihrer Gesellschaft 8) auszubitten. Sie werden so 9) geneigt seyn, uns 10) diese Gefälligkeit 11) nicht zu versagen, und Dero Geschäfte 12) darnach einrichten. 13) Ausser dem Vergnügen, Ihres Umgangs zu 14) genießen, werde ich noch dieses haben, Denenselben 15) mündlich zu danken und Ihnen zu bezeigen, daß ich mit 16) besonderm Eifer sey ꝛc.

XII.

1) Les charmes de. 2) mes freres et mes soeurs 3) faire former le dessein. 4) aller se divertir. 5) charger. 6) la resolution. 7) donner avis. 8) demander. 9) vouloir bien. 10) cet avantage. 11) accorder. 12) régler en consequence. 13) outre. 14) jouir de. 15) de bouche. 16) zéle particulier.

Briefe.

XII. Antwort auf Voriges.

Können Sie wohl zweifeln, mein Herr, daß ich Dero 1) Verlangen nicht 2) auf das genaueste 3) erfüllen werde? Ich würde einen Fehler, 4) der nicht zu verzeihen wäre, begehen; 5) wofern ich so 6) würdige Freunde, wie sie sind, hintan setzen wollte. Es ist mir nie eine Einladung 7) bequemer gekommen, als diese, womit Sie mich zu beehren 8) belieben wollen. Ich bin Ihnen hiefür 9) besonders dankbar, und werde mir 10) eine Ehre daraus machen, Ihnen 11) bey dieser, wie 12) bey andern Gelegenheiten, die vollkommene 13) Ergebenheit zu bezeigen, mit welcher ich bin 2c.

XIII.

1) Vos volontés. 2) de mon exactitude à. 3) exécuter. 4) impardonnable. 5) des 6) négliger des amis de votre mérite. 7) plus à propos. 8) plû. 9) avoir une reconnoissance particuliere. 10) faire gloire. 11) en. 12) en toute autre. 13) attachement.

XIII. Noch eine (autre) Einladung zu einer Spazierfahrt.

Die angenehme Jahrszeit 1) bewegt mich und meine Vettern, 2) eine Spazierreise nach B. zu machen, das Schloß und den schönen Garten, so daselbst sind, zu sehen. Ich bitte Sie demnach, mein Herr, 3) uns Gesellschaft zu leisten. Unser Vergnügen wird 4) um so vollkommener seyn, weil die 5) Bekanntschaft, die Sie mit dem 6) Hausvogt haben, uns Gelegenheit 7) geben wird, das Merkwürdigste, so daselbst ist, zu sehen. Sie 8) seyen so gütig und 9) melden uns bald möglichst Dero Entschließung, und seyen so wohl meiner, 10) als der ganzen Gesellschaft Erkenntlichkeit versichert. Ich bin 11) ohne Ausnahme ꝛc.

XIV. Antwort.

Ich bin Denenselben unendlich für die Ehre verbunden, mein Herr, die Sie mir dadurch

---

1) Inspirer le dessein à. 2) aller faire un tour. 3) de vous mettre de la partie. 4) d'autant plus que. 5) la liaison. 6) le concierge. 7) fournir. 8) daignés. 9) marquer. 10) que de celle de. 11) sans reserve.

durch 1) bezeigen, 2) daß Sie mich 3) zu der Spazierreise, die Sie nach B. 4) thun wollen, einladen. Dieselben sind so gütig mich zu versichern, daß es Denenselben 5) lieb wäre, mich 6) in Dero Gesellschaft zu haben; ich werde nicht 7) ermangeln, mir diese so 8) geneigte Gesinnungen 9) zu Nutz zu machen, und es für eine besondere 10) Ehre achten, Sie zu begleiten. 11) Sie belieben nur die Stunde zu bestimmen, 12) um welche es Ihnen gefällig ist, daß ich mich bey Denenselben 13) einfinden soll. Ich erwarte 14) dißfalls Dero Befehle, und bin mit vieler Achtung ꝛc.

XV. Antwort von gleichem 1) Inhalt.

Mein Herr, ich 2) ergreife auf das 3) begierigste die 4) erwünschte Gelegenheit, die Sie mir anbieten, Ihres angenehmen

---

1) Faire. 2) de. 3) à la promenade. 4) aller faire. 5) être bien aise. 6) en. 7) manquer. 8) favorable. 9) se prévaloir. 10) faire gloire. 11) vous n'avez qu'à fixer. 12) à la quelle. 13) rendre. 14) à cet égard.

1) Sur le même sujet. 2) embrasser. 3) avec zele. 4) favorable.

5) Umgangs zu genießen. 6) Nichts kann mir
ein empfindlicheres Vergnügen geben, als die
Ehre, die Sie mir dadurch erzeigen, daß
Sie mich 7) geneigt versichern, daß meine Gesellschaft Ihnen 8) nicht beschwerlich seyn werde.
Diese so 9) schätzbare Gelegenheit werde ich
10) gewiß nicht aus den Händen lassen; 11)
angesehen ich mir eine besondere Ehre daraus
mache, Sie 12) bey der 13) angestellten Spa-
zierfahrt zu begleiten. Ich erwarte mit 14)
der äussersten Ungedult die Stunde, die Sie
mir geneigt 15) bestimmen wollen, Sie zu umarmen, und Sie zu versichern, daß man nicht
aufrichtiger seyn kann, als ich es bin ec.

XVI. Einladung zu einem Abendessen.

Mein Herr, ich 1) bitte mir von Ihnen eine
2) Gefälligkeit aus, und 3) ersuche Sie
mir solche nicht 4) abzuschlagen, 5) nemlich,
nebst

---

5) cohversation. 6) on ne sauroit être plus
sensible que je le suis à. 7) daigner assurer. 8)
n'être pas à charge. 9) précieux. 10) n'avoir
garde de manquer. 11) et je fais gloire. 12) à.
13) que vous allés faire. 14) derniere. 15) fixer

1) Demander. 2) une grace. 3) prier. 4) ne
pas refuser. 5) c'est.

nebst einigen guten Freunden, die mir verspróchen haben, mich diesen Abend zu besuchen, bey mir das Abendessen 6) einzunehmen. 7) Ohnerachtet wir gesonnen sind, uns 8) rechtschaffen mit einander zu belustigen; so würde doch unser 9) Vergnügen sehr unvollkommen seyn, wofern Dero werthe Person uns fehlte. 10) Wenn wir also vergnügt seyn sollen; so 11) gönnen Sie uns die Ehre Ihrer 12) Gegenwart. Ich hoffe, Sie werden mir diesen 13) vorzüglichen Gefallen 14) nicht versagen, 15) sondern dadurch den 16) verbindlichsten Dank 17) vermehren, mit welchem ich lebenslang seyn werde. ꝛc.

XVII. Antwort.

Mein Herr, Sie 1) verbinden mich ungemein, indem Sie wollen, daß ich diesen Abend in Dero schätzbaren Gesellschaft 2) zubringen soll. Von Dero 3) aufrichtigen

6) venir prendre le souper. 7) quelque desir que. 8) bien. 9) satisfaction. 10) pour nous rendre contens. 11) faire jouir de. 12) présence. 13) cet avantage. 14) accorder. 15) et 16) les obligations. 17) rédoubler.

1) être bien obligeant de. 2) faire. 3) sincere.

Gesinnungen 4) überzeugt, will ich mit Vergnügen Dero Verlangen 5) erfüllen. Ich werde also nicht unterlassen, um die bestimmte Stunde mich bey Ihnen 6) einzufinden, 7) mit der ungemeinen Freude, die Gelegenheit zu haben, Ihnen 8) mündlich die 9) lebhafte Erkenntlichkeit, die ich Ihnen für die erwiesene 10) Höflichkeit 11) schuldig bin, zu 12) bezeigen, 13) wie dann auch ich verharre mit wahrer Hochachtung ꝛc.

XVIII. 1) Entschuldigungs=Antwort.

Ich 2) bedaure recht sehr, mein Herr, daß ich mich gezwungen sehe, mich zu 3) entschuldigen. 4) So groß auch das Vergnügen ist, so ich in Dero Gesellschaft 5) finde; so 6) hindert mich gleichwohl ein 7) unangenehmer Vorfall, Ihres geneigten Umgangs zu

---

4) convaincu. 5) se conformer à. 6) se rendre. 7) ravi de trouver. 8) de bouche. 9) vif, vive. 10) les politesses. 11) avoir. 12) témoigner. 13) de même que.

1) Excuse. 2) c'est avec bien du regret que. 3) faire des excuses. 4) quelque plaisir que. 5) trouver. 6) empécher. 7) un embarras me survient.

zu 8) genießen. 9) Urtheilen Sie nun, ich
bitte Sie, wie groß das Mißvergnügen seye,
so mir diese 10) verdrießliche Hinderniß verursacht; 11) weil ich hiedurch um eine der 12)
angenehmsten Vergnügungen gebracht werde.
13) Leben Sie wohl, mein Werthster, und
14) erhalten mich fernerhin in Dero schätzbarem
Angedenken. Ich verharre mit aller 16) ersinn-
lichen Hochachtung ꝛc.

XIX. Einladung zu einem Briefwechsel.

Mein Herr, Dero Abwesenheit 1) wird mir
 unerträglich, wofern ich keine 2) Merkmale von Ihrem 3) Angedenken 4) erhalte.
Lassen Sie uns demnach, wenn es Ihnen be-
liebig, 5) einen Briefwechsel 6) anstellen, damit ich meinen 7) Verdruß von Ihnen 8) entfernt zu seyn, 9) vermindern könne. Ich weiß,
wohl,

8) jouir. 9) juger du déplaisir. 10) un inconvénient. 11) il me fait perdre. 12) doux.
douce. 13) Adieu. 14) continués moi. 15)
imaginable.

1) Ie ne saurois suporter. 2) des marques, preuves. 3) le souvenir. 4) recevoir, avoir. 5)
un commerce de lettres. 6) établir. 7) le chagrin. 8) éloigné. 9) se dédommager, diminuer.

wohl, daß aller 10) Vortheil 11) auf meiner Seite seyn wird, weil 12) wenn es auf die Worte ankommt, ich Ihnen 13) nicht gewachsen seyn kann. Dagegen habe ich, 14) was die Redlichkeit des Gemüthes anbelangt, nichts zu 15) besorgen. Es ist niemand, der 16) unveränderlicher seyn kann, als ich es bin 2c.

XX. Antwort auf Voriges.

Mein Herr, Dero 1) Vorschlag ist mir über die Maaße 2) angenehm; 3) dadurch wird mir Dero Abwesenheit 4) erträglicher. Sie können nicht glauben, 5) wie schwer es mir angekommen sey, Sie zu 6) verlassen, ohne daß ich mich Ihrer Freundschaft, durch 7) offenbare Proben von der Meinigen, habe 8) würdig machen können. Sie seyen versichert, mein Herr,

10) avantage. 11) pour moi. 12) en fait d'expressions. 13) ne savoir rendre le change. 14) pour les sentiments sinceres, oder la sincerité des sentiments. 15) craindre. 16) plus. inviolablement.

1) L'offre que. 2) être charmé. 3) elle. 4) rendre plus suportable oder moins dure. 5) le chagrin que j'ai eu. 6) quiter. 7) des preuves évidentes. 8) se rendre digne.

Herr, daß ich, 9) in dem mit Ihnen aufzurichtenden Briefwechsel, 10) allen möglichen Fleiß beobachten werde. Hiezu 11) halte ich mich um so mehr verbunden; 12) weil dieses ein Mittel ist, öfters 13) Nachricht von Ihnen zu erhalten, und Ihnen die Versicherungen der wahren und aufrichtigen Freundschaft zu 14) wiederholen, mit welcher ich lebenslang seyn werde ꝛc.

XXI. Noch eine Einladung zu einem Briefwechsel.

Mein Herr, ich weiß von 1) sicherer Hand daß Sie unter der 2) Anweisung des Herrn E. 3) vortrefliche Progressen in der Französischen Sprache machen. Sie sind so gütig, 4) und zeigen mir hievon 5) eine Probe in der Antwort, womit Sie mich zu 6) würdigen belieben wollen. 7) Was mich anbelangt, so werde

---

9) dans notre correspondence. 10) observer tuute l'exactitude possible. 11) j'y suis. 12) que. 13) avoir souvent de vos nouvelles. 14) réitérer.

1) De bonne part. 2) la conduite. 3) merveilleux. 4) de m'en faire voir. 5) un échantillon. 6) daigner. 7) quant à moi.

werde ich nichts 8) sparen, in einer Sprache, welche 9) bey den belebtesten Personen in Deutschland sehr 10) im Schwange ist, 11) rechtschaffen zuzunehmen. Wenn es Jhnen 12) nicht mißfällig wäre, sich mit mir in einen Briefwechsel 13) einzulassen; so würde ich ein 14) überaus grosses Vergnügen daraus 15) schöpfen. Es ist 16) gewiß, daß ich hieben mehr 17) gewinnen werde, als Sie mein Herr, weil meine 18) Fähigkeit der Jhrigen 19) bey weitem nicht beykommt. 20) Da ich mir aber 21) schmeicheln darf, daß Sie 22) meinen Nutzen allezeit für den Jhrigen 23) halten; so werden Sie 24) den Vortheil 25) nicht mit mißgünstigen Augen ansehen, den ich daraus 26) ziehen werde. Ich bin mit vollkommener 27) Ergebenheit ıc.

XXII.

8) épargner.   9) parmi les plus polies.   10) être en vogue.   11) faire de grands progrés.   12) ne pas desagréer.   13) entrer en.   14) infini.   15) avoir.   16) certain.   17) gagner.   18) la capacité.   19) être fort au dessous.   20) j'ose cependant.   21) se flater.   22) mes interêts.   23) sont les vôtres, et que.   24) l'avantage.   25) n'être pas jaloux de.   26) retirer.   27) attachement.

XXII. Antwort.

Mein Herr, ich mögte wohl wissen, 1) von wem Sie die 2) Nachricht erhalten, daß ich mich so 3) eifrig auf die 4) Erlernung der Französischen Sprache lege. 5) Die Nachricht, die man Ihnen hievon gegeben hat, ist mir 6) nicht allzu erfreulich: denn ich war 7) gesonnen, Sie 8) nach Verfließung eines Jahrs 9) auf eine angenehme Art, mit einem französischen Brief zu 10) überfallen, der vollkommen nach den Regeln des Styls 11) eingerichtet worden wäre. 12) Nun aber, da 13) die Sache verrathen ist, wäre es 14) vergebens, aus meinem unschuldigen 15) Streiche ein 16) Geheimnis zu machen. Ich 17) gestehe Ihnen vielmehr, daß ich 18) alle Mühe anwende, die französische Sprache 19) vollkommen kennen zu lernen. 20) Was den Briefwechsel, den Sie mir anbie-

---

1) Par quel canal. 2) aprendre. 3) être empressé à. 4) cultivér la langue. 5) l'avis. 6) ne faire gueres de plaisir. 7) résoudre. 8) dans l'espace. 9) agréablement. 10) surprendre par. 11) être formé. 12) maintenant que. 13) la mine est éventée. 14) inutile, peine perdue. 15) la ruse. 16) faire mistere. 17) avouer. 18) employer toutes mes forces. 19) en perfection. 20) quant au.]

anbieten, anbelangt; so 21) halte ich Sie beym Wort. 22) Das einzige, was mir einiges 23) Misvergnügen macht, 24) ist dieses, daß ich den hohen Begriff nicht werde erfüllen können, den Sie sich von meiner 25) Geschicklichkeit 26) gemacht haben. Ich bin mit vieler 27) Hochachtung ꝛc.

XXIII. Brief, 1) worinn man sich die Freundschaft einer Person 2) ausbittet.

Mein Herr, es hat mir 3) in meinem Leben nichts ein vollkommners 4) Vergnügen verursacht, als die Ehre Ihrer Bekanntschaft. Man kann mit Ihnen nicht im 5) Umgang seyn, ohne Dero 6) Leutseligkeit und 7) edle Gemüthsart, die Sie so glücklich mit so vielen andern Vollkommenheiten 8) verbinden,

zu

---

21) prendre au mot. 22) tout. 23) donner de déplaisir. 24) c'est de ne pouvoir pas remplir la haute idée. 25) capacité. 26) former. 27) considération.

1) où. 2) demander. 3) de ma vie. 4) le plaisir. 5) être en commerce. 6) l'humanité. 7) le noble caractere. 8) joindre à.

zu 9) bewundern. Ich wünsche mir nichts. 10) sehnlicher, als daß Sie mich in der Freundschaft, die Sie mir zu 11) schenken belieben, 12) erhalten mögten. 13) Erweisen Sie mir doch, mein Herr, die Gefälligkeit, mich öfters mit Dero Briefen zu beehren. Die 14) richtige Beantwortung derselben soll Sie 15) überzeugen, wie sehr ich von Dero 16) Wohlgewogenheit 17) gerühret werde, und mit wie vieler Hochachtung ich sey ꝛc.

IV. Antwort.

Mein Herr, ich weiß nicht, 1) wie ich auf den verbindlichen Brief, den Sie an mich zu schreiben, sich 2) die Mühe gegeben haben, antworten soll. Sie 3) erweisen mir solche 4) Höflichkeiten, die ich 5) nimmermehr vermuthet hätte. Wofern meine Freundschaft Ihnen 6) in einigen Stücken nützlich seyn kann; so

9) admirer. 10) avec plus de zele. 11) accorder. 12) la conservation de. 13) faire la grace. 14) l'exactitude avec laquelle j'y répondrai. 15) faire voir. 16) la bienveillance. 17) être touché.

1) Comment. 2) se donner la peine. 3) faire. 4) des politesses. 5) n'oser s'attendre à. 6) à quelque chose.

so ist sie 7) gänzlich 8) zu Ihren Diensten. Sie können dieser 9) Gesinnungen 10) versichert seyn, wie auch der 11) Ehre, die ich mir daraus mache, Ihre 12) schätzbare Bekanntschaft zu besitzen. 13) Sie seyen so gütig, und 14) geben mir durch Dero Befehle Gelegenheit, meine 15) Bereitwilligkeit, Ihnen zu 16) dienen, 17) thätig an den Tag zu legen, und Sie zu 18) überführen, daß ich mit 19) unveränderlicher Ergebenheit sey ec.

XXV. 1) Höflichkeits-Schreiben.

Mein Herr, 2) das hieße den Werth Ihrer schätzbaren Freundschaft 3) nicht einsehen, 4) wenn ich Ihnen nicht unverzüglich für alle mir erwiesene Höflichkeiten 5) unendlichen Dank abstattete. Niemand ist 6)

7) entiérement. 8) aquise. 9) sentimens. 10) persuadé. 11) et de la gloire. 12) précieuse. 13) daigner. 14) fournir par les ordres. 15) l'empressement que j'ai. 16) rendre service. 17) par des effets. 18) convaincre. 19) attachement inviolable.

1) Lettre de civilité. 2) ce seroit. 3) ne pas sentir. 4) si je ne me hâtois de. 5) rendre, mille graces.

6) dienſtgefliſſener als Sie, und niemand kann 7) erkenntlicher ſeyn als ich. Einer von uns beeden 8) muß 9) den Sieg erhalten. 10) Entweder müſſen Sie aufhören, mich zu verpflichten; oder ich muß undankbar 11) werden. 12) Dieſes würde mir unmöglich 13) fallen. Ich muß Ihnen alſo den Sieg überlaſſen. Erhalten Sie mich, ich bitte ſie inſtändigſt, in Dero 14) Wohlgewogenheit, und ſeyen 15) von Seiten meiner, 16) der lebhafteſten Erkenntlichkeit verſichert, wie auch der wahren Hochachtung mit welcher ich bin ꝛc.

XXVI. Antwort.

Mein Herr! Sie verpflichten mich 1) ungemein, durch den Brief, den Sie an mich zu ſchreiben 2) beliebt haben. Es iſt ſchon lange, daß ich mir die Ehre ihrer Bekanntſchaft 3) gewünſchet habe, und ich erfreue 4) mich äußerſt, daß Sie mir 5) nun dieſes ſchätzbare 6) Glück ge-

---

6) obligeant. 7) reconnoiſſant. 8) il faut que 9) triompher. 10) ou que. 11) devenir. 12) c'eſt ce qui. 13) être. 14) les bonnes graces. 15) de ma part. 16) de la plus vive.

1) Infiniment. 2) plû. 3) deſirer. 4) être ravi. 5) maintenant. 6) glorieux avantage.

7) gewähren. Ich werde keine Gelegenheit 8) vorbey laſſen, Dieſelben von meiner vollkommenen Erkenntlichkeit zu 9) überführen; und werde mich 10) bemühen, durch ein 11) gebührendes 12) Gegenbezeigen, mich der Ehre würdig zu machen, 13) in der That zu ſeyn ꝛc.

XXVII. Noch eine Antwort.

Mein Herr! 1) ſo großes Verlangen ich auch 2) ſeit langer Zeit gehabt habe, 3) Nachrichten von Ihnen zu haben; ſo hat mich doch eine 4) ungegründete Furcht davon 5) abgehalten, 6) welche von Denenſelben zu verlangen. Urtheilen Sie nun, mein Herr, von der Freude, die mir Dero letztes Schreiben 7) verurſachet hat. 8) Es iſt mir nichts ſo ſchätzbar, als Dero Freundſchaft; 9) und ich bin Ihnen unendlich 10) für die gütige Anerbietung verbunden, die Sie mir geben,

selbige

---

7) daigner accorder. 8) laiſſer échaper. 9) convaincre. 10) tâcher. 11) juſte. 12) retour. 13) véritablement.

1) Quelque. 2) depuis. 3) de vos nouvelles. 4) mal fondé. 5) empêcher. 6) en demander. 7) donné. 8) je n'ai rien de. 9) et. 10) faire l'offre généreuſe.

Briefe.

selbige durch einen 11) richtigen 12) Briefwechsel zu 13) unterhalten. 14) Diesen Vorschlag werde ich auf das 15) sorgfältigste 16) ins Werk setzen; damit ich Dieselben 17) überzeugen möge, daß man nicht 18) mit grösserer Ergebenheit seyn kann, als ich es bin ꝛc.

XXVIII. Man 1) bezeigt seine Freude über eines Freundes 2) Wiedergenesung.

Mein Herr! Ich bin Ihnen tausendmal 3) für die angenehme Nachricht verbunden, die Sie mir von Ihrer Gesundheit geben. 4) Je grösser meine 5) Unruhe war, 6) in Ansehung der 7) beschwerlichen Krankheit, womit Sie 8) befallen waren; 9) je grösser ist meine 10) Freude über 11) die glückliche Wiedergenesung, durch welche 12) die Wünsche, die ich für

11) exact. 12) correspondence. 13) entretenir. 14) c'est un dessein que. 15) s'empresser. 16) mettre en exécution de son côté. 17) convaincre. 18) avec plus.

1) Témoigner. 2) rétablissement. 3) de. 4) plus. 5) être inquiet. 6) par raport à. 7) fâcheux. 8) attaqué. 9) plus. 10) être sensible à. 11) votre. 12) les voeux.

für Dieselben 13) abgeschickt habe, sind 14) erfüllt worden. Sie lassen mir 15) Recht wiederfahren, wenn Sie 16) von dem Antheil, den ich an allem dem, so Sie 17) angeht, nehme, 18) versichert sind. Mein Herz soll allezeit durch seine 19 Empfindungen, die Freundschaft, die ich gegen Sie trage, 20) bestätigen, und meine Freude würde vollkommen seyn, wenn ich Sie 21) umarmen, und Ihnen mündlich 22) Glück wünschen könnte. Meine 23) Geschäfte hindern mich, dieses Vergnügen 24) zu genießen. Ich begnüge 25) mich, Dieselben zu versichern, daß ich nichts so sehr 26) wünsche, als die Fortsetzung Ihrer Gesundheit, und daß ich lebenslang verbleiben werde 2c.

XXIX. 1) Von gleichem Innhalt.

Mein Herr! Sie haben mich von einer grossen 2) Bekümmerniß befreyet, 3) indem Sie

---

13) faits. 14) accomplir. 15) rendre justice. 16) de la part. 17) regarde. 18) d'être assuré. 19) sentimens. 20) vérifier. 21) embrasser. 22) feliciter. 23) occupations. 24) de gouter. 25) se satisfaire en assurant. 26) desirer.

1) Sur le même sujet. 2) tirer de peine. 3) en

Briefe.

Sie mir von 4) Dero Wiedergenesung 5) Nachricht gegeben haben. 6) Ich glaubte, es gienge mit Ihnen bereits 7) auf die Neige. Ich 8) empfand hierüber den äussersten Schmerz, und ich war 9) beynahe unfähig mich zu trösten. Mein Herz ist viel zu 10) zärtlich, als daß ich mit meinen Freunden, nicht nur alles 11) Wohl, sondern auch alles 12) Widrige 13) theilen sollte. Dero Absterben würde mich eines vollkommenen Freundes 14) beraubt haben. Was hätte ich 15) alsdann 16) in diesem Leben für Vergnügen haben können? Was ich hier 17) sage, sind keine 18) übertriebene 19) Ausdrücke, es sind Wahrheiten, die aus dem Grund des Herzens 20) herfließen Sie seyen so gütig hievon 21) überzeugt zu seyn, 22) wie auch von der 22) zärtlichen Liebe, mit welcher ich 24) unaufhörlich seyn werde ꝛc.

XXX.

4) le rétablissement. 5) aprendre. 6) je vous croyois. 7) à l'extrémité. 8) en être penetré, de. 9) presque inconsolable. 10) j'ai le coeur tendre. 11) et le bonheur et. 12) disgraces. 13) partager. 14) priver. 15) après cela 16) dans la vie. 17) avancer. 18) exageré. 19) expressions. 20) partir. 21) persuadé. 22) et. 23) la tendresse. 24) sans cesse.

XXX. Glückwunsch an einen Freund, der ins 1) Bad geht.

Mein Herr! 2) Bey den aufrichtigen Gesinnungen, die ich 3) gegen Sie 4) hege, 5) bringt mir nichts ein grösseres 6) Vergnügen als Dero 7) Wohlstand. An 8) diesem nehme ich 9) ganz besondern Antheil, und 10) erfreue mich innigst, 11) die gefaßte Entschliessung 12) zu vernehmen, 13) wegen Erhaltung Ihrer Gesundheit in das Bad nach Achen zu gehen. Ich 14) gratulire Ihnen, mein Herr, daß Sie im Stande sind diese Reise zu machen. Ich wünsche, daß Gott 15) sowohl das Bad, 16) als auch das mineralische Wasser, 17) nebst den 18) Arzneyen, die Sie 19) gebrauchen werden, segnen möge. 20) Machen Sie sich viel Vergnügen, und 21) kommen in vollkommener Gesundheit wieder zurück. Das sind die Wünsche, 22) womit ich Sie begleite. Es soll

---

1) Les bains. 2) dans. 3) à votre égard. 4) ou je suis. 5) faire. 6) plaisir. 7) la prosperité. 8) y. 9) très-particuliere. 10) être ravi. 11) où vous êtes. 12) aprendre. 13) à Aix-la Chapelle pour. 14) féliciter. 15) et. 16) et. 17) et. 18) les remedes. 19) employer. 20) se divertir. 21) revenir. 22) dont.

ſoll mich 23) höchſtens erfreuen, wenn ich bey Ihrer 24) Ruckkehr vernehme, daß die gefaß‍te Entſchließung einen 25) glücklichen Erfolg gehabt. Man kann nicht aufrichtiger ſeyn, als ich es bin ꝛc.

XXXI. Glückwunſch zum neuen Jahr.

Mein Herr! Ich 1) empfinde das 2) äußer‍ſte Vergnügen, 3) ſo oft ich Gelegenheit habe, Sie meiner aufrichtigen 4) Ergebenheit zu verſichern. Dieſe Freude 5) vermehrt ſich heute, 6) da Sie in guter Geſundheit ein neues Jahr 7) antretten. Ihre 8) Glückſeeligkeit wird allezeit ein 9) angenehmer Gegenſtand mei‍ner gerechten Wünſche ſeyn. 10) Der Höchſte 11) bewahre Sie vor allem 12) Zufall, ſo Dero 13) beglücktem 14) Zuſtand 15) nachthei‍lig ſeyn mag: Er laſſe Sie dieſes und 16) viele folgende Jahre 17) in allem Seegen
18)

23) être ravi. 24) le retour. 25) être ſuivi d'un heureux ſucces.

1) Reſſentir. 2) extrême. 3) toutes les fois. 4) attachement. 5) redoubler. 6) que. 7) en‍trer. 8) proſpérité. 9) doux. 10) le Tout‍puiſſant. 11) préſerver. 12) accident. 13) heureux. 14) Situation. 15) altérer. 16) plu‍ſieurs autres. 17) en toutes ſortes.

18) zuruck legen, und Dero 19) Vergnügen müsse sich jeden Tag 20) erneuern. Erhalten Sie mich in Dero 21) Gewogenheit und seyen von der aufrichtigen 22) Liebe versichert, mit welcher ich bin ꝛc.

XXXII. Von gleichem Innhalt.

Mein Herr! die 1) Nachrichten, die ich von Dero Wohlfarth 2) erhalte, 3) tragen 4) ungemein viel 6) zum Genuß eines vollkommenen Vergnügens bey. Gegenwärtiger 6) Jahrwechsel 7) giebt mir Gelegenheit, Sie von dieser Wahrheit zu überzeugen und Ihnen 8) viel Seegen anzuwünschen. Ich 9) bitte mir die Fortsetzung Ihrer schätzbaren Freundschaft aus. Ich werde sie allezeit durch 10) aufrichtige Gegengesinnungen erkennen, und durch das 11) unveränderliche Bestreben, mit welchem ich lebenslang seyn werde ꝛc.

XXXIII.

18) passer. 19) contentement. 20) renouveller 21) affection. 22) passion.

1) Les nouvelles. 2) recevoir. 3) contribuer. 4) infiniment. 5) à me faire jouir. 6) le renouvellement d'année. 7) fournir. 8) toutes fortes de. 9) demander. 10) sentimens réciproques. 11) le zele inviolable, oder sincere.

Briefe.

XXXIII. Von gleichem Innhalt.

Mein Herr! 1) die Begierde, die ich in mir 2) empfinde, Denenselben bey jeder Gelegenheit, meine 3) Hochachtung zu bezeigen, erlaubt mir nicht, 4) gegenwärtige, so mir das neue Jahr 5) an Handen giebt, 6) vorbey gehen zu lassen. 7) Ausser dem, daß ich Ihnen, für alle mir erwiesene 8) Wohlthaten unendlich 9) verbunden bin, 10) trage ich noch gegen Dieselbe eine ganz besondere Erkenntlichkeit für die ungemeine 11) Gunst, der Sie mich zu 12) würdigen belieben. 13) In dieser Gesinnung bitte ich die göttliche Vorsehung, Sie wolle Dieselbe noch 14) eine lange Reihe der Jahre hindurch in vollkommener Gesundheit, und 15) mancherley Seegen 16) zurück legen lassen. Diese Wünsche 17) entspringen aus einem Herzen, so Denenselben 18) vollkommen

19)

---

1) Le desir. 2) avoir. 3) la considération que je vous porte. 4) celle que. 5) offrir. 6) laisser écháper. 7) outre. 8) les bontés. 9) les obligations infinies que je vous dois. 10) je vous ai. 11) la faveur. 12) daigner honorer, oder accorder. 13) c'est dans. 14) une longue suite. 15) en toutes sortes. 16) faire passer. 17) partir. 18. entiérement.

19) ergeben ist. Ich werde keine Gelegenheit aus den Händen lassen, Denenselben 20) Proben von der besondern Hochachtung zu geben, mit welcher ich bin ꝛc.

XXXIV. Antwort.

Mein Herr! Ich bin von Dero 1) Gewohnheit also überzeugt, daß ich von den neuen 2) Versicherungen, die Sie mir hievon gleich 3) bey Anfang dieses Jahres 4) geneigt haben geben wollen, und von 5) dem Wunsch, womit Sie diese angenehme 6) Merkmale begleitet haben, 7) innigst gerührt bin. 8) Ob Sie mir gleich mit diesen 9) Kennzeichen der Hochachtung 10) zuvor gekommen sind; so sollen Sie mich doch niemals 11) an Eifer und 12) Dienstergebenheit übertreffen. In dieser 13) Verfassung wünsche ich Ihnen 14) hinwiederum in 15) diesem laufenden und vielen folgen-

19) a quis. 20) des preuves.

1) Affection. 2) assurance. 3) dans ce. 4) avec bien voulu. 5) aux souhaits. 6) les témoignages. 7) je ne puis qu'être très sensible à. 8) si. 9) marques d'estime. 10) prevenu. 11) en. 12) empressement. 13) disposition. 14) réciproquement. 15) dans le cours.

genden Jahren, unzehlige 16) Glückseligkeiten.
Es wird Ihnen nichts 17) Gutes begegnen,
das ich Ihnen nicht von Herzen 18) gönne. 19)
Bey dem Unvermögen, in welchem ich mich
20) befinde, Ihnen alles dasjenige auszudrücken, was mein Herz 21) empfindet, begnüge
ich mich, Sie zu versichern, daß ich mit Eifer
alle Gelegenheiten 22) ergreifen werde, Sie
von der Aufrichtigkeit meiner Gesinnungen zu
überzeugen, mit welchen ich bin ꝛc.

XXXV. (autre) Noch eine Antwort.

Mein Herr! Wenn ich zu Dero 1) Glückseeligkeit etwas 2) beytragen kann; 3)
so wird es ebenfalls ein 4) wahres Glück für
mich seyn. Denn ich versichere Sie, daß
ich 5) das äußerste Verlangen trage, Denenselben 6) Merkmale von meiner Erkenntlichkeit
zu geben, 7) für die verbindliche Gesinnungen,
die

---

16) les prospérités. 17) bien. 18) desirer.
19) dans l'impuissance. 20) je suis. 21) je
me sens pour vous. 22) embrasser.

1) Bonheur. 2) contribuer. 3) ce sera également.
4) véritable félicité. 5) avoir une extrême
envie. 6) des preuves. 7) à l'égard de.

die Sie mir 8) bezeigen, und 9) wegen des besondern 10) Antheils, den Sie an dem, was mich 11 angeht, nehmen. 12) Bedienen Sie sich meiner zu allen dem, was Ihnen ein Vergnügen machen kann; Sie werden 13) befinden, daß ich mit wahrem 14) Diensteifer bin ꝛc.

XXXVI. Glückwunsch auf einen 1) Geburtstag.

Mein Herr! Dero Geburtstag ist Ihren Freunden viel zu schätzbar, 2) als daß er 3) Ihnen nicht 4) die lebhafteste Freude verursachen sollte, 5) zumal wenn Sie selbigen in vollkommener Gesundheit 6) begehen. Ich unterstehe mich Dieselbe zu versichern, daß Sie keinen aufrichtigern Freund haben können, als mich; 7) deßwegen schmeichle ich mir, alle andere 8) dißfalls zu 9) übertreffen, 10) sowohl durch den 11) Antheil, den ich an allem, was Die-

    8) témoigner. 9) de. 10) l'interét. 11) regarder. 12) employer. 13) voir. 14) empreſſement.

    1) L'anniverſaire de la naiſſance. 2) pour ne pas. 3) leur. 4) une joye des plus vives. 5) ſur tout lorsque. 6) célébrer. 7) auſſi. 8) à cet égard. 9) l'emporter ſur. 10) et par. 11) l'interét.

Dieselbe 12) betrift, nehme, 13) als auch durch die 14) eifrige Wünsche, die ich für die Erhaltung Ihrer Lebenstage, zu dem Himmel 15) schicke. Ich hoffe demnach, daß Sie noch viele Jahre 16) dergleichen 17) Glückwünsche 18) bekommen werden. Dieses wünschet niemand 19) inständiger als ich; Sie belieben hievon 20) überzeugt zu seyn, wie auch von der wahren Ergebenheit, mit welcher ich bin ꝛc.

XXXVII. Antwort.

Mein Herr! Ich 1) bezeige Denenselben alle mögliche Erkenntlichkeit, 2) für die 3) Merkmale der Freundschaft, die Sie mir bey Gelegenheit meines Geburtstags zu geben beliebten. Wenn ich die 4) Erfüllung Ihrer 5) Wünsche 6) verlange; so geschiehet es darum, 7) damit ich öfters Gelegenheit haben möge, Ihnen zu 8) erkennen zu geben, 9) wie nahe

---

12) regardo. 13) et par. 14) ardens. 15) adresser. 16) pareil. 17) felicitation. 18) recevoir. 19) plus ardement. 20) en être bien persuadé.

1) Avoir. 2) des. 3) témoignage. 4) l'accomplissement. 5) voeux. 6) souhaiter. 7) c'est pour. 8) marquer. 9) être sensible à.

nahe mir Dero Glückseligkeit gehet. 10) Sie seyen versichert, daß ich 11) keine werde 12) vorbey gehen lassen, Ihnen über Dero Wohlergehen 13) meine empfindliche Freude zu 14) bezeigen; ich bin mit 15) besonderer Hochachtung ꝛc.

XXXVIII. An eine 1) vornehme Person an ihrem Geburtstage.

Gnädiger 2) Herr! 3) mit tiefester Ehrerbietung und 4) lebhaftestem Eifer erneure ich Denenselben, bey Gelegenheit 5) des Jahrtages, an welchem Sie gebohren, alle die 6) Gesinnungen der Freude und 7) der Ergebenheit, 8) mit welchen das Herz eines getreuen Dieners natürlicher Weise 9) bey Erblickung dieses glücklichen Tages erfüllet seyn muß. Der Allmächtige wolle Sie denselben noch 10) viele Jahre in

10) Comptés. 11) aucune. 12) laisser échaper. 13) la vivacité de la joye que j'ai de. 14) témoigner. 15) particulier.

1) De qualité. 2) Monseigneur. 3) c'est avec un. 4) un Zéle des plus vif. 5) ! l'anniversaire du jour qui vos a vu naître. 6) mouvemens de joye. 7) de dévotion. 8) dont. 9) à l'aspect. 10) plusieurs.

Briefe. 189

in vollkommener Gesundheit 11) erleben laſſen.
Sie ſind der Gegenſtand meiner Bewunderung,
der Liebe und der 12) Wünſche aller derer, die
ſich Ihnen 13) nähern. Ein jeder 14) bemühet ſich, Ihnen 15) Merkmale davon, durch
Gebete zu geben, welche man für 16) die
Erhaltung einer der Republick ſo 17) angele-
gentlichen Perſon, zum Himmel 18) ſchicket.
Die Wünſche, welche ich für Dero 19) und
Dero ganzen 20) vornehmen Hauſes 21) Wohl-
fahrt thue, ſind die aufrichtigſten, und ich
22) bitte Sie höchlich, die 23) gehorſamſten
Verſicherungen davon 24) geneigt anzunehmen,
welche ich 25) mich unterſtehe, Denenſelben in
den 26) Geſinnungen der wahren 27) Verehrung zu 28) geben, mit welcher ich zu ſeyn die
Ehre habe.

XXXIX.

11) revoir. 12) voeux. 13) aprocher quel-
qu'u. 14) s'empreſſer de. 15) témoignages.
16) le maintien. 17) intéreſſant, oder impor-
tant. 18) adreſſées. 19) et pour celle de. 20)
illuſtre. 21) proſpérité, oder conſervation.
22) ſuplier. 23) très humble. 24) agréer.
25) j'oſe. 26) ſentimens. 27) vénération. 28)
préſenter.

XXXIX. Glückwunsch auf einen 1) Namenstag.

Mein Herr! Die Täge, an 2) welchen die Pflicht mich verbindet, Ihnen Versicherungen von meiner Freundschaft zu geben, sind mir 3) über die Maßen schätzbar. Urtheilen Sie nun, wenn es Ihnen beliebt, von der Freude, so mir Dero Namensfest, das Sie heute 4) begehen, verursacht. Dis sind 5) gleichwohl diejenigen Täge, an welchen ich am 6) wenigsten mit mir zufrieden bin, weil ich 7) das äusserste Verlangen trage, Ihnen meine Gesinnungen 8) auf eine nachdrücklichere Art, als mit Worten zu 9) bezeigen. 10) So nachdrücklich auch diese seyn könnten, so werden sie doch dem 11) Eifer und der Aufrichtigkeit nicht 12) beykommen, mit welcher Sie ihre Freunde 13) aufnehmen. 14) Hierdurch werde ich 15) allzu lebhaft 16) gerührt, als daß ich nicht lebenslang

---

1) Fête du nom. 2) où le devoir. 3) très précieux pour moi. 4) célébrer. 5) cependant. 6) le plus mécontent de moi-même. 7) j'ai une ardeur extrême. 8) plus essentiellement. 9) témoigner. 10) quelque fortes. 11) le zéle. 12) être au dessous du. 13) recevoir. 14) en. 15) trop vivement. 16) pénétré.

Briefe. 191

lang eine vollkommene Erkenntlichkeit, für die
mir erwiesene Wohlthaten 17) beybehalten sollte.
Ich 18) bitte Dieselben, hievon versichert zu
seyn, 19) wie auch, daß ich auf das eifrigste
die Gelegenheiten ergreifen werde, Dieselben von
der 20) unveränderlichen 21) Ergebenheit zu
22) überführen, mit welcher ich bin ꝛc.

XL. Bekanntschaft zu machen.

Mein Herr! Ich habe eine unaussprechliche
Freude, daß ich bey Herrn Grazian Gelegenheit gehabt, Bekanntschaft mit Ihnen zu
machen. 1) Könnte ich doch auch das Glück
haben, Dero 2) Gewogenheit und 3) eines besondern Umgangs mit einer Person von Dero
Verdiensten 4) zu erlangen. 5) Nach diesem
6) trachte ich mit allem Eifer. Und 7) damit ich dieser 8) Gunst 9) theilhaftig werden möge; so mache ich mit Vergnügen
10) den ersten Schritt, indem ich Denenselben

17) conserver. 18) suplier. 19) et. 20) inviolable. 21) de l'empressement avec le quel. 22) convaincre.

1) Puissé je. 2) affection. 3) un commerce particulier. 4) faire l'acquisition de. 5) y. 6) aspirer. 7) c'est pour. 8) la faveur. 9) obtenir. 10) le premier pas. 11) en.

selben alle die Gesinnungen 12) anbiete 13) welcher eine 14) wahre Freundschaft fähig,15) seyn kann. Dero Befehle werden mich allzeit 16) bereit finden, Denenselben zu bezeigen, wie sehr ich nach der Ehre 17) strebe, mich 18) jederzeit nennen 19) zu dürfen.

XLI. Von gleichem Innhalt.

Mein Herr! 1) Es ist kein grösseres 2) Vergnügen, als wenn man mit Personen, 3) die Verdienste haben, 4) Umgang hat. Die Art, womit Sie die Herzen derjenigen, so die Ehre haben mit Ihnen 5) umzugehen, 6) gewinnen, hat mich 7) in dem Augenblick, da ich das 8) Glück hatte, bey Herrn Apoll, mit Ihnen zu sprechen, für Sie 9) eingenommen. Dieses wird die Freyheit 10) rechtfertigen, die ich mir nehme, die Fortsetzung Ihres Briefwech-

12) offrir. 13) dont. 14) veritable. 15) se sentir. 16) trouver prêt à témoigner. 17) ambitionner. 18) sans cesse. 19) d'oser.

1) Il n'y a point de. 2) satisfaction. 3) avoir du mérite. 4) commerce. 5) de vous approcher. 6) gagner. 7) dès le premier moment. 8) l'avantage. 9) attacher à. 10) c'est ce qui justifiera.

wechsels mir 11) auszubitten. Seyn Sie so gütig und setzen mich mit ihren Befehlen 12) auf die Probe; Sie sollen überzeugt werden, daß Niemand 13) pünktlicher seyn kann, als ich, 14) die Pflichten der Freundschaft zu beobachten. Ich habe die Ehre, mit vollkommener Hochachtung zu seyn ꝛc.

XLII. Von gleichem Innhalt.

Mein Herr! 1) Ich erfreue mich innigst über die Freundschaft, womit Sie mich zu beehren belieben und wovon Sie mir 2) in dem verbindlichen Brief, den Sie geneigt an mich haben schreiben wollen, 3) überzeugende Merkmale gegeben. Sie können 4) versichert seyn, daß ich 5) meiner Seits 6) ein gleiches thun, und durch meine aufrichtige Gesinnungen Ihre Gewogenheit zu 7) erkennen, niemals unterlassen werde. Beehren Sie mich, ich bitte Sie, mit Dero Befehlen; 8) der Eifer, mit wel-

---

11) demander. 12) mettre à l'épreuve par. 13) être exact à. 14) s'aquiter des devoirs.

1) être charmé de. 2) par. 3) des marques convaincantes. 4) compter sur. 5) de ma part. 6) un juste retour. 7) répondre à. 8) le zéle.

welchem ich selbige 9) vollziehen werde, soll Sie von der wahren Ergebenheit 10) überzeugen, mit welcher ich bin 2c.

XLIII. 1) Erkundigungsschreiben.

Mein Herr! Die Gesinnungen, die ich gegen Dieselben 2) hege, sind so 3) lebhaft und aufrichtig, daß 4) wann ich an Sie gedenke, 5) wie dann solches ohnaufhörlich geschieht, mir alle andere 6) Gegenstände 7) gleichgültig sind. Habe ich also nicht 8) Ursache, wegen Ihrer Gesundheit 9) in Sorgen zu seyn? Es ist bereits ein 10) Vierteljahr, daß ich mir habe die Ehre gegeben, an Sie zu schreiben, und gleichwohl habe ich 11) von Ihnen noch keine Antwort. 12) Melden Sie mir doch, wie Sie sich befinden. Sind Sie noch immer mit Ihrem Zahnwehe 13) geplagt? Dieser 14) Zufall 15)

---

9) exécuter. 10) prouxer.

1) Lettre pour s'informer de. 2) avoir. 3) vif. 4) quand. 5) comme je le fais. 6) objets. 7) je suis indifférent à. 8) lieu. 9) être en peine de. 10) trois mois. 11) de votre part. 12) mander. 13) tourmenté de. 14) accident.

15) rühret mich um so mehr, 16) weil ich an allem so Ihnen begegnet, 17) aufrichtigen Antheil nehme. 18) Befreyen Sie mich doch, ich bitte Sie inständig, durch 19) ein paar Zeilen, von der 20) beschwerlichen Ungewißheit, worinnen ich mich befinde. 21) Ich erbiete mich zu Dero Diensten, und bin mit vollkommener Ergebenheit ꝛc.

XLIV. Ein anders.

Mein Herr! Wann werde ich 1) das Vergnügen haben, Sie wieder zu sehen, Ihnen 2) mündliche Versicherungen von meinem 3) Andenken zu geben? Werden Sie diesen Sommer ins Carlsbald kommen? Meine 4) Unpäßlichkeit verbindet mich, mich 5) dahin zu begeben. Wie sehr würde ich nicht meiner 6) Unpäßlichkeit 7) verbunden seyn, wenn Sie mir das 8) Glück verschafte, allda Ihres Umgangs zu ge‐

15) être d'autant plus sensible à. 16) que. 17) prendre sincerement part à. 18) tirer. 19) par un mot de Lettres. 20) accablant. 21) l'offre.

1) La satisfaction. 2) de bouche. 3) le souvenir. 4) ma mauvaise santé. 5) m'y rendre. 6) mal. 7) que j'aurois d'obligation. 8) procurer l'avantage.

genießen. 9) Ich bin versichert, daß das mineralische Wasser mir wohl anschlagen würde, wenn ich das Glück hätte, es in Dero Gesellschaft zu 10) trinken. Woferne ich Dieselben nicht 11) so innigst liebte; so sollte ich 12) beynahe Denenselben 13) eine Krankheit anwünschen, 14) damit ich Sie in das Bad 15) bringen mögte, wo ich meine 16) Genesung suchen will. Aber nein, 17) das hieße der Freundschaft, womit Sie mich beehren, 18) zuwider handeln. Daher 19) will ich lieber die Ehre, Sie zu sehen, dem 20) Vergnügen, 21) Dero Wohlbefinden zu 22) vernehmen, 23) aufopfern. Ich erwarte mit Ungeduld gute 24) Nachrichten von Ihnen, und bin mit vollkommener Hochachtung ꝛc.

XLV.

9) etre assuré du succés. 10) prendre. 11) autant que je le fais. 12) être tenté. 13) quelque. 14) pe... 15) atti... les bains. 16) aller chercher la guérison. 17) co... 18) mal répondre a... 19) aimer mieux. 20) la satisfaction. 21) se bien porter. 22) aprendre que. 23) sacrifier à. 24) de vos nouvelles.

XLV. Antwort auf Vorhergehendes.

Mein Herr! 1) Ich werde ja nicht die Gelegenheit versäumen, einen Freund zu 2) umarmen, der sich meiner 3) so liebreich erinnert. Ja, mein Herr, ich werde in das Carlsbad kommen, 4) und zwar so, wie Sie mich allda wünschen, ich will sagen, in guter Gesundheit, 5) damit ich das Vergnügen habe, Sie 6) aufzumuntern, und Ihnen 7) mit meiner Dienstgeflissenheit beyzustehen. Ich sage Ihnen tausend Dank, 8) für die Versicherungen, die Sie mir von Ihrer 9) Gewogenheit geben. Ich erwarte mit vieler Ungedult 10) den glücklichen Augenblick, da ich die Ehre haben werde, Ihnen mündlich zu bezeigen, wie hoch ich die Freundschaft 11) schätze, womit Sie mich beehren. Ich 12) nehme an Dero Unpäßlichkeit aufrichtigen Antheil, und wünsche von Herzen, daß die mineralischen Wasser bey Ihnen 13) alle Würkung haben mögen, die Sie

---

1) Ie n'ai garde de. 2) aller embrasser. 3) si tendrement. 4) et même tel. 5) pour. 6) égayer. 7) soulager par mes services. 8) des. 9) affection. 10) les heureux momens. 11) je ressens. 12) prendre sincerement part à. 13) faire tout l'effet.

Sie sich von denselben versprechen. Niemand liebt und 14) ehrt Sie mehr als ich, der ich 15) lebenslang verbleibe ꝛc.

XLVI. Antwort auf den XLIII. Brief.

Mein Herr! Ich 1) erkenne Dero 2) gutartiges Gemüth, 3) an der verbindlichen 4) Sorgfalt, die Sie für mich 5) tragen. Hievon habe ich in dem Briefe, womit Sie mich beehret haben, überzeugende Merkmale 6) erblickt. Sie seyen so gütig, und seyen 7) hinwiederum meiner 8) unveränderlichen Ergebenheit 9) versichert. Es 10) erfreuet mich ungemein, zu vernehmen, daß Sie einer 11) dauerhaften Gesundheit genießen. Mögten Sie doch den 12) Genuß derselben bis in das späteste Alter 13) fortsetzen. Ich habe 14) meines Orts sehr 15) viele Ursachen, Gott zu 16) danken

---

14) honorer. 15) toute ma vie.

1) Reconnoitre. 2) la bonté de votre coeur. 2) dans. 4) les attentions. 5) avoir. 6) vû. 7) réciproquement 8) inviolable. 9) compter sur. 10) être charmé. 11) vigoureux. 12) la jouissance. 13) pousser. 14) de mon coté. 15) bien des. 16) rendre des actions de graces à.

fen. Ob ich gleich 17) von einer schwächlichen Gesundheit bin; so 18) genieße ich doch andere 19) Annehmlichkeiten, die mir 20) die Anfälle der Schwachheiten 21) erträglich machen. 22) Inzwischen ist mir nichts schätzbarer, als Freunde von Ihrer 23) Beschaffenheit zu haben. 24) Bey diesen Gesinnungen werde ich nicht aufhören, mit besonderer Hochachtung zu seyn ꝛc.

XLVII. Man bittet einen Freund, uns Geld zu 1) leihen.

Mein Herr! In der 2) Noth, worinnen ich mich 3) gegenwärtig befinde, kann ich mich nur zu Ihnen 4) wenden, da Sie mich bereits mit so vielen 5) Wohlthaten überschüttet haben. Ich schmeichle mir 6) nicht ohne Grund, Dieselben werden gütigst 7) Dero Wohlgewogenheit gegen mich fortsetzen. 8) Erfüllt von

dies

17) d'une santé chancelante. 18) goûter. 19) les agrémens. 20) les atteintes d'infirmité. 21) rendre suportable. 22) en attendant. 23) caractere. 24) dans.

1) Prêter. 2) la nécessité. 3) actuellement. 4) s'adresser à. 5) combler de bienfaits. 6) avec raison que Vous voudrés bien. 7) votre faveur 8) plein, rempli.

diesen Zutrauen 9) auf Dero Gütigkeit, 10) erkühne ich mich, Dieselben zu bitten, mir zehn Ducaten 11) auf vierzehn Tage zu leihen. Diese Gefälligkeit, welche, 12) wie ich hoffe, Sie mir 13) nicht versagen werden, wird mich lebenslang Denenselben 14) verbindlich machen. Ich habe keinen andern Freund, als Sie mein Herr, der mich 15) von jeher seiner 16) Gewogenheit gewürdiget hat. Hievon erwarte ich eine neue 17) Probe 18) bey jetzt ereigneter Gelegenheit. 19) Ich hingegen werde 20) auf das heiligste meine 21) Schuld 22) abtragen, 23) sobald ich den Wechselbrief, den ich 24) von Tag zu Tag erwarte, werde 25) erhalten haben. Ich 26) versehe mich einer geneigten Antwort, und bin mit 27) hochachtungsvoller Ergebenheit ꝛc.

XLVIII.

9) que vos bontés m'ont inspirée. 10) oser. 11) pour. 12) à ce que j'espere. 13) accorder. 14) me rendre votre redevable. 15) dés le berceau. 16) daigner honorer de son affection. 17) marque. 18) dans l'occasion qui se présente. 19) de mon coté. 20) religieusement. 21) la dette. 22) s'equiter. 23) désque. 24) de jour à autre. 25) recevoir. 26) s'attendre à. 27) un dévoûment respectueux.

XLVIII. Antwort auf Voriges.

Mein Herr! die Freundschaft, womit Sie mich beehren, ist mir jederzeit 1) unendlich schätzbar gewesen, und ich habe nichts 2) eifriger gewünschet, als Sie von dieser Gesinnung 3) durch die That überzeugen zu können. Ich 4) erfreue mich demnach ungemein, daß Sie mir Gelegenheit geben, Ihnen nützlich zu seyn, und Ihnen 5) zu zeigen, daß meine Gesinnungen auf die Freundschaft, die ich 6) zu Ihnen trage, gegründet sind. Damit ich Sie von dieser Wahrheit 7) überführe; so 8) strecke ich Ihnen mit Freuden das Geld vor, das Sie von mir 9) verlangen. Sollte es 10) nicht hinreichend seyn, so dürfen Sie mir nur 11) melden, ein 12) mehreres zu schicken. 13) Belieben Sie doch fortzufahren, sich meiner in allem, 14) worinn Sie mich für 15) fähig erachten, zu bedienen. Niemand wird

16)

---

1) Etre d'un prix infini. 2) avec plus d'ardeur. 3) par des réalites. 4) être ravi de. 5) prouver. 6) je me sens pour. 7) convaincre de. 8) avancer. 9) demander. 10) ne pas suffire. 11) n'avoir qu'á ordonner. 12) davantage. 13) je vous prie de. 14) ce dont. 15) juger capable.

16) sich mehr bestreben, Ihnen seinen 17) Dienst-eifer zu bezeigen, als ich, der ich 18) ohne Ausnahme bin ꝛc.

XLIX. Einladungsschreiben zum l'Hombre - Spiel.

Mein Herr! Ich gebe Ihnen Nachricht, daß Herr Jovial mich diesen Nachmittag 1) besuchen wird, in der 2) Absicht, ein 3) l'Hombre-Spiel bey mir zu machen. 4) Damit man aber nicht 5) die lange Weile habe, a Deux (selb zwey) zu spielen; so wird er seinen Herrn Bruder 6) mitbringen. 7) Derselbe Bewegungsgrund 8) veranlasset mich, mir von Ihnen die Ehre Ihrer Gesellschaft 9) auszubitten; 10) damit wir, 11) wenn Sie Lust haben, eine Partie Quadrille 12) spielen können. Ich hoffe, Sie werden mir 13) diese Gefälligkeit nicht versagen. Ich werde alle
14).

16) avoir plus d'ardeur. 17) empressement. sans reserve.

1) Venir voir. 2) le dessein. 3) une partie à l'Hombre. 4) pour ne pas. 5) s'ennuyer à. 6) amener. 7) le même motif. 8) porter à. 9) demander. 10) afin de. 11) si vous en avez envie 12) faire. 13) cette grace.

14) nöthige Anstalten machen, Sie wohl zu empfangen. Ich bin mit der aufrichtigsten 15) Neigung ꝛc.

L. Ein anderes Einladungsschreiben.

Mein Herr! Das innige 1) Verlangen, das ich 2) empfinde, Dieselben zu umarmen, ist um so lebhafter, 3) weil es schon lange ist, daß ich der Ehre Ihres angenehmen Umgangs nicht 4) genossen habe. Haben Sie doch die Gütigkeit, 5) meinen Wunsch zu 6) erfüllen, und 7) verfügen sich diesen Nachmittag zu mir. Sie werden den Herrn Rossignol 8) bey mir antreffen. Die Ungedult, die er 9) bezeigt, mit Ihnen zu 10) sprechen, 11) giebt der meinigen nichts nach. Er hat Ihnen viel Neues zu sagen, welches mich hoffen läßt, daß Sie unser Vergnügen werden 12) vollkommener machen, wenn Sie mir 13) die Gefälligkeit nicht versagen, die ich mir von Ihnen ausbitte. Hiedurch werden Sie mir ein wahres 14)

14) préparatifs nécessaires. 15) passion.
1) Desir. 2) avoir. 3) qu'il y a. 4) jouir. 5) mes souhaits. 6) répondre à. 7) se rendre chez. 8) y. 9) qu'il a. 10) entretenir. 11) ne le céder à. 12) mettre le comble à. 13) en m'accordant.

14) Kennzeichen von Dero Wohlgewogenheit geben, welche ich durch 15) gegenseitige Empfindungen 16) erkennen werde, 17) wie auch durch die vollkommene Ergebenheit, mit welcher ich nie aufhören werde, zu seyn ꝛc.

LI. Antwort.

Mein Herr! Sie erweisen mir einen 1) ungemeinen Gefallen, 2) daß Sie mich an den 3) Vergnügen wollen 4) Theil nehmen lassen, welches die 5) angenehme Gesellschaft, die sich Nachmittag bey Ihnen einfindet, 6) genießet. Der 7) unvermuthete Besuch eines meiner Freunde, hindert mich 8) zwar, Dieselben so bald zu besuchen, als Sie es wünschen. Inzwischen hoffe ich, daß diese Hinderniß nicht von langer 9) Dauer seyn werde, und daß ich 10) in weniger als einer Stunde, die Ehre haben werde, Sie mündlich von der wahren Erkenntlichkeit zu versichern, mit welcher ich bin ꝛc.

LII.

14) une marque. 15) réciproque. 16) reconnoitre, 17) et.

1) Obliger infiniment. 2) de. 3) divertissement. 4) faire prendre part à. 5) charmant. 6) prendre, goûter. 7) inopiné. 8) à la vérité. 9) la durée. 10) en moins.

LII. Eine andere Antwort.

Mein Herr! Sie laden mich auf eine so 1) verbindliche Art ein, daß es mir unmöglich ist, Ihren Willen 2) nicht zu erfüllen. Ich werde demnach 3) ohnfehlbar kommen, mein Werthester, Sie zu überzeugen, daß meine gegen Sie hegende Hochachtung keine 4) Veränderung 5) erlitten, seitdem ich Sie nicht gesehen. Die Gelegenheit, die Sie mir anbieten, Sie mündlich von meinen aufrichtigen Gesinnungen zu versichern, verpflichtet mich um so mehr, 6) je gemäßer sie dem Verlangen ist, so ich habe, 7) Ihrer lehrreichen Unterredung zu 8) genießen. 9) Anstatt also mich dieses Vergnügens zu 10) berauben, werde ich mich diesen Nachmittag 11) ganz gewiß 12) bey Ihnen 13) einfinden, 14) zumalen es schon sehr lange ist, daß ich diese Ehre nicht 15) genossen habe. Ich bin mit so vieler Erkenntlichkeit als 16) Zuneigung ꝛc.

LIII.

---

1) Galant. 2) ne pas me prêter à. 3) sans faute. 4) alteration. 5) souffrir. 6) flater le desir que j'ai. 7) solide entretien. 8) profiter de. 9) loin de. 10) priver. 11) immanquablement. 12) en vote compagnie. 13) se trouver. 14) puisque. 15) jouir. 16) passion.

LIII. Noch eine Antwort.

Mein Herr! Ich habe 1) würklich ein 2) Geschäft zu besorgen, woran mir sehr 3) viel gelegen ist, so daß mir selbiges zu einer 4) rechtmäßigen Entschuldigung, 5) in Betracht des gethanen 6) Anerbietens, 7) dienen könnte. Inzwischen weil ich 8) überzeugt bin, daß ich Ihnen nicht 9) beschwerlich fallen werde, 10) so lasse ich diese schöne Gelegenheit nicht aus den Händen, Ihnen meinen Besuch 11) zu machen, und die Herren zu sehen, deren Sie 12) Erwähnung thun. 13) Damit ich nun dieses Glücks und der Ehre Ihres Umgangs 14) genießen möge; so will ich meine Geschäfte mit Vergnügen 15) bey Seite setzen, und mich 16) ohngezweifelt 17) gegen vier Uhr bey Ihnen einfinden, damit ich Ihnen mündlich die aufrichtige Gesinnungen bezeigen möge, mit welchen ich bin ꝛc.

LIV.

1) Actuellement. 2) être occupé à une affaire. 3) qui presse assés pour. 4) légitime. 5) par ráport à. 6) l'offre. 7) fournir. 8) persuadé. 9) incommoder. 10) je n'ai garde de laisser échaper. 11) aller faire. 12) parler. 13) pour. 14) jouir de. 15) aller quitter. 16) sans faute. 17) vers.

LIV. 1) Verweis 2) an einen, der übel
von uns geredet.

Mein Herr! Es haben mir einige meiner
Freunde 3) Nachricht gegeben, daß Sie
4) auf eine so nachtheilige Art 5) von mir reden, daß ich Ihnen nicht genugsam meine 6)
Verwunderung 7) darüber bezeigen kann. 8)
Was habe ich Ihnen zu leid gethan? Warum
sind sie 9) darauf bedacht, mich bey jedermann
10) in Verachtung zu setzen? Ist das 11) das
Bezeigen eines Freundes? So hätte ich nimmermehr 12) gegen Sie 13) verfahren können; und ich gestehe, daß ich Sie nicht 14)
für fähig gehalten hätte, diese 15) Untreue
zu begehen. 16) Gleichwohl kann ich mich
nicht entschließen, mit Ihnen 17) zu brechen;
auch 18) ungerne 19) gebe ich Ihnen diesen
Ver-

1) Reproche. 2) un médisant. 3) instruit. 4)
d'une maniere si desavantageuse. 5) mêler
dans ses discours. 6) étonnement. 7) en témoigner. 8) quel mal. 9) prendre à tâché
10) attirer le mépris. 11) le procédé. 12)
envers. 13) en user de la sorte. 14) ne pas
croire capable de. 15) infidélité. 16) cependant. 17) rompre avec. 18) c'est à regret que.
19) faire des reproches.

Verweiß. Ich bin bereit, 20) das Unrecht, so Sie mir 21) zu thun gesonnen waren, zu vergessen, wofern Sie es nur 22) bereuen. Sie 23) sollen sodann 24) erfahren, wie sehr ich bin ꝛc.

LV. Antwort auf Voriges.

Mein Herr! 1) Wie unbillig sind Sie! Können Sie wohl, da Sie mich kennen, mich einer 2) so unanständigen Niederträchtigkeit fähig halten, wie diejenige ist, der Sie mich beschuldigen? Gestehen Sie es nur, mein Herr, Sie haben allzu 3) leichtsinnig solchen Leuten 4) geglaubt, welche gerne wünschten 5) daß wir einander feind würden, und 6) hinter einander kommen mögten. 7) Morgendes Tags will ich mich zu Ihnen verfügen, Ihnen meine Unschuld zu 8) zeigen, und diese 9) nichtswürdigen Verläumder zu Schanden zu machen. 10) So nahe mir auch die 11) Uebereilung geht, die

---

10) le tort. 21) croire faire. 22) témoigner du repentir de. 23) c'est alors que. 24) voir.

1) Que vous êtes. 2) une lâcheté aussi indigne que l'est celle. 3) trop legerement. 4) ajouter foi 5) nous voir ennemis. 6) brouiller. 7) dès demain. 8) prouver. 9) confondre ces vils calomniateurs. 10) tout sensible que. 11) à la précipitation.

die Sie haben. 12) blicken lassen; so verzeihe ich sie Ihnen doch von Herzen. Ich 13) bitte Sie 14) inständig, gegen mich solche Gesinnungen 15) zu hegen, die mit denjenigen, die ich gegen Sie trage, mehr 16 übereinstimmen; sie werden jederzeit der aufrichtigen Freundschaft 17) gemäß seyn, mit welcher ich 18) nie unterlassen werde, Sie zu überzeugen, daß ich wahrhaftig bin ꝛc.

LVI. 1) Danksagungsschreiben.

Mein Herr! Das Vergnügen, so ich 2) letzthin, da ich bey Ihnen zu seyn das Glück hatte, 3) genossen habe, hat 4) in meinem Gemüth einen so angenehmen 5) Eindruck gemacht, daß ich mich lebenslang Ihrer 6) Höflichkeiten erinnern werde. Sie haben 7) von allem dem nichts 8) verabsäumt, so 9) zu meinem vollkommenen Vergnügen hat gereichen kön-

---

12) faire paroitre. 13) suplier. 14) instamment. 15) de prendre pour moi. 16) conforme à. 17) répondre à. 18) ne cesser.
1) Lettre de remerciment. 2) la derniere fois que. 3) goûté. 4) sur. 5) impression. 6) les honnêtetés. 7) de tout ce qui. 8) négligé. 9) rendre mon contentement parfait.

können. Alle diese Gütigkeiten, 10) womit Sie mich geneigt haben überschütten wollen, sind 11) offenbare Merkmale der 12) Gewogenheit, womit Sie mich beehren. Diese so 13) schätzbare Gunst 14) setzte mich in ein ungemeines Vergnügen, und 15) macht mich auf allezeit zu Ihrem Schuldner. Für alle diese Zeugnisse, die Sie mir von Ihren 16) günstigen Gesinnungen geben, 17) sage ich Ihnen den verbindlichsten Dank; und 18) bitte Sie gehorsamst solche ferner gegen mich fortzusetzen. Mein 19) dienstfertiges Bemühen soll Sie von der wahren Erkenntlichkeit 20) überzeugen, mit welcher ich bin ꝛc.

LVII. Antwort auf das Vorhergehende.

Mein Herr! Der letzte Brief, den Sie an mich zu schreiben beliebt haben, 1) rührt mich ungemein. Es 2) erfreuet mich äusserst, daß

10) dont il Vous a plu. 11) des marques éclatantes. 12) affection. 13) précieuse faveur. 14) mettre le comble a. 15) rendre à jamais votre redevable. 16) sentimens favorables. 17) rendre de très humbles graces. 18) suplier. 19) mon zèle. 20) convaincre.

1) Toucher infiniment. 2) être ravi.

daß ich zu Dero Vergnügen etwas beyzutragen 3) im Stand gewesen bin. Der 4) Dank, den Sie mir deswegen 5) bezeigen, 5) überwiegt bey weitem alles, was ich zu Dero 7) Vergnügen habe 8) ausrichten können, und 9) mein sorgfältiges Bemühen wird mich dessen, was ich Ihnen schuldig bin, nicht 10) entledigen können. 11) Setzen Sie doch, mein Herr ich bitte Sie, alle diese Weitläuftigkeiten 12) und Bezeigungen der Erkenntlichkeit beyseite. Die Freundschaft, womit Sie mich beehren, ist ein 13) starker Bewegungsgrund, der mich Ihnen zu dienen 14) antreibt. Beehren Sie mich oft mit Ihren Befehlen, damit ich der 15) Begierde ein Genügen leisten könne, Dieselben in 16) wichtigern Gelegenheiten, von dem Diensteifer zu überzeugen, mit welchem ich lebenslang seyn werde ꝛc.

LVIII.

3) d'avoir été en état. 4) le remerciment. 5) adresser. 6) vaut plus que. 7) contentement. 8) effectuer. 9) mes soins. 10) m'a‍quieront des obligations que. 11) laisser là, bey‍seite setzen. 12) ces compliments et ces recconnoissances. 13) un puissant motif. 14) porter à. 15) contenter le desir que j'ai. 16) dans des occasions plus considérables.

LVIII. Danksagung.

Mein Herr! Sie sind 1) nicht damit zufrieden, daß Sie mir die 2) deutlichsten Merkmale von Dero 3) Wohlgewogenheit gegeben haben, seitdem ich die Ehre gehabt, Ihrer angenehmen Gesellschaft zu 4) geniessen. Sie 5) gehen mit Dero 6) Fringebigkeit weiter, als ich immer 7) hoffen konnte. Sie werden nicht müde, Ihren Freunden 8) Gefälligkeiten zu erweisen: die 9) Verehrung, die Sie mir zu machen die Gütigkeit haben, ist ein 10) Beweiß hievon. Ich danke Ihnen von ganzem Herzen, mein Herr, 11) für die schöne Tabacksdose, die Sie mir 12) schenken. Ihre Schönheit 13) erfreuet mich über die Maßen; und die Person, von welcher sie herkommt, 14) macht sie mir noch schätzbarer. Sie vermehren 15) gar sehr die Verbindlichkeit, die ich Ihnen deswegen habe; was 16) aber die Gesinnungen

---

1) Non content de, m'avoir donné. 2) évident. 3) affection. 4) jouir de. 5) porter plus loin. 6) la générosité. 7) n'oser espérer. 8) obliger. 9) le présent. 10) une preuve bien flateuse. 11) de. 12) donner. 13) charmer. 14) rendre encore plus precieuse. 15) de beaucoup. 16) mais pour.

gen anbelanget, die ich gegen Sie 17) hege, 18) so sind sie so beschaffen, daß sie 19) keiner Vermehrung 20) fähig sind, und meine Erkenntlichkeit wird sich nur 21) mit meinem leben 22) endigen. Ich bin ꝛc.

LIX. 1) Abschiedsschreiben.

Mein Herr! Das 2) Schicksal 3) befiehlt mir, mich von Ihnen zu 4) entfernen, und verbindet mich heute, 5) Abschied von Ihnen zu nehmen. Inzwischen werde ich niemals die Ehre vergessen, die ich gehabt habe, Ihres schätzbaren 6) Umgangs zu genießen; und werde 7) jederzeit das Angedenken der 8) vergnügten Stunden, die wir miteinander 9) zugebracht haben, 10) erhalten. Je 11) anmuthiger unser 12) Umgang war, 13) je härter fällt mir unsere Trennung.

14)

17) porter. 18) ils sont tels. 19) la moindre augmentation. 20) ne pouvoir admettre. 21) avec. 22) finir.

1) Lettre d'adieu. 2) le destin. 3) ordonner. 4) quitter. 5) a vous dire adieu. 6) conversation. 7) a jamais. 8) agréable. 9) passer ensemble. 10) conserver. 11) avoir des charmes. 12) commerce. 13) plus me coûte.

14) Das einzige so mich tröstet, ist dieses, daß mit dem 15) Bedauren, Sie zu 16) verlassen, ich die Versicherungen, so Sie mir von Ihrer Freundschaft gegeben haben, mit mir 17) nehme. Ich bitte Sie inständig, mein Herr, Dero Abwesenheit durch Ihre Briefe mir 18) erträglich zu machen. Ich werde sie 19) auf das fleißigste 20 beantworten. Wenn ich im Stande bin Ihnen zu 21) dienen; so werde ich mit Freuden meine Schuldigkeit thun. Ich wünsche, daß Sie allezeit eines vollkommenen 22) Wohlstandes genießen mögen, und bin mit 23) völliger Ergebenheit 2c.

LX. Abschiedsschreiben.

Mein Herr! Ich vernehme 1) mit dem 2) aüssersten Schmerzen, daß Sie sich von mir 3) entfernen wollen. Ich würde mich, 4) vergeblich 5) bemühen, Ihnen meine Traurigkeit und die 6) Unruhe meines Gemüths 7)

---

14) ce qui me console c'est. 15) le regret. 16) quitter. 17) emporter. 18) adoucir. 19) avec la derniere exactitude. 20) y répondre. 21) rendre service. 22) prospérité. 23) un parfait devoûment.

1) C'est avec. 2) extrême. 3) aller se séparer de. 4) en vain. 5) tâcher. 6) mes inquiétudes.

7) vorzustellen. 8) Je mehr der Tag Ihrer Abreise (erben nahet, 9) je mehr 10) empfinde ich 11. den Verlust Ihrer angenehmen 12) Unterredungen, woraus ich so vielen 13) Nutzen als Vergnügen 14) gezogen habe. Die Vorsehung 15) entziehet mir dieses Glück, und dieses muß ich mir, wie Sie, 16) gefallen lassen, ohne 17) darüber zu murren. Inzwischen soll die gegen Sie hegende 18) zärtliche Neigung, 19) statt in Ihrer Abwesenheit abzunehmen, 20) weit stärker werden. Nichts wünsche ich 21) eifriger, als Gelegenheit zu finden, Ihnen Kennzeichen von meinem 22) Diensteifer zu geben: denn, ich bin versichert, daß Sie 23) Ihrerseits nie einen Freund vergessen werden, der Sie 24) unaussprechlich liebt, und sich 25) eine Ehre daraus macht, zu seyn ꝛc.

7) dépeindre. 8) plus. 9) plus. 10) ressentir 11) la perte que je fais de. 12) entretiens. 13) profit. 14) tirer. 15) ravir. 16) s'y conformer aussi bien. 17) en. 18) la tendresse. 19) loin de. 20) prendre plus de force. 21) plus passionement. 22) le zèle. 23) de votre part. 24) chérir infiniment. 25) faire gloire de.

LXI. Bekanntschaft zu machen.

Mein Herr! Ich würde der 1) schätzbaren Freundschaft, die Sie mir anzubieten die Gütigkeit haben, 2) unwürdig seyn: wofern ich Denenselben zu bezeigen unterließe, wie sehr die Ehre, die Sie mir erweisen, 3) mich rührt. Die Bekanntschaft und 4) Gewogenheit einer Person, die jedermann 5) hochachtet, 6) besitzen, ist ein 7) beneidenswürdiges Glück. Dero 8) Umgang, so die Herzen derjenigen, die Sie zu kennen die Ehre haben, 9) einnimmt, hat in mir eine aufrichtige 10) Hochachtung 11) erweckt, und 11) treibt mich mehr als jemanden an, Ihnen zu bezeigen, wie sehr ich Dero Verdienste 13) schätze. 14) Erfüllen Sie doch, mein Herr, mein Verlangen, und 15) gönnen Sie mir das 16) Glück, wozu Sie mir 17) Hofnung machen, nemlich Dero 18) geneigten Briefwechsel und fortdaurende Freund-

---

1) La faveur de l'amitié. 2) ne pas mériter. 3) être sensible à. 4) l'amitié. 5) honorer. 6) posséder. 7) digne d'envie. 8) commerce. 9) gagner. 10) vénération. 11) faire naitre. 12) porter à. 13) le cas que je fais. 14) répondre aux desirs. 15) accorder. 16) l'avantage. 17) faire espérer. 18) la faveur de votre correspondance.

Freundschaft. Ich werde 19) alles anwenden, Sie zu überzeugen, 20) daß niemand mit mehrerer Hochachtung sey, als ich es bin, 21) Dero

gehorsamster Diener.

LXII. Einladungsschreiben.

Mein Herr! Es ist alles bereit, künftigen Montag 1) die Weinlese zu halten, und es scheint, daß das Wetter diesem 2) Vorhaben 3) gewogen sey. Verschiedene Herren haben sich erbotten, sich an dem 4) bestimmten Ort 5) einzufinden, 6) in Begleitung ihrer Jungfern Schwestern. Ich gebe Ihnen von dieser Entschliessung Nachricht, mein Herr, 7) damit ich erfahren möge, ob Sie 8) Gesellschaft zu leisten 9) Lust haben. Ich hoffe, Sie werden sich hiervon nicht 10) ausschliessen. Die ganze Gesellschaft wird sich 11) ungemein erfreuen,

19) faire tous ses efforts. 20) qu'il n'y a personne qui soit. 21) Votre très humble et très obeïssant serviteur.

1) Faire la vendange. 2) le dessein. 3) favoriser. 4) au Rendez-vous. 5) se trouver. 6) accompagnés oder en compagnie. 7) pour savoir. 8) se mettre de la partie. 9) être d'humeur. 10) s'en dispenser. 11) être charmé.

freuen, Dieselben 12) bey sich zu sehen, und ich insbesondere werde 13) höchst erfreuet seyn, Sie mündlich von meiner Erkenntlichkeit zu versichern, wie auch von der vollkommenen 14) Ergebenheit, mit welcher ich lebenslang seyn werde ꝛc.

LXIII. Einladungsschreiben.

Mein Herr! Künftiger Sonntag ist 1) der bestimmte Tag, da ich mit Jungfer N. 3) welche Dieselben mit Dero Freundschaft beehren, meine Hochzeit begehen werde. 5) Dieses 6) verbindet uns, meine 7) Vertraute und mich, Sie zu diesem 8) Gastmal einzuladen. Niemand kann dasselbe 9) ansehnlicher machen, 10) als Sie. Ich hoffe, Sie werden mir diese 11) Gefälligkeit nicht versagen, 12) und sich geneigt anher verfügen, 13) damit Sie 14) sowohl mein, 15) als aller 16)

---

12) y voir. 13) être ravi. 14) l'attachement.
1) Le jour fixé. 2) pour. 3) que Vous. 4) célébrer ma nôce. 5) c'est ce qui. 6) porte, ober oblige. 7) la Promise. 8) ce festin. 9) donner plus de lustre. 10) il n'y a que vous qui. 11) accorder la grace que je vous demande. 12) de. 13) pour. 14) et mes. 15) et ceux.

Brief.

16) Gäste innigstes Verlangen 17) erfüllen mögen. Eine abschlägige Antwort von Ihnen würde uns 18) des größten Glücks, welches wir 19) zu genießen hoffen, berauben. 20) Es liegt also nur an Ihnen, daß wir diesen Tag 21) vergnügt zubringen. Ich verspreche Ihnen 22) meines Orts, Denenselben alles mögliche 23) Vergnügen zu 24) verschaffen. Ich erwarte die Ehre Ihrer Gegenwart, und bin mit so vieler Ergebenheit, als Hochachtung 2c.

LXIV. Einladungsschreiben.

Mein Herr! 1) Ist wohl ein süßeres Vergnügen, als dasjenige, so man aus 2) einer festgegründeten Freundschaft 3) ziehet? 4) Kraft dieser Freundschaft, die unter uns ist, bitte ich dieselbe, mir das Vergnügen 5) zu gönnen, Sie 6) bey meiner Hochzeit zu umarmen. 7) Selbige ist auf künftigen Mittwoch fest-

16) les conviés. 17) contenter. 18) l'avantage le plus considerable. 19) se flater de jouir. 20) il tient à. 21) faire passer agréablement. 22) de mon côté. 23) contentement. 24) procurer.

1) Y a-t-il de satisfaction plus douce? 2) une amitié bien fondée. 3) retirer. 4) c'est en vertu de certe liaison. 5) faire goûter. 6) à. 7) elles sont fixées à.

festgesetzt, und ich 8) lade Sie 9) in meinem und 10) meiner Liebsten Namen dazu ein. Ich schmeichle mir, daß Sie ein paar Tage 11) dem Vergnügen eines Freunds 12) widmen werden, der Dieselben 13) so sehr liebt und ehrt, als ich. Ohne Sie, mein Werthester, würde dieser Tag vieles von seiner 14) Anmuth verlieren; 15) hingegen wird er, 16) wenn Sie uns mit Ihrer Gegenwart 17) beehren, für mich und meine Liebste 18) viel Angenehmes haben, so unser 19) Vergnügen vollkommen machen wird. Ich erwarte Sie ohngezweifelt, und werde Dero 20) Willfährigkeit durch alle 21) Regungen der Freude 22) erkennen, so die aufrichtige und unveränderliche Freundschaft 23) einflößen kann, mit welcher ich lebenslang seyn werde ꝛc.

LXV.

8) y inviter. 9) en. 10) et au nom de. 11) à la satisfaction. 12) accorder. 13) autant que. 14) agrément. 15) au contraire. 16) si. 17) honorer de. 18) avoir des charmes pour. 19) contentement. 20) empressement. 21) mouvement. 22) répondre. 23) inspirer.

LXV. 1) Entschuldigungsschreiben.

Mein Herr! Sie haben die Gütigkeit, mich 2) zum Schauspiel, welches heute zum erstenmal 3) gegeben wird, einzuladen. Ich würde 4) dieses Anerbieten 5) auf das willigste annehmen; wofern ein 6) unvermutheter 7) Zufall mich hieran nicht hinderte. Mein Bruder befindet sich seit gestern sehr übel; und damit ich mich 8) nach der Verordnung des Arztes 9) richte; so 10) darf ich ihn keinen Augenblick 11) allein lassen. Sie sehen, mein Werthester, daß meine 12) Entschuldigung 13) rechtmäßig ist. Ich 14) besorge nicht, daß dieser 15) Zufall, der Freundschaft, die Sie mir jederzeit bezeigt haben, werde 16) nachtheilig seyn, 17) vielmehr werde ich dahin 18) trachten, mich derselben gemäß zu bezeigen, 19) durch die vollkommene 20) Ergebenheit, mit welcher ich bin &c.

LXVI.

1) Lettre de Refus. 2) au spectacle. 3) se donner. 4) c'est une ordre que. 5) de bon coeur. 6) imprévu. 7) accident. 8) à l'ordonnance. 9) pour me conformer. 10) n'oser. 11) laisser seul. 12) excuse. 13) légitime. 14) craindre. 15) inconvénient. 16) me fasse rien perdre de. 17) au contraire. 18) tâcher d'y repondre. 19) par. 20) attachement.

LXVI. Entschuldigungsschreiben.

Sie hätten Ursache, mein Herr, gegen mich 1) aufgebracht zu seyn. Schon 2) lange habe ich mir nicht die Ehre gegeben, Sie 3) zu besuchen. 4) Nicht 5) aus Mangel 6) zärtlicher Gesinnungen gegen Sie, Theuerster Freund, habe ich verabsäumt zu Ihnen 7) zu reisen, um Sie auf Ihrem schönen 8) Landgute zu umarmen. 9) Unüberwindliche Hindernisse haben mich dieses Vergnügens 10) beraubet. Ich bin darüber untröstbar; und 11) eile, Sie deswegen 12) um Verzeihung zu bitten. 13) Entziehen Sie mir 14) ja nicht Dero 15) Gewogenheit. 16) Sollte ich derselben nicht genießen, so würde es mir unmöglich seyn, vergnügt zu leben. Dies ist eine Wahrheit, davon ich Sie 17) ins künftige durch die 18) häufigen Besuche 19) überzeugen

1) être fâché contre. 2) il y a long tems. 3) aller voir. 4) ce n'est pas. 5) faute. 6) passionné. 7) aller. 8) campagne. 9) ce sont des obstacles invincibles qui. 10) ravir. 11) se hâter. 12) demander pardon. 13) priver. 14) n'allés pas. 15) bonnes graces. 16) lans en jouir. 17) l'a venir. 18) fréquent. 19) convaincre.

gen werde, so ich Ihnen, 20) so bald es meine
Geschäfte erlauben, 21) abstatten werde. 22)
Ich bemühe mich, 23) nach allen Kräften,
mich derselben 24) los zu machen, und mich
in den Stand zu setzen, 25) zu Ihnen zu
kommen, um Sie mündlich von der Beständigkeit zu 26) versichern, mit welcher ich verharre ꝛc.

LXVII. 1) Trostschreiben.

Mein Herr, 2) der Verlust, den Sie 3)
eben durch den Tod ihres Herrn Vaters gelitten haben, hat einen 4) viel zu
schmerzhaften 5) Eindruck auf mein 6) Gemüth gemacht, 7) als daß ich Ihnen nicht
den Antheil bezeigen sollte, den ich daran
nehme. Trösten Sie sich, werthester Freund,
und widersetzen Sie sich nicht den Befehlen
des

20) dsque, oder aussitôt que. 21) aller rendre. 22) travailler à. 23) de toutes mes forces. 24) se débarasser. 25) aller. 26) assurer.

1) Lettre de consolation. 2) faire une perte.
3) venir de. 4) trop. 5) impression. 6) esprit.
7) pour ne pas vous témoigner la part.

des Himmels. 8) Nicht als ob ich 9) den Lauf ihrer Betrübniß 10) gänzlich hemmen wollte: Wann sie so gerecht ist, als die Ihrige, so ist sie von allem 11) Vorwurfe frey. 12) Dennoch aber müssen Sie 13) derselben 14) Gränzen setzen, und sie zu 15) lindern suchen, um sich selbst gesund zu 16) erhalten. Ich 17) ermahne Sie dazu, theuerster Freund, und theile aufrichtigst Dero Schmerzen mit Ihnen. Ich verharre mit Gesinnungen einer wahren Freundschaft ꝛc.

LXVIII. Antwort.

Mein Herr! der Antheil, welchen Ew. ꝛc. an dem Schmerzen nehmen, den mir der Tod meines Vaters verursachet, hat 1) bey mir eine vollkommene Erkenntlichkeit 2) erwecket. Von allen Briefen, die ich 3) bey dieser Gelegenheit 4) erhalten habe 5) ist keiner, der mir mehr Trost 6) gebracht habe, als derjenige

---

8) ce n'est pas que je veuille. 9) le cours. 10) arrêter entierement. 11) exemt de reproche. 12) Vous ne devés pas laisser. 13) lui, oder y. 14) bornes. 15) adoucir. 16) conserver. 17) exhorter.

1) En. 2) fasse naitre. 3) à cette occasion, oder à ce sujet. 4) recevoir. 5) il y a. 6) donner.

jenige, den Dieselben an mich 7) geneigtest abgelassen haben. Ueberzeugt von den günstigen Gesinnungen, welche ihn Denenselben 8) eingeflößet, habe ich ihn 9) aufmerksam gelesen, und er hat mir die 10) Ruhe wiedergebracht, die ich verlohren hatte. Ich bitte Gott, daß er Dieselben vor allem 11) Unfall bewahren, und 12) so harten Prüfungen 13) nicht aussetzen wolle, als diejenigen sind, 14) durch welche ich 15) gekommen bin. 16) Seyn Sie so gütig, und setzen mit die Ehre von Dero 17) Geneigtheit und von Dero Andenken fort. Dies ist 18) ein Vorzug, den ich jederzeit 19) beherzigen, und den ich 20) beständig durch die vollkommene Ergebenheit 21) erkennen werde, mit welcher ich aufrichtigst beharre rc.

LXIX.

7) vouloir bien écrire. 8) inspirer, oder dicter. 9) attentivement. 10) rendre la tranquilité. 11) fâcheux accident. 12) épreuves si rigoureuses. 13) exposer. 14) par où. 15) passer. 16) Faites-moi la grace. 17) estime. 18) un avantage. 19) être sensible à. 20) sans cesse. 21) repondre à.

LXIX. 1) Beklagungsschreiben über die
Abweſenheit.

Verwundern Sie ſich nicht, Werthester
Freund, daß ich dieſen Brief mit nichts
als mit Klagen und 2) Seufzern 3) fülle.
4) Wie theuer kommt mir Ihre Abweſenheit
5) zu ſtehen! Was für ein Schmerz für mich,
daß ich von einer ſo würdigen Perſon entfernt
6) bin, ohne 7) einige Hofnung zu haben,
Sie jemals wieder zu ſehen! 8) Sie, mein
Wertheſter, haben mir zu N. den glücklichſten
9) Zeitpunkt meines Lebens 10) verſchaffet:
Jetzt habe ich denſelben angenehmen 11) Aufenthalt mit einer Betrübniß 12) verlaſſen, die
ich auszudrücken nicht im Stande bin. Wollen
Sie, liebſter Freund, mich 13) bewegen, mit
mehrerer Geduld 14) die Pein, die ich wegen
Ihrer Entfernung erdulte, zu 15) ertragen, ſo
16) verweigern Sie mir die 17) Gefälligkeit
nicht

1) Plaintes. 2) ſoupir. 3) remplir de. 4) que. 5) me coute. 6) le voir éloigné. 7) aucune. 8) c'eſt vous qui. 9) une époque. 10) faire. 11) ſéjour. 12) quitter. 13) faire. 14) la peine que je ſoufre de. 15) ſuporter. 16) refuſer. 17) la grace.

nicht, die ich von Ihnen 18) erbitte, mir bisweilen Versicherungen von Ihrem 19) Andenken zu geben. 20) Dieses wird mir 21) einigermaßen die Ruhe 22) wiederbringen, und ich werde, 23) wie billig, nie ermangeln, Ihnen 24) bey aller Gelegenheit, die 25) zärtliche Liebe 26) zu zeigen, mit welcher ich Zeit Lebens verharre ꝛc.

LXX. An einen Freund über die Nothwendigkeit französisch schreiben zu 1) können.

„Sie wollen, mein Herr, daß 2) ich auf französisch an Sie schreibe, und ich bin ein Deutscher. 3) Freylich ist es jetzt die Mode, und man muß es wohl thun, wenn man nicht 4) mitten in seinem Vaterlande für 5) einfältig will 6) gehalten werden. Ohne das Französische ist man kein galanter Mensch; 7) So spricht man. 8) Wie sehr sind wir doch zu be-

18) demander. 19) le souvenir. 20) c'est là ce qui. 21) en quelque sorte. 22) rendre. 23) par un juste retour. 24) en. 25) la tendresse. 26) faire voir.

1) Savoir. 2) en. 3) sans doute. 4) au milieu. 5) sot. 6) passer. 7) c'est ainsi que l'on. 8) que.

beklagen, 9) wir Deutsche! daß wir 10) genöthiget werden, ei**n**en Theil unsers Lebens 11) anzuwenden, um so viele Manieren sich auszudrücken zu lernen, welche alle 12) dasselbige bedeuten. Unsere 13) Vorfahren wurden mit ihrem Latein und einem wenigen 14) Griechisch für 15) höchst gelehrt gehalten. 16) Ihre Nachkommen 17) kommen so wohlfeil nicht weg. Man muß 18) außer den todten Sprachen, Französisch, Englisch, Italiänisch und ich weiß nicht welche Sprachen noch besitzen. Es ist 19) so gar lange nicht 20) da man 21) von einem ehrbaren Manne nichts verlangte, als einige 22) fremde Wörter, welche er 23) auf eine galante Weise in seine 24) Mutersprache hinein 25) zu mischen lernete. Jetzt 26) soll man jede Sprache in ihrer Reinigkeit besitzen; 27) ja man geht so weit, daß
man

9) nous autres Allemands. 10) être obligé. 11) employer à. 12) la même chose. 13) ancêtres. 14) grec. 15) passer pour très savant. 16) descendans. 17) n'en sont pas quittes à si bon marché. 18) outre. 19) si. 20) que. 21) d'un bonnête-homme. 22) mots étrangers. 23) galamment. 24) langue maternelle. 25) à mêler. 26) il faut. 27) et en va jusqu' à préndre que.

man verlanget, man solle sie zierlich zu schreiben wissen. 28) Allein es kommt uns nicht zu, die Welt zu bessern. Wir müssen dem 29) Strome folgen; und 30) dieses giebt mir Gelegenheit an die Hand, Sie auf französisch zu versichern, daß ich nicht aufhören werde, mit den Gesinnungen eines deutschen Herzens zu seyn ꝛc.

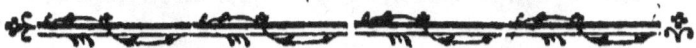

Betrachtungen
über verschiedene Gegenstände der Natur, der Kunst, und der Wissenschaften.

I. Der höchste Thurm 1) in Europa.

Unter 2) allen Glockenthürmen in Europa ist keiner, der dem Straßburgischen 3) an Höhe 4) gleich komme. Das ist 5) ein Meisterstück in seiner 6) Art. Er hat fünf hun-

---

28) mais ce n'est pas à nous à. 29) le torrent. 30) c'est ce qui me fournit.

1) La tour. 2) de tous les clochers. 3) en hauteur. 4) égaler celui de. 5) un chef d'oeuvre. 6) le genre

hundert und vier und siebenzig Fuß in der Höhe, und sein 7) Dachstuhl ist 8) durchsichtig gebauet. Diese sehr grosse Höhe 9) hindert doch nicht, daß man 10) hinauf steigen könne. Und es ist 11) so lange nicht, daß man einen 12) ziemlich dicken Mann bis auf 13) die Spitze dieses Thurms hat steigen, und daselbst eine Flasche Weins 14) austrinken sehen.

II. 1) Der Torpill oder Krampffisch.

Der Torpill ist ein 2) Seefisch, der platt und rund ist. Dieser Fisch 3) bringt in dem menschlichen Leibe 4) wundersame Wirkungen hervor. 5) Wenn man ihn nur ein wenig berührt, oder wenn man 6) von ohngefehr 7) auf ihn 8) tritt; so wird man 9) über den ganzen Leib, aber 10) vornemlich 11) an demjenigen Theile, der den Torpill 12) unmittelbar

7) flèche. 8) à jour. 9) n'empêche pas. 10) monter. 11) trop long-tems. 12) assés gros. 13) la pointe. 14) vuider.

1) La torpille. 2) poisson de mer. 3) produire. 4) étrange. 5) pour peu qu'on le touche. 6) par hasard. 7) dessus. 8) marcher. 9) par. 10) sur tout. 11) dans. 12) immédiatement.

Betrachtungen. 231

telbar berühret hat, 13) von einer Erstarrung überfallen. Man bemerket eine gleiche Wirkung, wenn man den Fisch mit etwas, so man in der Hand hält, berühret. Ich selbsten, sagt der 14) berühmte Anson in seiner 15) Reisebeschreibung, habe in meinem rechten Arm eine 16) ziemlich starke Erstarrung 17) empfunden, 18) weil ich einige Zeit mein 19) Spanisch Rohr auf den Leib dieses Fisches gesetzt hatte. Ich zweifle nicht, daß die Wirkung 20) noch heftiger würde gewesen seyn, wenn das Thier nicht 21) auf dem Punkt gewesen wäre zu sterben; denn so bald es tod ist, 22) höret es auf, die geringste Wirkung zu 23) haben. Man kann auch ohne einigen 24) Nachtheil davon essen. Ich 25) füge noch dieses bey, daß die Erstarrung nicht so geschwinde 26) vorbey ist, als einige 27) Naturkündiger 28) es vorgeben.

---

13) saisi d'un engourdissement. 14) célebré. 15) histoire de son voyage. 16) assés. 17) ressentir. 18) pour avoir. 19) la canne. 20) encore plus violent. 21) être prét d'expirer. 22) cesser. 23) produire. 24) inconvenient. 25) ajouter. 26) passer. 27) Physiciens. 28) le prétendre.

Die Meinige nahm 29) nach und nach ab, und ich 30) spürete noch 31) des folgenden Tages einige 32) Mattigkeit.

III. Von den Reichthümern 1) Brasiliens.

Seit dem Anfange dieses 2) Jahrhunderts, 3) trägt Brasilien, so eine 4) Landschaft in Amerika ist, der Krone Portugall viel mehr ein, als 5) ehemals. Man 6) entdeckte 7) um diese Zeit, daß dieses Land eine 8) ungemeine Menge Golds und Diamanten 9) bey sich führte. Man findet das Gold 10) unter dem Sande und 11) Kieß in den 12) Thälern oder Flüssen, wohin es durch die 13) Ströme gebracht wird, die von den Bergen 14) herab kommen. Die Arbeit, Gold in den Flüssen und in den 16) Bächen zu suchen, es zu waschen, und es von dem Sande

---

29) insensiblement. 30) sentir. 31) le lendemain. 32) foiblesse.

1) Le Brésil. 2) siécle. 3) raporter. 4) Province de l'Amérique. 5) qu'il ne faisoit autrefois. 6) découvrir. 7) vers ce tems-là. 8) prodigieux. 9) contenir. 10) parmi. 11) le gravier. 12) la Vallée. 13) le torrent. 14) descendre. 15) ruisseau.

Sande und 16) Kothe, darinnen es 17) verborgen ist, zu 18) trennen, wird den Sclaven, welche 19) meistentheils 20) Schwarze sind, 21) anvertrauet. Jeder von diesen Sclaven muß seinem Herrn den 22) achten Theil einer Unze täglich 23) liefern. Wenn er 24) die Geschicklichkeit oder das Glück hat, 25) mehr zu finden; so 26) gehöret der Ueberschuß sein. Man hat Schwarze gesehen, welche weil sie 27) fleißiger oder glücklicher gewesen, als ihre Mitgesellen, 28) in den Stand gekommen sind, 29) selbst Sclaven zu kaufen, und im 30) Ueberflusse zu leben. Von diesem Golde muß man dem König von Portugall den fünften Theil geben, welcher 31) ein Jahr ins andere gerechnet, anderthalb Millionen Pfund Sterling 32) beträgt. Ausser dem Golde 33) bringt auch Brasilien Diamanten oder Demante.) Diese

kost⸗

16) la boue. 17) caché. 18) séparer, oder zu säubern, nettoyer. 19) pour la plupart. 20) des négres. 21) se confie. 22) la huitieme partie d'une once. 23) livrer, oder rendre. 24) l'habilité. 25) davantage. 26) le surplus est pour lui. 27) assidu ou fortuné. 28) être en état. 29) eux mêmes. 30) abondance. 31) une année portant l'autre. 32) monter à 33) fournir des diamants.

koſtbaren Steine ſind allda viel ſpäter entdeckt worden, als das Gold. Man findet ſie 34) eben ſo wie das Gold, in dem Bette der Flüſſe, und in 35) den Waſſerverſchwemmungen, aber nur in einigen Orten und 36) nicht ſo allgemein wie das Gold. Es 37) gieng einige Zeit hin, ehe man 38) mit Gewißheit 39) erfuhr, was daran war. Denn die Einwohner konnten ſich nicht 40) einbilden, daß das, was ſie ſo lange verachtet hatten, von einem ſo groſſen 41) Werth wäre, als man verſicherte. 42) Endlich bekam man von einigen 43) geſchickten Juwelieretn in Europa, die man 44) zu Rathe gezogen, 45) die Beſtättigung, daß dieſe Steine wahre Diamanten wären, und daß 46) verſchiedene unter ihnen gefunden würden, welche an 47) Feuer und andern Eigenſchaften den 48) Oſtindiſchen Diamanten nichts 49) nachgäben.

Alſo

34) précisément comme. 35) les ravines. 36) moins généralement que. 37) il se passa. 38) au juste. 39) savoir ce qui en est' 40) se mettre dans l'esprit. 41) prix. 42) à la fin. 43) habile jouaillier. 44) consulter. 45) la confirmation. 46) s'entrouver. 47) en éclat. 48) des Indés orientales. 49) ne le céder point.

Also 50) fiengen die Portugiesen, welche 51) um die Orte herum wohneten, wo man 52) dergleichen Steine gesehen hatte, an, sie 53) begierig zu suchen, und sie konnten 54) sich Hofnung machen, eine gute Anzahl zu finden; weil sie in verschiedenen Bergen große 55) Felsen von Crystall entdeckten, 56) von welchen die Wasser 57) herfliessen, welche die Diamanten mit sich 58) führen.

IV. Von der Erde überhaupt.

Nichts ist, 1) dem Ansehen nach, 2) schlechter als die Erde. 3) Dennoch giebt man, um einen Theil davon zu besitzen, die grössesten 4) Schätze her. Wäre sie härter; so könnte der Mensch 5) den Schooß derselben nicht öfnen, um sie zu 6) bebauen. Wenn sie 7) minder hart wäre, so würde sie ihn nicht tragen können. Er würde 8) überall 9) einsinken, wie

---

50) se metre. 51) aux environs des endroits. 52) apercu de ces pierres. 53) avec empressement. 54) se flater. 55) rochers. 56) d'où. 57) découler. 58) emporter.

1) Ce semble. 2) vil. 3) c'est pourtant que. 4) le trésor. 5) le sein. 6) cultiver. 7) moins. 8) par tout. 9) enfoncer.

wie er in den Sand oder in einen 10) Schlamm sinket. 11) Aus dem 12) unerschöpflichen Schooße der Erde 13) gehet alles was am Kostbaresten 14) ist, hervor. Dieser 15) unförmliche und grobe Klumpen, nimmt alle, auch die verschiedenste 16) Gestalten an; er allein giebet 17) eins ums andere alle Güter her, so wir ihm abfordern. Dieser 19) schmutzige Koth 20) verwandelt sich vermittelst der Feuchtigkeit und der Hitze, in tausend schöne Gegenstände, welche die Augen 21) ergötzen. Nichts 2) erschöpfet die Erde. Jemehr man ihre 23) Eingeweide zerreisset, desto freygebiger ist sie. Sie ist noch nicht 24) abgenutzt, sie ist noch voll von 25) den nemlichen Schätzen. Sie 29) wird jeden Frühling wieder jung.

V.

10) le bourbier. 11) c'est du-que. 12) inépuisable. 13) sortir. 14) il y a de. 15) la masse informe et grossiere. 16) forme. 17) ½ tour à tour. 18) demander. 19) boue sale. 20) se transformer. 21) charmer. 22) épuiser. 23) déchirer les entrailles. 24) usé. 25) des mêmes. 26) rajeunir.

Betrachtungen. 237

V. Nutzen der Erde.

Die Erde, wenn man sie wohl 1) bebauete, würde hundert mal mehr Menschen ernähren, als sie 2) jetzt thut. Es ist fast kein 3) Land 4) gänzlich unfruchtbar, wenn der Mensch nicht 5) ermüdet sie 6) umzuwühlen, um sie der Sonne 7) auszusetzen; und wenn er weiter nichts von ihr 8) fordert, als was sie zu tragen 9) geschickt ist. Selbst die 10) Ungleichheit des 11) Erdreichs, welche 12) ein Uebelstand zu seyn scheinet, ist eine 13) Zierde und Nutzen. Die Berge und die 14) Thäler haben ihre 15) Vortheile. In den tiefen 16) Thälern siehet man das 17) frische Gras 18) wachsen, um die 19) Heerden zu ernähren. 20) Neben denselben 12) eröfnen sich weitläuftige mit reichen 22) Erndefrüchten bekleidete
23)

---

1) Cultiver. 2) qu'elle n'en nourit. 3) terre. 4) entierement ingrat. 5) se lasser. 6) remuer. 7) exposer. 8) demander. 9) propre. 10) inégalité. 11) les terroirs. 12) un défaut. 13) un ornement. 14) le vallon. 15) avantage. 16) la vallée. 17) frais f. fraiche. 18) croitre. 19) troupeau. 20) aupres d'elles. 21) s'ouvrir. 22) moissons.

23) Fluren. Hier erheben sich 24) Hügel wie eine 25) Schaubühne, und sind mit 26) Weinstöcken und andern Früchten 27) gekrönet. Dort tragen hohe 28) Gebürge ihre 29) Gipfel bis in die Wolken, und die Ströme, die herunter fallen, sind die 30) Quellen der Flüsse. Die 31) Felsen 32) unterstützen die Erde der Berge, wie die 33) Knochen des menschlichen Leibes 34) das Fleisch unterstützen. Diese 35) Abwechselung macht 36) die Annehmlichkeit der Landschaften aus, und 37) kommt zugleich den verschiedenen 38) Bedürfnissen der Völker zu statten. Jede 39) Landart hat seine 40) Eigenschaft. Nicht allein die schwarzen und 41) fruchtbaren Erdreiche, sondern auch die 42) sandigten, thonigten und steinigten 43) belohnen den Menschen seine Bemühungen. Jedoch träget, durch eine Wirkung der göttlichen

---

23) les campagnes. 24) un côteau 25) un amphithéatre. 26) des vignobles. 27) couronner. 28) montagnes. 29) la cime. 30) la source. 31) le rocher. 32) soutenir. 33) les os. 34) la chair. 35) variété. 36) le charme. 37) satisfaire à. 38) les besoins. 39) terroir. 40) propriété. 41) terres fertiles. 42) sablonneux. argilleux. graveleux. 43) recompenser de ses peines.

chen Vorsehung, kein 44) Land alles was zum menschlichen Leben dienet. Denn die Bedürfniß 45) ladet die Menschen zum 46) gemeinschaftlichen Umgang ein, um sich 47) einer dem andern dasjenige zu 48) reichen, was ihnen mangelt; und diese Bedürfniß ist das natürliche 49) Band der Gesellschaft unter den 50) Völkerschaften: 51) sonst würden alle 52) Völker der Erde auf eine 53) einzige Art von Kleidern und 54) Nahrungsmitteln 55) eingeschränkt werden; nichts würde sie 56) locken sich einander zu kennen und einander zu 57) besuchen.

VI. Von der 1) Beschaffenheit der Erde.

Die Erde 2) der Wohnplatz aller Menschen und aller Thiere, ist 3) eine Kugel mit Luft 4) umgeben, in welcher 5) sie schwebet.
Ihre

---

44) terre. 45) inviter. 46) le commerce. 47) mutuellement. 48) donner oder fournir. 49) le lien de la société. 50) la nation. 51) autrement. 52) le peuple. 53) seul. 54) alimens. 55) être réduit à. 56) inviter. 57) s'entrevoir.

1) Constitution. 2) la demeure. 3) un globe. 4) entouré. 5) être suspendu.

Betrachtungen.

Ihre 5) Oberfläche ist so groß als ein Platz, der fünf tausend 7) Meilen lang und achtzehn hundert breit wäre. Aber von diesem ganzen 8) Raum ist 9) kaum der dritte Theil 10) trockenes Land, das übrige 11) liegt unter dem Wasser. Man nennet Meere die großen 12) Gewässer welche mehr als 13) die Hälfte des Erdbodens bedecken. Sie sind 14) eigentlich die tiefesten 15) Thäler des Erdbodens, in welche sich alles 16) von höhern Gegenden herablaufende Gewässer 17) sammlet. Denn das Wasser aller 18) Bäche und aller Flüsse 19) läuft in das Meer. Man 20) reiset über die Meere in großen 21) Schiffen, welche von dem Winde 22) fortgetrieben werden, der in 23) die ausgespannten Segel 24) bläset. Auf diese Weise kommt man aus einem 25) Lande in das andere. Es sind aber noch nicht alle Länder oder Theile der Erde bekannt. In den bekannten Ländern ist

---

5) la superficie. 7) un mile d'Allemagne. 8) une étendue. 9) à peine. 10) de la terre seche. 11) être couvert de. 12) eaux. 13) la moitié de la terre. 14) proprement. 15) valée. 16) qui découlent des contrées plus élevées. 17) se rassembler. 18) ruisseau. 19) s'écouler. 20) traverser. 21) vaisseau. 22) pousser. 23) les voiles déployées. 24) souffer. 25) pays.

ist 26) nirgends ein großer 27) Strich, der nicht von Menschen 28) bewohnet sey.

VII. Von der 1) Einrichtung der Erde.

Alle bekannte Länder des Erdbodens werden in vier 2) Haupttheile 3) abgetheilet, welche man Europa, Asia, Afrika, und Amerika nennet. Asien ist am längsten 4) bevölkert gewesen; denn die ersten Menschen haben darinn gewohnet: ihre 5) Nachkömmlinge haben sich von Asien aus in die übrigen Theile 6) verbreitet. Europa ist der kleinste Theil, aber seine Einwohner 7) herrschen über viele Länder der drey andern Theile, und haben sich fast 8) die halbe Erde 9) unterwürfig gemacht. 10) Nur die Europäischen Völker 11) reisen in alle Theile der Welt, um aus allen Ländern das was ihnen gefällt 12) zu holen. Von allen Völkern der Erde sind die 13) Europäer diejenigen, welche

am

---

26) nulle part. 27) contrée. 28) habiter.

1) Disposition. 2) parties principales. 3) diviser 4) peuplé. 5) les descendans. 6) se répandre, s'étendre. 7) dominer sur. 8) la moitié. 9) s'assujettir. 10) il n'y a que. 11) voyager. 12) aller querir. 13) Européen.

am meisten 14) wissen, und die 15) unter allen andern Völkern am meisten 16) Künste und Wissenschaften gelernet haben. Europa ist der einzige Welttheil, der 17) überall 18) bebauet, und mit Städten und Dörfern angefüllet 19) ist, und dessen Einwohner 20) Gemeinschaft 21) mit einander haben. Die andern Weltheile sind 22) von vielerley Völkern bewohnt, die sich 23) unter einander entweder 24) gar nicht, oder nur sehr wenig kennen, und die 25) an Sitten, 26) Lebensart und Religion sehr 27) von einander 28) unterschieden sind.

VIII. Von den 1) Erdstrichen, und 2) deren Beschaffenheit.

Es ist ein großer Unterschied zwischen den 3) verschiedenen Ländern des Erdbodens, 4) in Ansehung 5) der Witterung, der Thiere und der 5) Gewächse. Es giebt Länder, wo nur eine

---

14) posséder le plus de savoir. 15) de. 16) d'art et de sciences. 17) par tout. 18) cultiver. 19) soit. 20) communication. 21) entre eux. 22) de plusieurs sortes de. 23) les uns les autres. 24) point du tout. 25) en. 26) maniere de vivre. 27) les uns des autres. 28) différer.

1) Vne Zone. 2) leur. 3) divers. 4) à l'égard de. 5) variété de tems. 6) plantes.

Betrachtungen.

eine einzige 7) Jahrszeit, 8) nemlich ein 9) beständiger Sommer herrschet, und wo jeder Tag 10) im Jahr so warm ist, als bey uns die wärmsten Sommertage. Diese Länder 11) liegen mitten auf dem Erdboden, wie ein 12) Gürtel. Dieser 13) Raum wird genannt 14) der heiße Erdstrich. Die 15) wohlriechendsten und kräftigsten Früchte, welche die Natur 16) hervorbringt, wachsen nur in diesem Erdstriche, und die Natur hat überhaupt 17) in demselben ihren größten Reichthum 18) verschwendet. In diesem Erdstriche haben die Tage und Nächte 19) fast das ganze Jahr 20) hindurch, immer 21) einerley Länge. Hingegen giebt es Länder, in denen, den größten Theil des Jahres hindurch, eine so große 22) Kälte 23) herrschet, daß sie die 24) strengste Kälte unsers Winters übertrift. Wenige 25) Kräuter und 26) wilde

P 2   Bäu-

7) la saison. 8) savoir. 9) perpetuel. 10) de l'année. 11) occuper le milieu de. 12) une ceinture. 13) un espace. 14) la Zone torride. 15) odoriférant et confortatif. 16) produire. 17) y. 18) prodiguer. 19) presque. 20) pendant. 21) la même longueur. 22) le froid. 23) régner. 24) le plus excessif. 25) herbe. 26) arbre sauvage.

Bäume 27) wachſen und grünen daſelbſt. 28) Weder Obſt noch Erdfrüchte wachſen in dieſen 29) kalten Erdſtrichen. Daſelbſt ſiehet man die größte 30) Ungleichheit der Tage und Nächte, es giebt deren daſelbſt, welche 31) ganze Monate 32) währen. Die gemäßigten Striche machen den größten Theil des Erdbodens aus, ſie 33) liegen zwiſchen der heißen und 34) den beyden kalten Zonen. In dieſen Ländern 35) bemerkt man vier verſchiedene Jahrszeiten mehr oder weniger 36) deutlich, 37) je nachdem ſie der heiſſen oder einer kalten Zone 38) näher liegen. 39) Den Frühling, wo die Bäume und die Kräuter 40) ausſchlagen und blühen, wo die Hitze mäßig und die Tage und Nächte faſt 41) gleich ſind. Den Sommer, wo die Früchte der Erde und der Bäume 42) reifen, wo die Hitze am ſtärkſten und

27) croître et verdir. 28) ni les fruits des arbres ni ceux de la terre. 29) Zones glaciales. 30) une inégalité. 31) entier. 32) durer. 33) être ſitué. 34) les deux. 35) remarquer. 36) deſtinctement, oder ſenſiblement. 37) ſelon que. 38) ſitué plus ou moins près de. 39) die vier Jahrszeiten ſind: le printems, l'Eté, l'automne, l'hiver. 40) pouſſer et fleurir. 41) égal. 42) mûrir.

und die Täge länger sind als die Nächte. Den Herbst, wo alle Früchte und 43) Saamen 44) abfallen, und das Gras 45) verwelket, 46) da die Tage und Nächte 47) wieder in Gleichheit kommen, und die Wärme 48) merklich abnimmt. Den Winter, wo die Pflanzen aufhören zu wachsen, wo die Nächte länger sind, als die Tage, und 49) die Kälte mehr oder weniger 50) überhand nimmt. Die Länder dieser gemäßigten Erdstriche 51) liegen dergestalt auf beyden 52) Seiten der heißen Zone, daß die Jahrszeiten in 53) beyden 54) gerade entgegen gesetzt sind. Wann die eine den Sommer hat, so hat die andere den Winter, und die eine hat den Frühling, wann die andere den Herbst hat.

IX. Von den Einwohnern der Zonen.

Jedes Land 1) bringt vornehmlich das hervor, was seinen Bewohnern, 2) nach der Beschaffenheit des Clima (der Erdlage) am

3)

43) les semences. 44) tomber. 45) se flêtrir. 46) ou. 47) se raprocher en égalité. 48) diminuer sensiblement. 49) le froid. 50) augmenter. 51) être tellement situé aux. 52) le côté. 53) l'une et l'autre. 54) directement opposé.

1) Produire principalement. 2) selon.

3) unentbehrlichsten und am nothwendigsten ist.
4) Ein Wurm, welcher sich von den 5) Blättern 6) des Maulbeerbaumes 7) nähret, 8) spinnet den Völkern der heissen Länder ein 9) Gewebe, woraus 10) Seide gemacht wird; und 11) ein Strauch träget ihnen 12) eine Art Schotten, welche voll von einer 13) leichten und feinen 14) Wolle sind, welche man 15) Baumwolle nennet, woraus man auch ein leichtes 16) Gewand macht. Um zu 17) verhindern daß ihr Blut sich nicht zu sehr 19) erhitze, 19) verschaffen ihnen ihre 20) Felder und Gärten, und die 21) Pomeranzen- Citronen- und Oliven 22) Wälder die 23) erquickendste und 24) erfrischendste Früchte. 25) Dagegen 26) wimmeln die kalten Länder von Thieren, die 27) zur Kleidung ihrer Bewohner 28) Pelzwerk im Ueber-

---

3) indispensable. 4) un ver. 5) une feuille. 6) le mûrier. 7) se nourir. 8) filer. 9) un tissu. 10) on fait de la soye. 11) un arbrisseau. 12) une espéce de gousse. 13) leger. 14) la laine. 15) du cotton. 16) étoffe. 17) empécher. 18) s'échaufer. 19) fournir. 20) campagne. 21) orange. 22) forêt. 23) restaurant. 24) rafraichissant. 25) au contraire. 26) fourmiller. 27) pour se vêtir. 28) de la pelletterie.

Betrachtungen.

Ueberfluß hergeben.; diese Länder sind 29) meistentheils mit großen Wäldern 30) versehen, welche das 31) zur Feuerung nöthige 32) Holz geben. Die Natur 33) ersetzte den Mangel der Erdfrüchte durch eine große Menge Fische, die sich im Meere und in 34) den Seen finden, und durch einen Ueberfluß von 35) wilden Thieren, wovon die meisten gut zu essen sind. Die gemäßigten Erdstriche haben die größeste 36 Mannigfaltigkeit 37) sowohl an Früchten der Erde, als an Thieren. Der Wein 38) ist ihnen eigen, welcher weder in den 39) ganz heissen, noch in den ganz kalten Ländern 40) fortkommt. 41) Ueberhaupt sind die Menschen, welche diese Länder bewohnen, den andern 42) vorzuziehen; denn diese Länder sind die schönsten und 43) glücklichsten, und diejenigen, welche sie bewohnen, haben das beste Temperament. Die Einwohner der kalten Zonen sind von Leibe klein, und 44) am Geiste dumm; die von der

P 4 heißen

---

29) pour la plûpart. 30) pourvu. 31) pour se chaufer. 32) le bois. 33) supléer au défaut. 34) un lac. 35) bêtes sauvages. 36) diversité. 37) tant en. 38) est leur partage. 39) trés chaud. 40) réussir. 41) En général. 42) préférable. fortunés. 44) d'un esprit stupide.

heißen Zone sind von 45) schwächern Temperamente, sie haben nicht so viele Leibes- und Gemüths- 46) Kräfte, und ihre 47) Leidenschaften sind 48) heftiger, als in den gemäßigten Erdstrichen.

X. Von den 1) Gegenfüßlern.

Da die Erde rund und entweder mit 2) Land oder mit Wasser auf ihrer 3) Oberfläche 4) bedeckt ist; so giebt es 5) Oerter, deren Einwohner 6) gerade unter den andern wohnen, und 7) sich einander die Füße zukehren, auch die ganze 8) Dicke der Erdkugel zwischen beyden haben. Man nennet sie Gegenfüßler: 9) dergleichen sind die Einwohner von 10) China, und die von Paraguay in Amerika. Dieses sind 11) einander entgegengesetzte Länder, die eben denselben 12) Mittagszirkel aber in zweenen entgegen gesetzten Punkten haben. Sie

---

45) foible. 46) forces. 47) passions. 48) violent.

1) Antipodes. 2) le terrain. 3) la superficie. 4) couvert. 5) des lieux dont. 6) diamétralement. 7) avoir les pieds tournés les uns contre les autres. 8) ayant toute l'épaisseur du globe de la terre entre deux. 9) tels. 10) la Chine. 11) pays opposés. 12) le méridien.

Betrachtungen.

Sie haben einerley 13) Polhöhe, aber der eine 14) gegen den 15) Nordpol, der andere gegen den 16) Südpol zu. Wenn der eine den Tag hat so hat der andere die Nacht, und wann der eine den Sommer hat, so hat der andere den Winter. 17) Mit einem Worte, alles ist 18) umgekehrt, 19) bey zween Gegenfüßlern, die Jahrszeiten, die Tage, die Stunden. Zween Gegenfüßler aber unter dem 20) Mittagszirkel sind nur in 21) Ansehung des Tages und der Nacht unterschieden. Man hat 22) ehedessen diejenigen als 23) Ketzer angesehen, welche 24) vorgaben, daß es Gegenfüßler gebe. Aber die 25) Entdeckung der neuen Welt, und die Mathematiker, welche 26) die Erdkugel umschiffet haben, sind 27) in diesem Stücke 28) zur deutlichsten Gewißheit gelanget, und die Sache ist vollkommen 29) bewiesen.

P 5   XI.

13) élévation du pole. 14) vers. 15) pole arctique. 16) pole antarctique. 17) en un mot. 18) à retours, oder renversé. 19) chés. 20) le méridien. 21) par raport à. 22) autrefois. 23) regarder comme hérétique. 24) oser avancer. 25) la découverte. 26) faire le tour du globe de la terre. 27) sur ce point. 28) à la plus grande évidence. 29) demontré.

XI. Von den Bergen.

Der 1) Erdboden ist nicht 2) allenthalben gleich) und eben. Er ist in allen vier Theilen der Welt mit Bergen und 3) Höhen 4) besetzt, welche in einigen Ländern 5) zusammenhängend sind, wie eine 6) Kette. Auf dem 7) Gipfel der 8) Gebürge ist die Luft kalt, 9) wann gleich am Fuße 10) warmes Wetter ist. Alle hohen Berge bleiben entweder den ganzen Sommer 11) hindurch, oder 12) während dem größesten Theil des Sommers mit 13) Schnee und 14) Eis bedecket. Unter diesen Bergen sind die 15) Pyrenäischen und die von 16) der Schweiz, in Europa sehr berühmt. Diese letzteren werden die Alpen genennet. Die Gipfel 17) vieler dieser Alpen sind mit 18) dicken Eisschollen bedeckt, die nach dem Unterscheide der Sonnenhitze 19) bald mehr, bald weniger 20) schmelzen; 21) es bleiben aber immer welche liegen. Die 22) erstaunliche Höhe einiger

---

1) La terre. 2) partout égal et uni. 3) hauteur. 4) parsemé. 5) contigu. 6) la chaine. 7) la cime 8) les montagnes. 9) quoique. 10) il fait chaud. 11) durant. 12) pendant. 13) la neige. 14) la glace. 15) les Pyrénées. 16) la Suisse. 17) plusieurs. 18) glacon epais. 19) tantôt. 20) se fondre. 21) il en reste. 22) surprenant.

Betrachtungen.

ger Alpen ist daran 23) Schuld, daß das Eis auf ihren Gipfeln nicht schmelzen kann. Diese Höhe 24) ists, 25) welche Ursache ist, daß man 26) auch in den heissesten 27) Gegenden der Erde Berge findet, auf welchen der Schnee und das Eis 28) ewig bleiben. Man findet 29) solche auf den 30) ungeheuern Ketten von Bergen in Peru, die man 31) Cordilleras de los Andos nennet, auf dem 32) mächtigen Geburge Libanon in Asien, auf den 33) Bergen Ararat, Taurus, Caucasus, Athos, Pico de Teneriffa und anderen. 34) In den Bergen entstehen die 35) Metalle und Mineralien. Jedes Bergwerk 36) liefert fast von allen Metallen etwas. Das meiste Gold kommt aus America, 37) wo es die 28) Spanier aus den Königreichen Peru, Chili und Mexico in 39) erstaunlicher Menge ziehen. Es ist auch in grosser Menge in Guinea in Africa. In Europa waren in den 40) alten Zeiten die reichsten

41)

---

23) la cause. 24) c'est. 25) qui fait. 26) même. 27) région. 28) perpetuellement. 29) en. 30) affreux. 31) les Cordelliers des Andes. 32) puissant mont Liban. 33) monts. 34) c'est dans les montagnes que se forment. 35) les metaux et les mineraux. 36) fournir. 37) où. 38) Espagnol. 39) prodigieux. 40) ancien.

41) Goldgruben in Spanien und Portugall. Jezt 42) bricht man vieles in 43) Ungarn. Die reichsten Silberbergwerke sind in Peru. Die Berge 44) in Böhmen, in 45) Meißen und auf dem Harz haben viel Silber und Bley Das meiste 46) Kupfer kommt von Schweden, von Ungarn, und von Norwegen. England liefert das beste 47 Zinn. 48) Eisen findet man fast allenthalben. 49) Mit einem Worte, die Berge sind 50) wundernswürdige Schaugerüste der Natur.

XII. Von den 1) Feuerspeyenden Bergen, und 2) besonders von dem 3) Berge Vesuv.

Es sind in allen Welttheilen feuerspeyende Berge. Island, welches mit großen 4) Eisbergen angefüllet ist, hat die 5) fürchterlichen Berge Hekla, Krabla, Kötligau, Oraise und

41) mine d'or. 42) exploiter. 43) Hongrie. 44) de l, Bohême. 45) Misnie. 46) cuivre. 47) étain. 48) pour le fer, on le. 49) en un mot. 50) théatre merveilleux.

1) Vn Volcan. 2) en particulier. 3) le mont Vesuve. 4) montagnes couvertes de glace. 5) formidable.

Betrachtungen.

und andere. 6) Unter den feuerspeyenden Bergen von Europa sind 7) vornemlich der 8) Aetna und der Vesuv 9) berühmt. Der erste ist in Sicilien; die Einwohner dieser Insel nennen ihn Monte Gibello, er ist erstaunlich hoch. Die 10) Spitze des Berges ist mit Schnee bedeckt. Die 11) Malthester Ritter 12) lassen alle vierzehn Tage von diesem Schnee auf einem 13) eignen Schifflein holen, um damit ihr 14) Getränke zu 15) erfrischen. Der Berg Vesuv 16) lieget auf einige Meilen von 17) Neapolis, und ist einer von den 18) schrecklichsten Vulkanen in Europa. 19) Je mehr man sich diesem Berge 20) nähert, je mehr ist das 21) Erdreich gespalten, 22) dürr, verbrannt, und mit verschiedenen Arten 23) in Kalk verwandelter Steine, worunter die 23) Bimsteine bedeckt. Man siehet zuweilen 25) Ströme von

---

6) parmi. 7) principalement. 8) le mont Etna. 9) fameux. 10) la pointe. 11) Chevalier de Malte. 12) envoyer querir. 13) par une brigantine particuliere. 14) la boisson. 15) rafraichir. 16) est situé. 17) Naples. 18) effroyable. 19) plus. 20) avancer vers. 21) terrain crevassé. 22) sec, aride. 23) pierres calcinées. 24) pietre de ponce. 25) torrent.

von geſchmolzenem 26) Erdharze und 27) Schwefel 28) fließen, ſo man Lava nennet. Man hat
viele Mühe auf dieſen 29) ungeheuren Ofen
hinauf zu ſteigen. Man iſt faſt immer 30)
tief in der Aſche, welche 31) nachgiebt, und
macht, daß man bisweilen mehr 32) zurück als
33) vorwärts gehet; wenige 34) Neugierige
ſind bis auf den 35) Rand dieſes Schlundes
gekommen. In den verſchiedenen 36) Ausbrü-
chen dieſes Berges ſind die 37) Trümmer von
Steinen öfters bis an die Stadt Neapolis 38)
geflogen. Der 39) dicke Rauch hat beynahe
die Sonne 40) verfinſtert. Die 41) Bäche
von Schwefel und andern 42) brennenden Materien ſind oft bis in das Meer hinein 43) ge-
lauffen, welches 44) vor Hitze 45) geſtrudelt hat.
Uber die 46) umliegende Gegend, welche bisher
nie

26) bitume. 27) le ſouffre. 28) couler. 29)
une prodigieuſe fournaiſe. 30) enfoncé dans
les cendres. 31) cedant fait que. 32) tecu-
ler. 33) avancer. 34) curieux. 35) le bord
de ce goufre. 36) irruption. 37) les éclats.
38) ſauter, oder voler. 39) l'épaiſſe fumée.
40) faire éclipſer. 41) ruiſſeau. 42) brulant.
43) ont découlé. 44) de. 45) bouillonné.
46) les environs.

mit den 47) Feuergüssen 48) verschonet worden, ist sehr 49) fruchtbar und anmuthig.

XIII. Vom Wasser überhaupt.

Das Wasser ist ein 1) flüßiger, heller, und durchsichtiger Körper. 2) Auf der einen Seite 3) fließet, 4) entwischet und 5) fliehet er; auf der andern Seite nimmt er alle die 6) Gestalten der ihn 7) umgebenden Körper an, weil er keine 8) an sich selbsten hat. Wenn das Wasser ein wenig 9) verdünneter wäre, so würde es eine 10) Art von Luft 11) werden, es würde die ganze 12) Erdfläche 13) trocken und unfruchtbar seyn. Es würde 14) keine Gattung von Thieren 15) schwimmen können; kein Fisch könnte leben; es würde kein 16) Handel vermittelst der 17) Schiffahrt seyn: das Wasser würde 18) jene ungeheure 19) schwimmende Gebäude

---

47) les laves. 48) épargner. 49) fertile.

1) Liquide, clair, transparent. 2) de. 3) couler. 4) échaper. 5) s'enfuir. 6) forme. 7) environner. 8) par lui-même. 9) rarefié. 10) une espece. 11) devenir. 12) la surface de la terre. 13) sec. 14) nulle espece. 15) nager. 16) commerce. 17) navigation 18) ces prodigieux. 19) flotant.

bäude nicht 20) tragen können, die man 21) Schiffe nennet. Die Körper 22) von der geringsten Schwere würden 23) sogleich ins Wasser 24) versinken. Allein ein 25) allweisestes Wesen hat 26) Sorge getragen, das Wasser 27) so fliesend, so nachgebend, und 28) dennoch so stark zu 29) machen, daß es tragen kann, und so 30) ungestümm, daß es die schweresten 31) Klumpen 32) hinreißet. Indessen ist das Wasser auch 33) folgsam, der Mensch 34) leitet es wie ein 35) Reuter sein Pferd bis auf die Spitze 36) der Felsen leitet; und er 37) theilet es nach Gefallen aus. Er 38) führet es auf die 39) steilen Berge hinauf, und bedienet sich 40) dessen Gewichts, um es 41) zu einem Falle zu bringen, 42) dadurch es wieder eben so hoch hinauf springet, als es 33) herunter gefallen war. Das Wasser ist eine von
den

20) soutenir. 21) vaisseau. 22) le moins pesant. 23) dabord. 24) s'enfoncer. 25) Etre tout sage. 26) prendre soin. 27) fluide et propre à échaper. 28) néanmoins. 29) rendre. 30) impetueux. 31) la masse. 32) entrainer. 33) docile. 34) mener. 35) cavalier. 36) un rocher. 37) distribue comme il lui plait. 38) élever. 39) escarpé. 40) son poids. 41) faire des chutes. 42) qui la font remonter autant. 43) descendre.

den größesten 44) bewegenden Kräften, welche der Mensch gebrauchen 45) kann, um in den nöthigsten 46) Künsten seiner Schwäche 47) zu Hülfe zu kommen. Allein dieses 48) Gewässer, ungeachtet seiner 49) Flüßigkeit und 50) Schwere, erhebet sich 51) dennoch 52) über unsere Köpfe, und 53) schwebet daselbst lange in den Lüften, welches man die Wolken nennet, welche der Wind 54) hin und her treibet, und welche 55) tropfenweise herunter fallen, als wenn man sie durch 56) ein Sprengfaß distillirete.

XIV. Von der 1) Ebbe und Fluth des Meeres.

Das große 2) Gewässer, welches sich über mehr als die 3) Hälfte 4) der Erdkugel 5)

---

44) force mouvante. 45) savoir. 46) un art. 47) supléer. 48) les eaux. 49) fluidité. 50) pesanteur. 51) ne laisser pas. 52) au dessus de. 53) demeurer suspendu. 54) pousser ça et là. 55) goute à goute. 56) un arrosoir.

1) Le flux et reflux. 2) aux. f. 3) la moitié. 4) le globe de la terre.

5) erstrecket, heißet der Ocean, und seine verschiedene Theile, 6) Meere. Dieses 7) Weltmeer 8) schwillt alle Tage, oder besser zu 9) reden, alle fünf und zwanzig Stunden zweymal auf, und 10) fällt auch wieder zweymal. Jede Bewegung dieser 11) Veränderungen dauret sechs Stunden. Währender Zeit der 12) Ebbe kann man 13) am Strande des Meers ziemlich 14) weit auf dem 15) entblößten Grunde gehen, und 16) Muschelschalen, 17) Corallen, 18) Bernstein und andere 19) Seekörper 20) aufsuchen. Aber die See bleibt 21) kaum eine halbe Stunde in ihrer grössesten 22) Erniedrigung, alsdann kommt die Fluth wieder, welche gleichfalls nur eine gute viertel Stunde in ihrer größesten 23) Höhe bleibet. 24) In jedem Monate ist 25) Ebbe und Fluth 26) minder merklich, wann wir das erste und letzte 27) Mondesviertel haben, aber am stärksten, drey Tage nach

5) s'étendre. 6) des mers. 7) l'Océan. 8) monter, ober s'élever. 9) dire. 10) descendre, ober s'abaisser. 11) les marées. 12) reflux. 13) au bord, ober au rivage. 14) avant. 15) fond découvert. 16) coquilles. 17) du corail. 18) de l'ambre. 19) corps marins. 20) recueillir. 21) à peine, ober pas tout-à-fait. 22) abaissement. 23) hauteur. 24) chaque mois. 25) les marées. 26) moins sensible. 27) quartier de la lune.

nach dem 28) Neu- 29) und Vollmonde, 30) und vornehmlich zur Zeit der 31) Tag- und Nacht-Gleichen, und der 32) Sonnenwenden. Gegen die Pole zu, ist 33) die Ebbe und Fluth schwächer, und 34) wird endlich unmerklich. Im mittelländischen Meere ist sie gleichfalls sehr schwach. In einigen anderen Meeren 35) bemerket man sie gar nicht, 36) zum Beyspiele in der 37) Ostsee. Man 38) siehet die Sonne und den Mond als die 39) Ursachen dieser 40) regelmäßigen Wirkungen an.

XV. Von der 1) Perlenfischerey.

Die Perlen werden 2) eben so hoch geschätzt, als die 3) Edelsteine; man findet sie in 4) Muscheln, und 5) die Schalen, in welchen 6) sie liegen, heißen 7) Perlenmutter. Die 8) beträchtlichsten Perlenfischereyen 9) ge-

---

28) nouvelle. 29) pleine. 30) et sur tout. 31) les Equinoxes. 32) les Solstices. 33) les marées. 34 devenir. 35) remarquer. 36) par exemple 37) la mer Baltique. 38) regarder. 39) la cause. 40) régulier.

1) Pêche de perles. 2) autant estimée. 3) pierre précieuse. 4) moule. 5) l'écaille. 6) sont attachées. 7) nacre de perle. 8) considérable. 9) se faire.

schehen in den 10) Ostindischen und Amerikanischen Meeren. Nach dem 11) Bergbau ist die Perlenfischerey die 12) mühseligste und gefährlichste Arbeit. Es giebt Leute die sich bis auf 13) den Grund der See 14) hinunter lassen, um die 15) Perlenmuscheln 16) aufzusammlen, diese Leute nennet man 17) Taucher. Man 18) bindet ihm einen Strick unter den 19) Armen 20) um den Leib, dessen 21) Ende an 22) dem Schifflein 23) fest gemacht ist. An seinem Fuße 24) bindet man einen Stein von zwanzig bis dreyßig Pfunden, 25) damit er 26) desto hurtiger zu Boden gehe. Er nimmt ein Messer, um die Muscheln von den 27) Felsen 28) zu lösen, und einen 29) Korb oder ein Netz, um sie hinein zu legen. Wann der Korb voll ist, oder wann der Taucher 30) nicht mehr so viel Athem hat, daß er noch länger unter dem

Was-

10) des Indes orientales. 11) exploitation des mines. 12) pénible et périlleux. 13) le fond. 14) se planger. 15) moule oder pinne. 16) recueillir. 17) plongeon. 18) attacher une corde. 19) les aiselles. 20) autour. 21) le bout. 22) la barque. 23) tient à. 24) lier. 25) pour le faire aller. 26) d'autant plus promtement. 27) les rochers. 28) détacher. 29) une corbeille ou un filet. 30) trop-peu pour.

Waſſer bleiben könnte; ſo 31) bindet er den Stein, den er an dem Fuße hat, los, und 32) ſchüttelt den Strick, den er um den Leib hat, um dadurch 33) ein Zeichen zu geben, daß man ihn 34) herausziehen ſoll, welches auch alſobald und ſehr hurtig geſchiehet. Jeder Taucher 35) gehet in den zehn oder zwölf Stunden, 36) in welchen der Perlenfang dauret, 37) verſchiedenemale auf den Grund, und hat nicht 38) länger als eine Viertelſtunde Zeit 39) zum Ausruhen. Man 40) öfnet die Muſchel entweder mit einem Meſſer, oder man läſſet ſie 41) faulen, und ſo öfnen ſie ſich 42) von ſelbſten; hernach 43) nimmt man die Perlen aus der 44) Schale. Sie ſind 45) unterſchieden in der Größe, 46) Geſtalt, Farbe und 47) Glanz; 48) und nach dieſer Verſchiedenheit hat man ihnen verſchiedene Namen und verſchiedenen 49) Werth gegeben.

Q 3   XVI.

31) délier. 32) branler, oder fait branler. 33) un ſignal. 34) retirer. 35) deſcendre. 36) que. 37) pluſieurs fois. 38) plus de. 39) de relâche, oder pour ſe repoſer. 40) ouvrir 41) putrefier. 42) d'elles-mêmes. 43) tirer. 44) coquille. 45) différent. 46) forme. 47) luſtre. 48) et c'eſt ſelon - - que. 49) le prix.

XVI. Von dem 1) Bernsteine.

Der Bernstein ist eine 2) Art von verhärtertem Erdharze, welches das Meer, und besonders 3) die Ostsee, nach den 4) Stürmen in grosser Menge an die Preußischen 5) Küsten mit 6) Seemoß 7) vermengt 8) auswirft. Die Bauern, die an dem 9) Meerufer wohnen, 10) fischen ihn mit einem Netze oder mit einem 11) Hamen, und 12) sammlen ihn in Säcken, welche sie 13) als Schürzen vor sich tragen. Man findet in einigen Stücken dieses Bernsteins öfters 14) Fliegen, 15) Spinnen, 16) Blätter von Bäumen, 17) Stückchen von Holz, 18) ja so gar kleine Fische, und andere 19) fremde Cörper: Dieses beweiset, daß er 20) anfänglich 21) flüßig und kleberich gewesen sey, und daß er nur 22) nach und nach seine 23) Härte.

---

1) L'ambre jaune. 2) une espèce de bitume pétrifié. 3) la mer baltique. 4) la tempête. 5) les côtes. 6) mousse marine. 7) parmi. 8) rejetter. 9) le rivage de la mer. 10) pêcher. 11) un truble. 12) ramasser. 13) en forme de tabliers. 14) la mouche. 15) l'araignée. 16) la feuille. 17) des fétus. 18) et même. 19) étranger. 20) dabord. 21) fluide et visqueux. 22) peu à peu. 23) la solidité.

te 24) erlange. Man hat gelben und weißen Bernstein Die 25) Naturkündiger 26) leiten seinen Ursprung von einem subtilen, flüßigen, 27) harzigten und 28) erdigten 29) Oele her, welches durch 20) Beymischung sehr 31) zarter Erdtheile und eines 32) vitriolischen Salzes in eine 33) nach und nach verhärtete Masse 34) durch Hülfe der 35) unterirrdischen Hitze 36) ist verwandelt worden. Alle Gattungen haben aber nicht dieselbige 37) Härte. Der Bernstein hat, wie alle andere 38) harzige Materien, die 39) Eigenschaft, daß wenn er durch 40) das Reiben 41) erhitzt wird, er die 42) leichten kleinen Cörper 43) an sich ziehet. 44) Er hat der Electricität seinen Namen gegeben, von dem griechischen Worte (Elektron,) welches Bernstein bedeutet.

Q 4   XVII.

24) être parvenu à. 25) Physicien. 26) dériver. 27) bitumineux. 28) terreux. 29) une huile. 30) le mélange. 31) parties terrestres fort deliées. 32) vitriolique. 33) insensiblement endurcie. 34) moyennant. 35) souterrain. 36) se changer. 37) la dureté. 38) résineux. 39) propriété. 40) le frottement. 41) échaufer. 42) leger. 43) attirer. 44) c'est lui qui.

XVII. Von dem 1) Wallfisch-Fang.

Unter allen 2) merkwürdigen Thieren, so in dem Meere leben, ist der Wallfisch 3) unwidersprechlich das nützlichste. Es giebt 4) derselben verschiedene 5) Arten. 6) Sie sind die größesten von allen Seefischen; denn sie sind 7) gemeiniglich von sechzig, siebenzig, 8) auch wohl hundert, bis hundert und funfzig Fuß in der 9) Länge. Man fischet sie in dem 10) Eismeere und in der Nordsee, auf den Küsten von Grönland, von der 11) Straße Davids und andern 12) sehr nordischen Gegenden, woselbst eine Menge Schiffe und Barken von verschiedenen 13) an der See gelegenen Ländern und Städten 14) sich 15) zu dem Ende versammlen. Wann ein Wallfisch 16) zum Vorschein kommt, so nimmt ein dreister und 17) starker Fischer 18) eine Harpune, welches ein wohl

---

1) La pêche de la baleine. 2) remarquable. 3) sans contredit. 4) en. 5) espèce. 6) elles. 7) d'ordinaire. 8) et même. 9) longueur. 10) la mer glaciale. 11) le détroit de Davis. 12) parages fort septentrionaux. 13) maritime. 14) se rassembler. 15) pour cet effet. 16) paroitre. 17) un pecheur vigoureux. 18) un harpon.

Betrachtungen.

wohl 19) verstählerer Wurfspies, und fünf oder sechs Fuß lang ist, an welchem ein Strick von mehr als hundert 20) Klaftern befestigt 21) ist, und wirft ihn auf das Thier. Wenn er durch den 22) Speck und das Fleisch des Wallfisches hat 23) durchdringen können, so ist das Thier 24) gefangen. Es senket sich in den Grund: die Fischer lassen unterdessen den Strick geschwind 25) nachschießen. Wenn der Strick nicht lang genug ist, um dem sich 26) entfernenden Fisch zu folgen, so 27) binden sie einen 28) ledigen wohl verstopften Kürbiß daran, dessen Bewegung 29) anzeiget, wo 30) das Ende ihres Strickes ist, und wo sich der Wallfisch befindet. Nachdem er sein Blut verlohren, kommet er wieder auf die 31) Oberfläche des Wassers, oder man ziehet ihn mit dem Stricke 32) an Bord oder an das Land, woselbst man ihn in Stücken schneidet. 33) Der Speck ist das vornehmste, man machet daraus den 34)

19) un javelot bien acéré. 20) une braße. 21) tient. 22) le lard. 23) percer. 24) pris. 25) faire filer oder faire couler. 26) qui s'éloigne. 27) attacher. 28) une citrouille vuide bien bouchée. 29) marquer. 30) le bout. 31) la surface. 32) à bord. 33) le lard.

34) Thran. Aus dem Specke eines kleinen Wallfisches von sechzig bis siebenzig Fuß macht man
35) zuweilen hundert 36) Fässer Oel, dessen
man sich 37) zur Zubereitung gewisser 38) Leder
und gewisser 39) Wolle, wie auch 40) der Seife
bedienet. Man 41) braucht es auch in der
Mahlerey und in der Medicin, und vornemlich
in den Lampen. 42) Die Baarden sind zwölf
bis funfzehn Fuß lang, und 43) sitzen inwendig
im Maule; man machet daraus die starken und
44) biegsamen 45) Schienen, welche die Kaufleute unter dem Namen von 46) Fischbein verkaufen. Es giebt eine Art von kleinen Wall-
fischen, welche man 47) Caschelott nennet, und
deren 48) Hirnmark, wenn es 49) getrocknet
ist, 50) den Wallrath giebt, den man bey den
51) Apothekern findet. Wann der Wallfischfang
52) glücklich ist, so 53) bringt er 54) gemeiniglich einen grossen Profit.

XVIII.

34) l'huille de poisson. 35) quelquefois. 36) ba-
rique. 37) pour préparer. 38) le cuir. 39) la
laine. 40) le savon. 41) faire usage de. 42) les
barbes. 43) qui sont couchées entre les machoi-
res. 44) pliant. 45) la lame. 46) baleine ober
côtes de baleine. 47) Cachelot. 48) la cervelle.
49) séché. 50) le blanc de baleine. 51) apoticai-
re. 52) réussir. 53) raporter. 54) d'ordinaire.

XVIII. Von der 1) Schildkröte.

Es giebt verschiedene 2) Gattungen von Schildkröten, 3) worunter aber nur zwo die 4) schätzbareſten ſind. Die eine hat keine allzuſchöne 5) Schale, aber ihr Fleiſch und ihre 6) Eyer ſind vortreflich, und werden von den 7) Seeleuten ſehr 8) geſucht; 9) angeſehen ſie nichts beſſers haben, um ſich zu 10) erfriſchen und ſich von ihren Krankheiten zu 11) heilen, 12) beſonders wann die 13) Schiffahrt lange währet. Eine einzige von dieſen Schildkröten kann bis auf zweyhundert Pfund Fleiſch geben, ſo man 14) einſalzt, und 15) beynahe dreyhundert ſehr große Eyer, welche 16) ſich aufbewahren laſſen. Die andere Gattung iſt eben ſo groß als die erſte. Ihr Fleiſch 17) iſt nicht ſo ſchmackhaft, ſie wird aber wegen ihrer ſchönen Schale ſehr 18) geſuchet, welche man 19) zurichtet wie man will, indem man ſie im heiſſen

---

1) Une tortue. 2) ſortes. 3) dont. 4) eſtimé. 4) une écaille. 6) oeufs. 7) les gens des mer. 8) recherché. 9) vu que. 10) ſe rafraichir. 11) guérir. 12) particulierement. 13) la navigation eſt longue. 14) ſaler. 15) près de. 16) être de garde. 17) moins délicat. 18) rechercher. 19) façonner.

sen Wasser 20) erweichet, 21) hierauf in 22) eine Form bringt, 23) in welcher man ihr 24) vermittelst einer eisernen Presse 25) eine beliebige Gestalt giebt. Die Schildkröte 26) weidet das Gras unter und ausser dem Wasser; und findet ihre Nahrung 27) auf gewissen 28) Wiesen, die 29) im Grunde des Meeres sind, 30) längst an verschiedenen Inseln von Amerika. Nachdem sie gefressen haben, so gehen sie an die 31) Mündung der Flüsse süsses Wasser zu schöpfen, sie kommen hin 32) und schöpfen Luft, 33) alsdann kehren sie wieder zurück auf den Grund. Wann sie nicht fressen, so haben sie gemeiniglich den Kopf aus dem Wasser, 34) es sey dann, daß sie einen Jäger oder 35) Raubvogel sehen, 36) in welchem Falle sie geschwinde 37) in die Tiefe gehen. Sie gehen alle Jahre ans Land, ihre Eyer in 38) Löcher, die sie in den Sand machen, 39)

20) amollir. 21) puis. 22) mettre en moule. 23) où. 24) à l'aide. 25) la figure qu'on veut. 26) paître. 27) dans 28) la prairie. 29) au fond. 30) le long de. 31) l'embouchure. 32) y respirer. 33) s'en retourner. 34) à moins que-ne. 35) un oiseau de proye. 36) au quel cas. 37) s'enfoncer. 38) des trous.

39) zu legen. Sie decken selbige 40) ganz leichte zu, damit sie die Sonne 41) erwärmen und ihre Jungen 42) ausbrüten möge. Indem sie also für ihre Familie 43) arbeiten, so bereiten sie für die Menschen und Vögel einen 44) reichlichen Vorrath. 45) Nach Verlauf fünf und zwanzig Tage siehet man aus dem Sande kleine Schildkröten 46) hervorkommmen, welche ohne 47) Anführer ganz sachte 48) sich in das Wasser begeben. Aber 49) zu ihrem Unglück werfen die 50) Meereswellen in den ersten Tagen sie 51) wieder zurück; die Vögel 52) kommen herzu, und 53) holen die meisten hinweg, ehe sie 54) stark genug sind, 55) der Fluth zu widerstehen. Auch 56) entkommen zuweilen von dreyhundert Eyern nicht zehn, zuweilen 57) gar keines.

XIX.

39) pondre. 40) très légérement. 41) échaufer. 42) faire éclorre les petits. 43) travailler. 44) une provision abondante. 45) au bout de. 46) sortir. 47) guide. 48) s'en vont gagner l'eau. 49) malheureusement pour elles. 50) les vagues. 51) rejetter. 52) accourir. 53) enlever. 54) vigoureux. 55) tenir contre le flot. 56) réchaper. 57) point du tout.

XIX. 1) Betrachtungen über die Natur des Feuers.

Sehet ihr 2) jenes Feuer, welches in den 3) Gestirnen 4) angezündet zu seyn scheinet, und welches 5) überall sein Licht 6) verbreitet? Sehet ihr jene Flamme, welche gewisse Berge 7) ausspeyen, und welche die Erde in ihren 8) Eingeweiden mit 9) Schwefel nähret? Eben dieses Feuer bleibet 10) ruhig in den 11) Adern der Kieselsteine 12) verborgen, und erwartet daselbst 13) den Ausbruch, bis daß es von dem 14) Anstoße eines andern Körpers 15) hervorgebracht werde. 16) Vermittelst des Schießpulvers erschüttert es die Städte und die Berge. Der Mensch hat es anzuzünden gewußt, und er brauchet es zu seinem 17) Nutzen, um die härtesten Metalle zu 18) beugen und zu erweichen, und mit 19) Holz selbst

in

---

1) Réflexion. 2) ce, (f. cette.) 3) les astres. 4) allumer. 5) partout. 6) répandr. 7) vomir. 8) les entrailles. 9) le soufre. 10) paisiblement. 11) veines des cailloux. 12) caché. 13) à éclater. 14) le choc. 15) exciter. 16) ébranler au moyen de la poudre à canon. 17) usage. 18) plier. 19) du bois.

Betrachtungen.

in den 20) kälteſten Gegenden eine Flamme 21) zu unterhalten, welche 22) ſtatt einer Sonne diene, wann dieſe ſich 23) entfernet. Das Feuer 24) ſchleichet ſich auf eine ſubtile Weiſe in alle 25) Saamen. Es iſt wie die Seele alles deſſen was lebet; es kann auch 26) auf einmal 27) Gebäude und Felſen 28) hinreiſſen. 29) Auf der andern Seite 30) erhitzt das Feuer den Menſchen, und es kochet die 31) Nahrungsmittel. 32) Die Alten bewunderten das Feuer, und glaubten, daß es ein 33) Schatz wäre, den der Menſch den Göttern 34) geraubt hätte.

XX. Von 1) der Luft.

Was man die Luft nennet, iſt ein ſo reiner, ſo 2) dünner und ſo 3) durchſcheinender Cörper, daß die 4) Strahlen der, in einer faſt unendlichen 5) Entfernung von uns 5) ſtehenden Ge-

---

20) climat glacé. 21) nourir. 22) tenir lieu de soleil. 23) s'éloigner. 24) se glisser. 25) la semence. 26) tout à coup. 27) édifice. 28) enlever. 29) d'autre côté. 30) réchaufer. 31) les alimens. 32) les anciens. 33) trésor. 34) dérober.

1) L'air, (mâle) 2) subtil. 3) transparent. 4) le rayon. 5) un éloignement. 6) situé.

Gestirne, sie 7) völlig, ohne Mühe und in 8) einem einzigen Augenblick 9) durchdringen, und 10) herabschießen, unsere Augen zu erleuchten. Wenn dieser 11) flüßige Cörper weniger subtil wäre, so würde er uns 12) das Tageslicht rauben, und uns 13) höchstens nichts als ein 14) dunkles und verworrenes Licht übrig lassen, als wenn die Luft voller 15) dicker Nebel ist. 16) So wie das Wasser, wenn es 17) sich verdünnete, eine Art von Luft 18) werden würde, in welcher die Fische sterben würden, so würde die Luft 19) ihrerseits uns 20) den Athem benehmen, wenn sie dicker und 21) feuchter würde. 22) Alsdann würden wir in dieser 23) verdickten Luft 24) ersaufen, wie in der See. Wer ist es, der mit so vieler 25) Richtigkeit diese Luft, die wir 26) athmen, gereiniget hat? Wäre sie dicker, so würde sie uns 27) ersti-

---

7) tout entier. 8) un seul instant. 9) percer. 10) venir éclairer. 11) fluide. 12) le jour. 13) tout au plus. 14) une lumiere sombre et confuse. 15) brouillard épais. 16) de même que. 17) se subtiliser. 18) devenir. 19) de son côte. 20) ôter la respiration. 21) humide. 22) alors. 23) épaissi. 24) se noyer. 25) justesse. 26) respirer. 27) suffoquer.

Betrachtungen.

dicken; wäre sie dünner, so würde sie die 28) angenehme Eigenschaft nicht haben, welche eine 29) immerwährende Nahrung des 30) Innersten des Menschen ausmacht. Wir würden 31) überall das 32) erfahren, was man auf den 33) Gipfeln der höchsten Berge erfähret, wo 34) die Verdünnung der Luft nichts 35) verschaffet, das für 36) die Lungen feucht und 37) nahrhaft genug wäre. Aber was für eine unsichtbare Macht 38) erreget und stillet so 39) plötzlich die 40) Stürme dieses grossen flüßigen Cörpers? Aus was für einem Schatze 41) werden die Winde gezogen, welche die Luft reinigen, die 42) heissen Jahrszeiten 43) kühlen, und öfters in einem Augenblicke 44) die Gestalt des Himmels verändern? Auf den 45) Flügeln der Winde 46) fliegen die 47) Wolken von 48) einem Ende des Horizonts bis zum andern.

---

28) douce qualité. 29) nouriture continuelle. 30) le dedans. 31) par-tout. 32) éprouver. 33) le sommet. 34) la subtilité. 35) fournir. 36) le poumon. 37) nourissant. 38) exciter et apaiser. 39) soudainement. 40) la tempête. 41) sont tirés. 42) brulant. 43) atiédir. 44) la face. 45) l'aile. 46) voler. 47) les nuées. 48) un bout de l'horizon.

andern. Es giebt auch gewisse Winde, welche in gewissen Meeren zu 49) bestimmten Zeiten herrschen, und von andern 50) als mit Fleiß 51) abgelöset werden, um die 52) Schiffahrten bequem und regelmäßig zu machen.

XXI. Das 1) Copernicanische System des 2) Weltgebäudes.

Das Weltgebäude 3) bestehet aus Gestirnen und Luft, oder wie man es nennen kann, 4) himmlischen Materie, in welcher die Gestirne 5) schwimmen. Auf der Erde, auf welcher wir leben, nennen wir die Gestirne himmlische Cörper. Diese 6) theilen wir ein in 7) Fixsterne, in 8) Irrsterne oder Planeten, und in ausserordentliche Sterne, Cometen (oder Schwanzsterne) genannt. Die Fixsterne sind 9) lichte Körper, welche ein lebhaftes und 10) funkelndes Licht von sich selber haben. Die Planeten sind 11) dichte Körper, welche ihr Licht

---

49) précis. 50) comme tout exprés. 51) succédé. 52) la navigation.

1) De Copernic. 2) l'univers. 3) consiste en astres. 4) la matiere céleste. 5) nager. 6) diviser. 7) étoiles fixes. 8) étoiles errantes. 9) lumineux. 10) lumiere étincellante. 11) opaque.

Betrachtungen.

nicht von der Sonne haben. Die Cometen sind 12) eine Zeitlang sichtbar, und 13) kommen hernach aus den Augen, indem sie sich 14) nach und nach von der Erde 15) entfernen. Von der Erde sehen wir in dem Himmel 16) den Mond, 17) die Sonne und die Sterne, welche in einer 18) unermeßlichen Entfernung von unsrer 19) Erdkugel 20) abstehen. Das 21) Lehrgebäude des Copernicks, welches den alten 22) Sternsehern nicht unbekannt war, ist in Ansehung der Ordnung der Welt, das schönste, das 23) wahrscheinlichste, und der 24) Weisheit des Schöpfers 25) angemessenste; es 26) giebt einen Grund von allen 27) Erscheinungen des Himmels mit der grössesten 28) Leichtigkeit, und hat die 29) Mängel nicht, welche die Lehrgebäude des Ptolomäus und des Tycho de Brahe haben. Copernik 30) setzt die Sonne in den 31) Mittelpunct; sie 32) drehet sich um

R 2   ihre

12) quelque tems visible. 13) disparoitre. 14) peu à peu. 15) s'éloigner. 16) la lune. 17) le soleil. 18) un éloignement immense. 19) le globe. 20) sont. 21) sistême. 22) astronomé 23) vraisemblable. 24) la sagesse. 25) conforme à. 26) rendre raison. 27) le phénomene. 28) la facilité. 29) défaut. 30) placer. 31) le centre. 32) tourner.

ihre Axt in dem 33) Zeiträume von 34) ohngefähr sieben und zwanzig Tagen. Die Erde und die andern Planeten drehen sich 35) um dieselbe, und sind in verschiedener Entfernung 36) von ihr. Der 37) nächste Planet an der Sonne ist Merkurius; hernach kommt Venus, 38) hierauf die Erde mit ihrem Monde, welcher die Erde 39 begleitet und um dieselbe in neun-und zwanzig und einem halben Tag 40) herum gehet. Nach der Erde folget Mars, hernach Jupiter mit seinen vier Monden oder 41) Trabanten, die um ihn herumgehen. Der 42) entfernste Planet von der Sonne ist Saturnus Dieser hat fünf Trabanten, welche sich um ihn herumdrehen, und 43) überdem 44) einen hellen Ring, womit er 45) umgeben ist. 46) Er braucht dreyßig Jahre, um seinen Lauf um die Sonne 47) zu vollenden; Jupiter 48) braucht nur zwölfe, Mars ohngefähr zwey Jahre, die Erde 365 Tage, sechs Stunden und
einige

33) l'espace. 34) environ. 35) autour de lui. 36) en. 37) proche de. 38) puis. 39) acompagner. 40) tourner. 41) satellite 42) éluigné. 43) de plus. 44) un anneau. 45) environné. 46) il lui faut. 47) achever. 48) n'en employe que.

einige Minuten, Venus 224 und 49) drey Vierteltage, und endlich Mercurius acht und achtzig. Die 50) tägliche Bewegung der Erde um ihre Axe geschiehet in 24 Stunden. Die Firsterne haben ihr Licht von 51) sich selber; sie sind 52) folglich alle Sonnen, welche ohne Zweifel ihre Planeten haben, die 53) um sie herum gehen.

XXII. Von dem Monde.

Der Mond ist ein 1) dichter Cörper, wie die Erde, er hat also kein Licht, das ihm 2) eigen sey, sondern die Sonne 3) erleuchtet ihn, und er 4) schickt uns die Stralen der Sonne zurück, wie wir ihm selbige zurückschicken. Sein 5) Abstand von der Erde ist sehr viel 6) geringer als der von den 7) übrigen Planeten. Er hat verschiedene grosse 8) Flecken, die man mit 9) blosser Hülfe der Augen entdeckt. Bisweilen sehen wir nur einen Theil oder 10) helle Streifen.

49) trois quarts. 50) le mouvement diurne. 51) elles même. 52) par conséquent. 53) autour de.

1) Opaque. 2) propre. 3) éclairer. 4) renvoyer. 5) éloignement. 6) moins considérable. 7) autres. 8) une tache. 9) le seul secours. 10) bordure lumineuse.

fen dieses Gestirnes: 11) dieses nennet man 12) den zunehmenden Mond, dieser 13) Mondesschein 14) wächset bis zur 15) Hälfte, alsdann nennet man es das erste 16) Viertel; wann der Mond in seiner ganzen 17) Rundung 18) erleuchtet ist, 19) das nennet man den Vollmond. Hernach 20) nimmt dieses Licht ab, wie es 21) zugenommen, bis an die Hälfte, welches man das letzte Viertel nennet, und endlich gehet dieses 22) Abnehmen 23) so weit, daß wir diesen Planeten nicht sehen, und dieß ist der 24) neue Mond. Diese verschiedenen 25) Erscheinungen 26) heissen Phasen, das ist zu sagen, 27) Abwechselungen. Diese 28) Bemerkungen beweisen, daß der Mond sein ganzes Licht von der Sonne 29) ziehe, daß diese allemal die Hälfte 30) desselben erleuchte, welche nicht 31) zu allen Zeiten 32) auf unsere Seite gekehret ist,
und

---

11) c'est ce que. 12) le croissant. 13) clair de lune. 14) augmenter. 15) la moitié. 16) quartier. 17) rondeur. 18) illuminé. 19) c'est ce qu'on nomme. 20) diminuer. 21) augmenter. 22) le declin. 23) au point. 24) la nouvelle lune. 25) un aspect. 26) s'apellent. 27) révolution. 28) observation. 29) tirer. 30) en. 31) en tout tems. 32) de notre côté.

und daß der Mond 33) unaufhörlich seine 34) Stelle 35) in Ansehung der Erde 36) verändere. Man 37) will bemerkt haben, daß es 38) Wolken über dem Mond 39) gebe, welche in 40) Regen zerfliessen, wie solches in unserm 41) Luftkreise geschiehet. 42) Hieraus schließet man mit 43) Wahrscheinlichkeit, daß der Mond Einwohner habe. Und da die andern Planeten 44) eben solche Cörper sind, als die Erde und der Mond, so schliesset man, daß sie auch 45) bewohnet sind.

XXIII. Von den 1) Finsternissen.

Die Finsterniß ist eine 2) Beraubung des Lichts, welche einem 3) Himmelskörper durch das 4) Zwischenstehen eines andern Cörpers begegnet. Die Sonnenfinsterniß 5) eräugnet sich, wann der Mond, so ein 6) dunkler Cörper ist, zwischen der Sonne und der Erde

---

33) sans cesse oder continuellement. 34) la position. 35) par raport à. 36) changer de. 37) prétendre. 38) des nuages. 39) il y a. 40) se résoudre en pluye. 41) atmosphere. 42) en conclure. 43) vraisemblance. 44) semblable à. 45) habité.

1) Une éclipse. 2) privation de lumiere. 3) céleste. 4) l'interposition. 5) arriver. 6) opaque.

7) stehet, und das Licht 8) auffängt, welches von der Sonne 9) auf die Erde kommen sollte, 10) so daß 11) der Schatten des Mondes auf die Erde fällt. 12) Hieraus erhellet, daß die Sonnenfinsternisse 13) eigentlich zu reden keine wahre Finsternisse sind, weil die Sonne nichts von ihrem Lichte verlieret, 14) sondern die Erde des ihrigen durch den Zwischenstand des Mondes 15) beraubt wird. Die Mondsfinsterniß hingegen eräugnet sich, wann die Erde 16) gerade zwischen dem Monde und der Sonne stehet, und 17) verhindert, daß die Sonne den Mond nicht 18) bescheinen kann, weil er alsdann in den Schatten der Erde 19) versenkt ist. Die Sonnenfinsternisse 20) eräugnen sich niemals, als wann der Mond 21) im Neulicht ist, und die Mondfinsternisse, wann 22) dieser voll ist. 23) Die Sternkundige 24) sagen diese Erscheinungen mit so vieler 25) Richtigkeit voraus, daß ein

---

7) étant placée. 8) intercepter. 9) à. 10) de sorte que. 11) l'ombre. 12) de la il s'ensuit. 13) à proprement parler. 14) mais que. 15) se trouver privé. 16) directement. 17) empêcher. 18) éclairer. 19) plongé. 20) avoir lieu. 21) est nouvelle. 22) elle est pleine. 23) les astronomes. 24) prédire. 25) justesse.

Betrachtungen.

ein 26) Irrthum von einigen Minuten 27) bey ihnen für einen 28) beträchtlichen Fehler 29) gehalten wird. Die andern Planeten haben auch ihre Finsternisse; 30) besonders giebt es viele in dem 31) Kreislauf des Jupiters und des Saturns, wegen ihrer Trabanten, die sich um diese Planeten in verschiedenen Entfernungen 32) bewegen.

XXIV. Politische 1) Eintheilung von Europa.

Europa 2) enthält drey 3) Kaiserthümer, zwölf 4) Königreiche, drey große und drey kleine Republiken. Das 5) älteste Kaiserthum ist das 6) Römische, welches jetzt auch das 7) deutsche Kaiserthum genannt wird. Seit dem Jahre 1438, 8) da man den Kaiser Albrecht den zweyten 9) erwählete, sind die Kaiser 10) ununterbrochen aus dem Hause 11) Oesterreich erwählet worden; ausgenommen der Kaiser Carl

---

26) une erreur. 27) parmi eux. 28) une erreur considérable. 29) passer pour. 30) en particulier. 31) une orbite. 32) tourner autour de.

1) Division. 2) contenir. 3) Empire. 4) Royaume. 5) ancien. 6) Romain. 7) d'Allemagne, oder Germanique. 8) que. 9) élire. 10) sans interruption. 11) Autriche.

Carl der siebende, welcher aus dem Hause 12) Bayern war, und der Kaiser 13) Franz der Erste, aus dem Hause 14) Lothringen, 15) Gemahl der 16) Kaiserin Königin, aus dem Hause Oesterreich. Die Religion ist katholisch, die Residenz ist Wien. Das zweyte ist das 17) Russische Reich. Die Kaiserin, welche es jetzt 18) beherrschet, ist aus dem Hause der 19) Fürsten von Anhalt-Zerbst. Die Religion ist die Griechische; die Residenz ist Petersburg. Das dritte ist das 20) türkische Reich, der Kaiser residirt zu Constantinopel, und die Religion ist Mahometanisch. Die zwölf Königreiche sind erstlich Portugall, dessen König aus dem Hause Braganza, catholischer Religion ist, und zu 21) Lissabon residiret. Zweytens der König 22) von Spanien, aus dem Hause Anjou, welches ein 23) Ast von dem Hause Bourbon ist. Er ist catholisch und die Residenz ist Madrit. Drittens der König 24) von Frankreich, welcher aus dem Hause Bour-

12) Baviere. 13) François. 14) Lorraine. 15) époux. 16) Impératrice Reine. 17) de Russie. 18) gouverneur. 19) Prince. 20) des Turcs. 21) Lisbonne. 22) d'Espagne. 23) une branche. 24) de France.

Bourbon, und catholisch ist. Die 25) Hauptstadt von Frankreich ist Paris, der König aber residirt zu Versailles. Viertens, das Königreich 26) Großbrittanien, welches 27) England, Schottland und Irrland begreift. Die Haupt- und Residenzstadt ist 28) London, die Religion ist reformirt, oder protestantisch. Der König ist aus dem Hause 29) Braunschweig-Lüneburg. Fünftens der König von Dänemark, lutherischer Religion, residirt zu Copenhagen, und 30) stammet aus dem Hause der 31) Grafen von Oldenburg, welches 32) vor dreyhundert Jahren angefangen hat über Dänemark zu 33) herrschen. Sechstens das Königreich 34) Schweden. Der König ist aus dem Hause Holstein, lutherischer Religion, und residirt zu Stockholm. Siebendens der König von 35) Preußen, ist aus dem Hause Brandenburg, reformirter Religion, und residiret zu Berlin und Potsdam. Die Hauptstadt aber ist Königsberg. Zum achten das Königreich 36) Polen, welches ein 37) Wahlreich ist. Der König

---

25) la capitale. 26) la Grande Bretagne. 27) l'Angleterre, l'Ecosse et l'Irlande. 28) Londres. 29) Brounsvic. 30) descendre. 31) Comte. 32) il y a. 33) régner. 34) Suéde. 35) Prusse. 36) Pologne. 37) Royaume électif.

König ist catholisch, und die Residenz ist zu 38) Warschau. Zum neunten das Königreich 39) Sardinien, dessen König aus dem Hause Savoyen und catholisch ist. Seine Residenz ist Turin in Piemont. Zehentens der König von 40) beyden Sicilien, 41) das ist, Sicilien und 42) Neapolis, ist ein Sohn des Königs von Spanien, catholischer Religion, und residiret zu Neapolis. Die Königreiche hat man 43) nach ihrer Lage in Europa 44) hergesetzt. Die Königreiche 45) Ungarn und Böhmen haben keine besondere Könige, sondern sie 46) gehören dem Hause Oesterreich. Die drey großen Republiken sind: die sieben 47) vereinigten Provinzen der 48) Niederlande; 49) die Schweitz, und 50) Venedig. Die drey kleinen sind 51) Genua, 52) Lucca, und Sant Marino in Italien.

XXV.

38) Varsovie. 39) Sardaigne. 40) des deux Sicilles. 41) c'est-à dire. 42) Naples. 43) selon leur situation. 44) placer. 45) la Hongrie et la Bohême. 46) apartenir. 47) uni. 48) pays-bas. 49) la Suisse. 50) Venise. 51) Génes. 52) Lucques.

XXV. Politische Eintheilung von Deutschland.

Der Kaiser Maximilianus I. theilete 1) im Jahre 1521. Deutschland in zehn 2) Kreise, 3) unter welchen man 4) den Burgundischen rechnete, an dessen Stelle jetzt der 5) Böhmische gekommen ist. Die andern neune sind: 6) der Oesterreichische, der Bayerische, 7) der Fränkische, der 8) Schwäbische, 9) der Ober-Rheinische, der 10) Nieder-Rheinische, der 11) Westphälische, 12) der Niedersächsische, und der Obersächsische. Das 13) Haupt von Deutschland ist der Römische Kaiser. Nach ihm kommen die neun 14) Churfürsten, drey 15) geistliche, 16) nemlich, die 17) Erzbischöffe von 18) Maynz, von 19) Trier und von 20) Cölln: Sie sind 21) des heiligen römischen Reichs Erz-Canzler. Die sechs 22) weltlichen Churfürsten sind:

---

1) L'an. 2) cercle. 3) parmi. 4) compter celui de Bourgogne. 5) de Bohême. 6) d'Autriche. 7) de Franconie. 8) Souabe. 9) du haut Rhin. 10) bas. 11) Westphalie. 12) de la Basse Saxe. 13) chef. 14) Electeur. 15) ecclesiastique. 16) savoir. 17) archevêque. 18) Mayence. 19) Tréves. 20) Cologne. 21) Archi - Chanceliers du saint Empire Romain. 22) seculier.

sind: Der von Böhmen, welcher Reichs- 23) Erz-Schenk ist: jetzt besitzt diese 24) Würde und dieses Königreich das Haus Oesterreich. Hernach der Churfürst von Bayern, welcher Reichs- 25) Erz-Truchses ist. Der von Sachsen, welcher 26) Erz-Marschall ist; der von Brandenburg ist 27) Erz Kämmerer; der 28) Pfalzgraf am Rhein ist 29) Erz-Schatzmeister und Churfürst; und der von Braunschweig und Lüneburg 30) führet noch denselben Titel, 31) bis man für ihn ein anderes 32) schickliches Erz-amt 33) ausfindig gemacht habe. Die Fürsten des Reichs sind entweder geistliche oder weltliche. Die geistlichen sind die Erzbischöfe, 34) Bischöfe, 35) Prälaten, 36) Pröbste, 37) Aebte und Aebtissinen; man begreift 38) darunter auch 39) den Hoch- und Deutschmeister und 40) den Johanniter-Meister. Die 41) alten Fürsten

Deutsch-

---

23) Archi-Echanson. 24) dignité. 25) Archi-Maitre d'hôtel. 26) Archimaréchal. 27) Archi-Chambellan. 28) Comte Palatin du Rhin. 29) Archi-Trésorier. 30) porter. 31) jusqu'a à ce que. 32) un Archi-Office convenable. 33) inventer. 34) évêque. 35) Prélat. 36) Prévôt. 37) Abbé et Abbesse. 38) y. 39) le Grand Maitre de l'ordre Teutonique. 40) le Grand-Prieur de l'ordre de Saint Iean. 41) ancien Prince.

Deutschlandes sind die 42) Erzherzoge von Oesterreich, die Pfalzgrafen am Rhein, 43) die Herzoge von Bayern, wann welche da sind, die Herzoge von Sachsen, die 44) Marggrafen von Brandenburg, die Herzoge von Braunschweig, die von Würtenberg, die Landgrafen von Hessen, die Marggrafen von Baden, die Herzoge von Meklenburg, die von Holstein, und die Fürsten von Anhalt. Die andern Fürsten heißen die 45) neuen Fürstlichen Häuser, unter welchen einige noch nicht 46) Sitz und Stimme auf dem Reichstage haben, der zu 47) Regenspurg 48) versammlet ist. Nach ihnen kommen die Grafen des Reichs, welche in vier Bänke getheilet sind, die 49) Wetterauischen, die Schwäbischen, die Fränkischen und die Westphälischen. 50) Hernach folgen die 51) freyen Reichsstädte von der Rheinischen und von der Schwäbischen Bank. Alles dieses 52) macht die 53) Reichsstände aus. Man hat

42) Archiduc. 43) Duc. 44) Margrave. 45) nouvelles. 46) voix et suffrage à la Diéte de l'Empire. 47) Ratisbonne. 48) assemblé. 49) ceux de la Vetteravie. 50) puis. 51) villes libres de l'Empire, oder villes libres Impériales. 52) former. 53) les Etats de l'Empire.

hat auch eine 54) unmittelbare Reichs-Ritterschaft, welche in die Schwäbische, Fränkische und Rheinische, und jeder Kreis in verschiedene Cantons 55) eingetheilet wird.

XXVI. Vom 1) Ursprunge der Buchstaben und der 2) Kunst zu schreiben.

Die Kunst zu schreiben ist 3) etwas Bewundernswürdiges, so 4) demjenigen der Sprache sehr 5) nahe kommt, und derselben einen neuen 6) Werth 7) vermittelst des Umfangs 8) beyleget, den sie dem 9) Gebrauch der Rede 10) verschaffet. Sie erhält unsre 11) Gedanken 12) in beständiger Fortdauer. Cadmus, ein 13) Phönicier, ist, 14) nach demjenigen was einige Schriftsteller sagen, 15) der Erfinder davon gewesen. Er hat seinen 16) Landsleuten die 17) sinnreiche Kunst gelehret, die Gedanken zu mahlen,

---

54) Nobleſſe immédiate de l'Empire. 55) ſe diviſer.

1) Origine. 2) l'art. 3) une merveille. 4) de celle de la parole. 5) aprocher. 6) le prix. 7) par l'étendue. 8) ajouter. 9) l'uſage du diſcours. 10) procurer. 11) penſée. 12) à perpétuité. 13) Phénicien. 14) à ce que. 15) l'inventeur. 16) compatriote. 17) l'art ingénieux.

mahlen und den Augen 18) vorzureden. Diese Erfindung setzet uns in den Stand, uns mit Abwesenden zu 19) unterreden, und unsere Gedanken und 20) Gesinnungen, der großen 21) Entfernung der Oerter ungeachtet, bis zu ihnen 22) gelangen zu lassen. Die Zunge, welche das 23) vornehmste Werkzeug der Reden ist, hat an diesem 24) so nützlichen 25) als angenehmen 26) Umgange keinen Antheil; 27) und die durch den Gebrauch unterrichtete Hand 28) befördert ihn durch ihren Dienst, indem sie auf dem Papiere 29) merkliche Kennzeichen eindrückt, und sie 30) wird, 31) so stumm sie auch ist, die 32) Dollmetscherin der Zunge, und nimmt die Stelle der 33) Worte ein. 34) Eben dieser Erfindung hat man den reichen und unschätzbaren Schatz der Schriften 35) zu danken, welche bis auf uns gelanget sind, und uns die Kenntniß

---

18) parler. 19) converser. 20) sentiment. 21) distance des lieux. 22) faire passer. 23) le premier organe. 24) également. 25) et. 26) commerce. 27) il n'y a que - qui. 28) prêter son ministere. 29) imprimer des caracteres sensibles. 30) devenir. 31) toute muette qu'elle est. 32) l'interprete. 33) de la parole. 34) C'est à que. 35) être redevable à.

niß verschaffet haben, nicht allein der Künste und Wissenschaften, und 36) aller vergangenen Begebenheiten, sondern auch, welches das 37) schätzbareste ist, der Wahrheiten der christlichen Religion. Es ist nicht 38) leicht zu begreifen, wie die Menschen aus fünf und zwanzig, oder 39) höchstens dreyßig Buchstaben diese unendliche 40) Verschiedenheit von Wörtern haben 41) zusammensetzen können, welche, ob sie gleich 42) an und vor sich nichts 43) ähnliches mit unsern Begriffen und Gedanken haben, 44) dennoch selbige andern entdecken und 45) verständlich machen. Lasset uns 46) in Gedanken in diejenigen Länder begeben, wo die Erfindung des 47) Schreibens nicht 48) durchgedrungen, oder nicht 49) gebräuchlich worden; 50) welch eine Unwissenheit! Was für eine Barbarey herrschet nicht in solchen Ländern?

XXVII.

36) les faits passés. 37) précieux. 38) aise à comprendre. 39) tout au plus. 40) variété de mots. 41) composer. 42) en eux-mêmes. 43) semblable à nos idées. 44) ne laisser pas de. 45) faire entendre. 46) se transporter en esprit. 47) écriture. 48) pénétrer. 49) être mis en usage. 50) quel, f. quelle.

XXVII. Von den Büchern.

Nach der Erfindung der Kunst zu schreiben, 1) versuchte man auf verschiedene Weise 2) die Schrift auf 3) Denkmäler zu 4) graben oder zu schreiben, welche man auf die 5) Nachkommenschaft 6) überbringen könnte. Die ersten Materien, die man 7) gebrauchte, waren die Steine, das Bley 7) die 8) Mauer, oder Backsteine, das Holz und 9) die Rinden der Bäume. Josephus redet von zwo 10) Säulen, die eine von Steinen, die andere von Backsteinen, auf welche die Kinder Seths bald nach 11) der Sündfluth ihre 12) Erfindungen und ihre astronomische 13) Entdeckungen geschrieben hätten. Die 14) Werke des Hesiodus waren anfangs auf 15) bleyerne, andere sagen 16) auf kupferne Tafeln geschrieben, welche in dem Tempel der Musen aufbehalten wurden. 17) Die Gesetze Gottes wurden auf Stein geschrieben, und des Solons 18) seine auf hölzerne

19)

---

1) Essayer de plusieurs manieres. 2) l'écriture. 3) monument. 4) graver. 5) la postérité. 6) transmettre à. 7) employer. 8) des briques. 9) l'écorce. 10) une colonne. 11) le déluge. 12) invention. 13) découverte. 14) une oeuvre. 15) de plomb. 16) de cuivre. 17) la loi. 18) celles de.

19) Brettlein. Die 20) Tafeln von Buchsbaum und von 21) Elfenbein waren auch 22) in den alten Zeiten sehr gemein. Wann sie von Holz waren, so 23) überzog man sie öfters mit 24) Wachs, 25) damit man die Bequemlichkeit hatte, mit dem Stil, dessen man sich zur 26) Bildung der Buchstaben bedienete, zu schreiben und 27) auszulöschen. Auf das Holz 28) folgten 29) die Palmblätter, und 30) die dünneste Rinde (oder der Bast) der Bäume, als der 31) Linden, der 32) Eschen, der 33) Buchen und anderer. Daher der lateinische Name Liber, und der deutsche Name Buch gekommen. 34) Da man diese Rinden 35) zusammen rollete, um sie leichter, 36) von einem Orte zum andern zu bringen, so nannte man diese 37) Rollen Volumen. Dieser Name blieb auch hernach, 38) als man sich des 39) Pergaments und des Papiers 40) zu diesen Rollen bedienete.

XXVIII.

19) des ais. 20) des tablettes de bouis. 21) ivoire. 22) dans l'antiquité. 23) enduire. 24) de la cire. 25) pour. 26) former. 27) efacer 28) succéder à. 29) feuilles de palmier. 30) l'écorce la plus mince. 31) tilleul. 32) frêne. 33) fau. 34) comme. 35) rouler. 36) transporter. 37) rouleau. 38) lorsque. 39) le parchemin. 40) pour.

XXVIII. Vom Papier.

Papier ist ein Wort, das aus Papyrus 1) entstanden ist. Es ist eine 2) Art von Rohr, so in Egypten an 3) dem Ufer des Nils wächst, und welches die Egyptier um zu schreiben brauchten. Der 4) Stamm dieser Pflanze 5) bestehet aus verschiedenen 6) auf einander liegenden 7) dünnen Häutlein, die man mit einer 8) Nadel 9) los machte, und die man auf einer 10) benetzten Tafel 11) ausbreitete, 12) damit man diesen Blättern 13) die beliebige Länge geben konnte. Man 14) leimete auf dieses Blatt ein zweytes, und ließ sie an der Sonne 15) trocknen. 16) Aus Eifersucht 17) verboten 18) einsmals die Könige von Egypten 19) die Ausfuhr des Papiers, welches die Einwohner von Pergamus 20) nöthigte, das Pergament zu erfinden, so aus der 21) Haut der Thiere, besonders der 22) Kälber gemacht wird.

1) Formé. 2) une espec de roseau. 3) sur les bords. 4) le tronc. 5) être composé. 6) posé l'un sur l'autre. 7) une membrane. 8) une aiguille. 9) détacher oder séparer. 10) mouillée. 11) étendre. 12) pour. 13) la longuer qu'on vouloit. 14) coller. 15) sécher. 16) par jalousie. 17) défendre. 18) un jour. 19) le transport. 20) obliger. 21) la peau. 22) veau.

wird. 23) Nachher 24) verſuchte man in Europa Papier aus 25) zerſtoſſener Baumwolle zu machen. 26) In der Folge nahm man 27) Lappen und Lumpen von Leinen und Hanf zu dieſem 28) Ende. 29) Man ſtampfet ſie in einer 30) Papiermühle, und 31) machet ſie zu einem Brey. Hierauf 32) faſſet man davon in Formen auf, wo eine kleine Portion von dieſem Brey die Figur eines 33) viereckigten Blattes 34) annimmt, ſo man auf Stricken 35) aufhängt, und trocknen läſſet. Es giebt verſchiedene Sorten von Papier, nemlich 36) Fließ- oder Löſchpapier; 37) blaues Papier, deſſen ſich die Kaufleute bedienen, verſchiedene Waaren darin 38) einzuwickeln; 39) türckiſch Papier, welches mit unterſchiedlichen Farben 40) bemahlet iſt; 41) Druckpapier, und 42) Schreibpapier. Dieſem giebt man verſchiedene

Na-

23) après. 24) eſſayer. 25) du cotton, broyé. 26) dans la ſuite. 27) des haillons et des guenilles de lin et de chanvre. 28) effet. 29) piler. 30) papéterie. 31) réduire en bouillie. 32) recevoir. 33) quarré. 34) prendre. 35) ſuſpendre oder pendre. 36) du papier de craſſe, oder brouillard, oder gris. 37) bleu. 38) envelopper. 39) du papier marbré. 40) peint de. 41) du papier à imprimer. 42) du papier collé oder à écrire.

Namen, 43) nach 44) deſſen Größe, 45) Feinheit und Güte. Das beſte Papier 46) wird der Provinz Auvergne in Frankreich gemacht.

XXIX. Von der 1) Dinte.

Die Dinte iſt ein ſchwarzer 2) Saft, ſo zum Schreiben dienet. Die 3) gewöhnlichſte Dinte wird aus 4) Gallápfeln, Vitriol und 5) Gummi gemacht. Die Dinte der man ſich in den 6) Druckereyen bedienet, wird aus 7) Terpentin, Nuß- oder Lein- oder 8) Buch-Oel und 9) Kühnruß 10) verfertiget. 11) Der Tuſch iſt ein harter und 12) dichter 13) Teig, den die 14) Chineſer 15) künſtlich zubereiten. Er wird in Waſſer, 16) aufgelöſet, und dienet vornehmlich denen, die ſich 17) im Zeichnen üben.

S 4　　　　XXX.

43) ſelon. 44) ſon, ſ. ſa. 45) la fineſſe. 46) ſe faire.

1) L'encre. 2) liqueur. 3) commun. 4) noix de galle. 5) la gomme. 6) l'imprimerie. 7) Térébenthine. 8) huile de fau. 9) noir de fumée. 10) compoſer. 11) l'encre de la Chine. 12) ſolide. 13) la pâce. 14) Chinois. 15) artificiellement. 16) ſe délayer. 17) à deſſiner.

XXX. Von der 1) Baumwolle.

Die Baumwolle wächst an den meisten Orten von Asien, wie auch in Afrika und Amerika, 2) auch in einigen warmen 3) europäischen Ländern, 4) als in Sicilien. 5) Der Baumwollenbaum ist ein 6) Strauch, der eine weiße Blume träget; nach dieser Blume kommt eine 7) Frucht von der 8) Größe einer Nuß, die 9) von aussen ganz schwarz ist. Wann diese Frucht 10) reif geworden, so 11) thut sie sich auf, und indem sie sich in drey oder vier Theile 12) theilet, 13) zeiget sie eine Wolle, die so weiß ist als Schnee, und so zart als 14) Seide, welche man Baumwolle nennet, und 15) mitten in welcher 16) Saamenkörner sitzen. Vermittelst einer 17) Handmühle 18) bringt man die 19) Schaale nebst dem Saamen 20) auf eine Seite, und die Baumwolle auf die andere; alsdann 21) spinnt man sie, und macht aller-

1) Le cotton. 2) et même. 3) de l'Europe. 4) comme. 5) le cottonier. 6) un arbrisseau. 7) le fruit. 8) grosseur. 9) par dehors. 10) devenu mûr. 11) s'entrouvrir. 12) partager. 13) faire voir. 14) de la soye. 15) au milieu de. 16) la graine. 17) un moulinet. 18) faire tomber. 19) la coque. 20) de. 21) filer.

Betrachtungen.

allerhand schöne Arbeit daraus, als 22) Kattun zu 23) Decken, 24) Vorhänge, und 25) Kleidung, insbesondere für 26) das Frauenzimmer, 27) Mützen, 28) Strümpfe. Musseline, Cannevas, und allerhand andere 29) Anzugsstücke. Es giebt auch 30) kriechende Baumwollenbäume, deren Baumwolle sehr geschätzet wird. Man hat selbst in Deutschland Sträucher, welche feine und zarte Wolle geben.

XXXI. Vom 1) Caffee, oder Coffee.

Der Caffee ist 2) der Kern einer 3) Kirschenähnlichen Frucht eines Baums, der 4) vor diesem nur in dem glücklichen Arabien bekannt war; welcher aber jetzt in viele heiße Länder 5) verpflanzt worden. 6) Außer Arabien wird der Beste in der Insul Martinique 7) gezogen. Die Holländer ziehen ihn auch in der Insul Java, wovon Batavia 8) die Hauptstadt ist, wie auch auf der Insul Ceylon, und

22) de l'Indienne. 23) couverture. 22) rideau. 25) habits. 26) les Dames. 27) bonnet. 28) des bas. 29) ajustement. 30) rampant.

1) Le café. 2) la baye ober graine. 3) semblable à une cerise. 4) autrefois. 5) transplanter. 6) hors de. 7) se cultiver. 8) la capitale.

in Surinam in Amerika. Es giebt jetzt 9) Caffebäume in verschiedenen Gärten von Europa, aber er hat nur sechs bis sieben Fuß 10) Höhe; 11) dahingegen erhebet er sich in Arabien und zu Batavia bis zu der Höhe von vierzig Fuß. Er ist 12) zu allen Zeiten mit Blüten und mit Früchten 13) beladen. Die Frucht ist voll 14) Saft, und dienet einer 15) Schale zur Hülle, worinn der 16) Kern ist, den wir die Caffe = 17) Bohne nennen. Wann dieser Kern 18) frisch ist, so ist er 19) gelblicht, oder 20) grau, oder 21) blasgrün, und diese Farbe behält er auch 22) ziemlich, wann er 23) trocken ist. Die Schalen trocknet man auf 24) Matten an der Sonne, und 25) zerbricht sie hernach mit 26) Walzen, damit die Kerne 27) herausfallen. Dies ist die Ursache, warum jede Caffebohne in zwo 28) Hälften getrennet wird. Man trocknet sie hernach noch einmal, und schicket sie 29) also nach Europa. Die arabischen

9) le caffétier. 10) de hauteur. 11) au lieu que. 12) en tout tems. 13) chargé. 14) suc. 15) d'enveloppe à une coque qui contient. 16) le noyau. 17) féve. 18) frais. 19) jaunâtre. 20) gris. 21) d'un verd pâle. 22) passablement. 23) sec. 24) des Nattes 25) casser. 26) rouleau, oder cilindre. 27) en sortent. 28) la moitié. 29) ainsi.

ſchen Bohnen heißen Levantiſcher Caffee, welcher der beſte iſt. 30) Ueberhaupt iſt der Caffe ſehr 31) ungeſund für diejenigen die ihn zu ſtark, oft 32) in und Menge trinken; ſonſt 33) hilft er zur Verdauung der Nahrungsmittel.

XXXII. Vom 1) Thee.

Der Thee 2) wird von den Blättern eines 3) Strauches gemacht, der 4) in Japan, in China, in Siam, und 5) anderswo in 6) Oſtindien wächſet, und in verſchiedene ſehr 7) artige Aeſte 8) ausſchläget. Wann dieſer kleine Baum blühet, ſind ſeine Blätter weiß, gelb, 9) gezackt und ſpitzig; aber hernach werden ſie 10) dunkelgrün. Man ſammlet dieſe Blätter im Frühjahre zwey 11) bis dreymal, und 12) trocknet ſie geſchicklich, um ſie nach Europa zu 13) bringen; man 14) verwahrt ihn wohl, 15) damit er nichts von ſeiner Stärke verliehre.
Der

30) en général. 31) mal ſain. 32) en quantité. 33) aider à la digeſtion des alimens.

1) Le Thé. 2) ſe faire. 3) un arbriſſeau. 4) au Japon. 5) ailleurs. 6) les indes orientales. 7) branches jolies. 8) s'etendre. 9) dentelé et pointu. 10) d'un verd brun. 11) à. 12) ſécher adroitement. 13) aporter. 14) enfermer. 15) de peur que.

Der 16) frischeste Thee ist der beste. Die Blätter von der ersten 17) Einsammlung sind die feinsten und 18) zärtesten; sie sind überaus theuer, und unter dem Namen 19) Kaiserthee oder Blumenthee bekannt. Er kommt nicht nach Europa, sondern bleibt im Lande; derjenige, den wir unter diesem Namen aus Holland bekommen, ist ein guter Thee von der zwoten Einsammlung. Der Thee ist in Europa nur seit dem 20) Anfange des vorigen 21) Jahrhunderts bekannt, und es sind die Holländer, die ihn uns 22) zuerst zugebracht haben. Er hat verschiedene Namen, 23) nach seiner verschiedenen Güte. Die zwo 24) allgemeinen Sorten sind der grüne Thee und der 25) Theebuh. Man sagt, er diene 26) die Dünste niederzuschlagen, welche nach dem Kopfe 27) steigen, er 28) stärke das Gedächtniß und 29) heitere den Geist auf: Er 30) löschet auch den Durst.

XXXIII.

16) récens. 17) la récolte. 18) délicat. 19) Thé impérial, fleur de Thé. 20) le commencement. 21) le siecle. 22) aporté les premiers. 23) selon. 24) général. 25) Thé bou oder Thé boe. 26) abattre les vapeurs. 27) monter. 28) fortifier. 29) éclaircir. 30) désaltérer.

XXXIII. Von dem Cacao und 1) der Chocolate.

Der Cacao ist 2) eine Art von Nuß von der Größe einer 3) Mandel, welche in 4) Westindien in einer 5) Frucht wächset, die 6) der Gurke oder der Melone gleichet, und in welcher diese Mandeln 7) nach Art der Kerne liegen. Sie wächset auf einem Baume, der 8) ohngefehr so groß als 9) ein Kirschbaum ist, und 10) fast solche Blätter wie 11) der Pommeranzenbaum hat. Aus dem Cacao machen wir unsere Chocolate auf diese Weise; Nachdem diese Mandeln von ihrer 12) Schale durchs Feuer 13) entblößet, hernach 14) geschälet, und 15) nachher in einer 16) weiten Pfanne bey 17) gelindem Feuer 18) geröstet 19) worden, werden sie in einem 20) heißen Mörsel 21) gestoßen, oder man 22) zerquetschet sie, wie die Americaner

---

1) Le Chocolat. 2) une espéce de noix. 3) amande. 4) les Indes occidentales. 5) le fruit. 6) un concombre. 7) rangé par maniere de pépin. 8) à peu près. 9) un cerisier. 10) presque. 11) l'oranger. 12) écorce. 13) dépouillé. 14) peler. 15) puis. 16) une bassine. 17) modéré. 18) rôtir. 19) étant. 20) un mortier bien chaud. 21) piler. 22) écraser.

ner thun, mit einer eisernen 23) Walze auf einem sehr heissen platten Stein. Es wird 24) ein Teig daraus 25) gemacht, wovon man viereckigte 26) Tafeln macht, die man mit ein wenig Zucker kochet; 27) dieses nennet man Gesundheits-Chocolate. In Spanien 28) mischet man Vanille darein. Diese ist ein sehr 29) hitziges Gewürz, eine 30) aromatische Schote, die von einer gewissen 31) Mexicanischen Pflanze kommt. Einige 32) thun etwas 33) Zimmet und einige 34) Gewürznägelein hinzu. Wann man die Chocolate kocht, so 35) rühret man sie mit 36) einem Querl herum, wie auch wenn man sie in die Tassen 37) gießet, um sie 38) schäumen zu lassen. Einige thun Milch und Eyer dazu.

XXXIV.

23) rouleau. 24) une pâte. 25) se former. 26) des tablettes. 27) c'est ce qne. 28) mêler. 29) une épice échaufante. 30) une gouffe aromatique. 31) du Mexique. 32) ajouter. 33) canelle. 34) clou de girofle. 35) agiter. 36) un mouliner. 37) verser. 38) mousser.

XXXIV. Von 1) dem Zuckerrohre.

Der Zucker ist ein überaus süßer 2) Saft, der aus einer Pflanze 3) gezogen wird, und 4) gemeiniglich aus dem Zuckerrohre, welches in den warmen Ländern, und 5) insbesondere in Amerika wächst, 6) vornehmlich in Brasilien und den 7) umliegenden Inseln; man hat aber auch eine große Menge in Ostindien und in einigen Afrikanischen Inseln, 8) unter welchen 9) die Canarischen sehr bekannt sind. Es ist ein sehr hoher 10) Schilf, welcher mit den Spanischen Schilfen oder 11) Rohren eine große 12) Aehnlichkeit hat. Man 13) bemerkt indessen drey 14) Hauptunterschiede davon. Erstlich haben die Zuckerrohre ihre 15) Knoten 16) näher aneinander; zweytens haben sie eine 17) nicht so holzigte äußere 18) Rinde; Endlich 19) anstatt 20) hole Röhren zu haben, wie jene

---

1) Les Cannes à sucre. 2) suc. 3) tirer. 4) ordinairement. 5) en particulier. 6) sur tout dans le Brésil. 7) voisin. 8) parmi. 9) celles des Canaries. 10) un roseau. 11) les cannes. 12) un raport. 13) remarquer cependant. 14) diférence principale. 15) noeud. 16) plus près les uns des autres. 17) moins ligneuse. 18) écorce. 19) loin. 20) des tuyaux creux.

jene Schilfe, sind sie von einer Art von weissem, 21) schwammigtem und 22) saftigem 23) Mark angefüllet, welcher voll von süßem Wasser, und sehr 24) geschickt ist, den Mund zu 25) erfrischen und den 26) Durst zu löschen. Man hat auch in Ostindien eine Art von Zuckerrohr, die wie eine 27) Baumstaude wächst, und woran man natürlichen Zucker findet, den die Sonne aus dem 28) ausgeschwitzten Safte, selbst auf der Rinde des 29) Gewächses 30) ausgekocht hat. Diese Staude heißt Bambu. Man bekommt auch Zucker aus den 31) Ahornbäumen, die in 32) Nordamerika wachsen. Es giebt auch noch andere Pflanzen, die voll von einem Safte sind, aus welchem man Zucker 33) bereitet.

XXXV.

21) spongieux. 22) succulent. 23) la moelle. 24) propre á. 25) rafraichir. 26) étancheur la soif. 27) un arbuste. 28) qu'il rend. 29) la plante. 30) cuire. 31) érable. 32) septentrionale. 33) préparer.

XXXV. **Vom Zucker und der Manier denselben zu machen.**

Die Manier den Zucker zu bereiten ist nicht 1) künstlich, aber mühsam. Die besten Zuckerrohre, und die am 2) geschicktesten sind eine Menge schönen Zucker zu geben, sind die von sieben bis zehen Fuß 3) hoch. Man schneidet die 4) Rohrhalme, wann sie zeitig sind, ab, 5) reiniget sie von den kleinen Blättern und 6) Sprossen, schneidet sie, 7) nachdem sie mehr oder weniger lang sind, in einige Theile, und 8) ladet sie auf einen 9) Karren, um sie nach der 10) Zuckermühle zu führen, woselbst sie, um den Saft 11) auszudrücken, 12) gequetscht werden. Diesen Saft sammlet man in ein großes steinernes oder hölzernes 13) Gefäß, woraus man ihn durch 14) Rinnen in die 15) Zuckersiederey 16) leitet, woselbst man

---

1) Artificieux. 2) propre à. 3) avoir · de hauteur. (4 les cannes. 5) on en étête les. 5) rejetton. 7) selon. 8) charger. 9) charette. 10) charier au moulin à sucre. 11) exprimer. 12) écraser. 13) vaisseau. 14) un conduit. 15) fabrique. 16) faire passer.

man ihn 17) sogleich 18) in Zucker versiedet weil er 19) sonst in kurzer Zeit 20) gähret und versauert. 21) Während dem Kochen, 22) schäumet man die Unreinigkeit ab, und um 23) das Schäumen zu befördern, 24) thut man ein wenig 25) Lauge hinzu. Man 26) wiederholet 27) das Sieden einigmal, und wann der Saft die 28) gehörige Dichtigkeit erlanget hat, 29) läßt man ihn in einem andern Gefäße abkühlen. Wann er 30) laulich geworden 31) gießet man ihn in Formen, worinn er 32) gerinnet und 33) die nöthige Trockenheit erhält. Aber der Zucker würde niemals 34) trocken werden, wenn man nicht dem Safte währendem Sieden 35) Kalk hinzusetzte. Dieser also zubereitete Zucker ist doch noch sehr unrein; deßwegen 36) läutert man ihn entweder in Amerika oder in Europa, indem man ihn in Wasser
worinn

---

17) tout de suite. 18) réduire en sucre par la cuisson. 19) autrement. 20) fermenter et s'aigrir. 21) pendant qu'il cuit. 22) écumer la vilaine. 23) faire bien écumer. 24) verser. 25) lessive. 26) réitérer. 27) la cuisson. 28) être parvenu à la consistence necessaire. 29) faire refroidir. 30) tiedé. 31) verser. 32) se coaguler. 33) prendre la solidité qu'il faut. 34) se sécher. 35) de la chaux. 36) raffiner.

worinn man Kalk 37) zerlassen, 38) auflöset, ihn mit 39) Eyerweiß oder Blut 40) stark sieden läßet, und es 41) beständig umrühret und schäumet, bis es 42) seine übrigen 43) Unreinigkeiten von sich 44) gestoßen. Der 45) Syrup ist der flüßige 46) schmierige und fette Theil, welcher vom Zucker 47) übrig bleibt, nachdem der Saft gekocht und geläutert worden.

XXXVI. Von den 1) Gewürznägelein, dem 2) Zimmet, und der 3) Muscate.

Die Moluckischen Inseln in Ostindien waren das wahre 4) Vaterland der Gewürznägeleinbäume, jetzt aber haben sie die Holländer in die Inseln Amboina, Ternate und Banda 5) verpflanzt, wovon sie 6) Herren sind, und haben sie in allen andern Moluckischen Inseln

---

37) détremper. 38) résoudre oder dissoudre. 39) du blanc d'oeuf. 40) faire cuire fortement. 41) remuer et écumer sans cesse. 42) le reste. 43) impureté. 44) pousser. 45) sirop. 46) glutineux. 47) rester.

1) Clou de girofle. 2) la canelle. 3) la muscade. 4) la patrie. 5) transplanter. 6) maitre.

ſeln 7) ausgerottet. Die Nägelein ſind die getrockneten 8) Blumenknoſpen einer aromatiſchen Frucht, welche auf dem Nägeleinbaume wächſet. Der Zimmet iſt die Rinde eines Baumes, wie ein 9) Lorbeerbaum, der jetzt 10) nirgends als auf der Inſel Ceylon 11) ſich befindet, weil die Holländer, welche allein damit 12) handeln, ihn 13) an allen andern Orten ausgerottet haben. Wann der Baum gewiſſe Jahre 14) erlanget hat, ſo 15) ſchälet man ihn, und man trocknet 16) die Rinde an der Sonne, nachdem man die äußere unnütze 17) Haut weggenommen hat. Dadurch 18) rollt ſich die Rinde 19) röhrenförmig zuſammen. Die 20) Muſcatennuß iſt die Frucht eines Baumes, der in den Moluckiſchen Inſeln wächſet; die Holländer haben ſich 21) das Einerndten derſelben 22) zugeeignet. Die Nuß hat erſtlich eine 23) grobe Schale, wie unſere Nüſſe, welche 24) von ſelbſt abfällt, ſo bald als die

Nuß

7) détruire. 8) le bouton à. 9) un laurier. 10) ne · que. 11) ſe trouver. 12) faire le commerce. 13) par · tout ailleurs. 14) atteindre. 15) écorcer. 16) l'écorce. 17) ôter la peau. 18) ſe rouler. 19) en forme de tuyau. 20) la noix muſcade. 21) la récolte. 22) s'aproprier. 23) un brou groſſier. 24) tomber d'elle-même.

Nuß 25) reif ist. Hernach kommt ein 26) Umschlag, welcher 27) fleischigt und dünn ist. Diesen 28) schälet man behutsam von der frischen Nuß ab, und trocknet ihn an der Sonne. 29) Dieses nennet man 30) Muscatenblumen oder Muscatenblüthe, aber sehr 31) uneigentlich. Die dritte 32) Schale, die zu nichts dienet, 33) umschließt die Nuß unmittelbar. Man nimmt sie aus ihrer Schale, und läßet sie einige Tage an der Sonne in Wasser mit Kalk 34) vermischt liegen, damit sie der Kalk 35) durchdringe. 36) Auf diese Art werden die Nüsse geschickt über See 37) gesandt zu werden. Der wenige Kalk 38) schadet nichts, weil er auf den Schiffen 39) mehrentheils 40) wieder verflieget. Die Muscatenblume ist stärker als die Muscatennuß; man bedienet sich 41) beyder zum 42) Würzen und zu den 43) Heilungsmitteln.

T 3   XXXVII.

25) mûr. 26) une enveloppe. 27) charnu et mince. 28) peler avec précaution. 29) c'est ce que. 30) macis ou fleur de muscade. 31) improprement. 32) coque. 33) renferme. 34) tremper. 35) pénétrer. 36) de cette façon. 37) envoyer par. 38) ne fait point de mal, oder alterer. 39) pour la plupart. 40) s'évaporer. 41) de l'une et de l'autre. 42) pour assaisonner. 43) reméde.

XXXVII. Von 1) Taback oder Toback.

Man kennet den Taback in Europa nur seit der 2) Entdeckung von America. Die Spanier sind die ersten, welche ihm diesen Namen gegeben, weil sie ihn in der Provinz Tabaco 3) anfangs gefunden, 4) und daselbst sich dessen nach dem Beyspiele der 5) Indianer bedienet haben. Der Taback ist eine Pflanze, welche am besten in warmen Ländern 6) fortkommt. Er wird auch in vielen 7) Gegenden Teutschlands 8) gebauet, aber er ist von viel 9) geringerem Werthe. Die Tobacksblätter, wenn man sie 10) abbricht, lässet man 11) eine Zeitlang in der Sonne 12) schwitzen, nachher trocknet man sie auf 13) einem kühlen und lüftigen Boden, alsdann 14) spinnet man diese Blätter und macht 15) Rollen daraus. Der beste kommt aus America, und zwar erstlich der Varinas, hernach der Virginische, und 16) dann der 17) Brasilische; man nennet diese Sor-

---

1) Le Tabac. 2) la découverte. 3) au commencement. 4) et c'est là qu'ils. 5) les Indiens. 6) réussir. 7) contrée. 8) cultiver. 9) moindre valeur. 10) cueillir. 11) pendant quelque tems. 12) suer. 13) un grenier frais et aeré. 14) filer. 15) rouleaux. 16) puis. 17) du Brésil.

Sorten 18) Kanaſter, von dem Namen, den man den 19) Körben giebt, worinnen ſie in Amerika 20) eingepackt werden. Der 21) türkiſche Toback 22) beſtehet in kleinen gelben Blättern, welche 23) in Büſchel zuſammen 24) gebunden ſind, er iſt 25) ungemein ſtark. 26) Der Schnupftaback wird von den Blättern des Tobacks gemacht, und er iſt entweder 27) granirter, oder 28) geriebener, oder 29) fein gepulverter, oder 30) Tabacksklene.

XXXVIII. Vom 1) Glaſe.

Die Kunſt Glas zu machen 2) haben wir nach der Meinung des 3) Plinius 4) dem Ohngefähr zu danken. Ein 5) Phöniciſches Schiff hatte Salpeter, und 6) Potaſche am 7) Geſtade des Meeres 8) ausgeladen. Nachdem man dieſe 9) Waare 10) weggebracht, machte man ein groſſes Feuer auf dieſer Stelle,

und

18) du Canaſtre. 19) panier ober manequin. 20) empaqueter. 21) tabac de Turquie. 22) conſiſter. 23) en faiſceaux. 24) lié. 25) extrêmement. 26) le tabac en poudre. 27) grainé, 28) rappé. 29) réduit en poudre fine. 30) du ſon de tabac.

1) Le verre. 2) devoir à. 3) Pline. 4) le hazard. 5) Phénicien. 6) la potaſſe. 7) le bord. 8) décharger. 9) la marchandiſe. 10) transporter.

und man 11) wurde nachher gewahr, daß die kleinen 12) Steine sich durch 13) die Würkung des Feuers in Glas verwandelt hatten. Die Materien wovon man jetzt das Glas macht, und von welchen wir so viele 14) verschiedene Dienste 15) erhalten, sind die Potasche, 16) alkalische Salze, 17) Kieselsteine und 18) Kleß oder 19) weißer Sand. Die Materien werden durch 20) die Gewalt des Feuers, in einem von 21) gebackenen Steinen gemachten 22) Ofen 23) in Fluß gebracht. Der 24) Arbeiter 25) tunkt alsdann 26) das äusserste einer eisernen Röhre hinein, 27) nimmt eine kleine 28) ganz feurige Portion dieser Materie heraus, und 29) bläset in die Röhre. Das Glas, welches durch das Feuer 30) geschmeidig 31) erhalten wird, 32) bequemet sich in diesem Augenblick 33) nach dem Belieben des Arbeiters und nimmt alle 34) Gestalten an, die man nur will: Es 35)

11) s'apercevoir ensuite. 12) la pierre. 13) l'action. 14) varié. 15) tirer. 16) des sels alcalis. 17) des cailloux. 18) du gravier. 19) du sable. 20) la violence. 21) brique. 22) la fournaise. 23) mettre en fusion. 24) l'ouvrir. 25) plonger. 26) le bout d'une canne de fer creuse. 27) emporter. 28) toute en feu. 29) souffler 30) ductile. 31) rendre. 32) se prêter. 33) au desir. 34) forme.

35) breitet sich aus, man drehet es, man 36) macht es rund oder 37) platt, man schneidet es mit einer 38) Schere und macht eine 39) unzählige Menge 40) reinliche und 41) unveränderliche Gefäße daraus, in welchen sich alles besser erhält, als in den 42) kostbaresten Metallen. Man macht auch Glas aus 43) geschmolzenen Berg-Crystall. 44) Ehemals liebte man sehr die gemahlten Gläser, und diese Erfindung ist 45) keineswegs 46) verlohren gegangen, wie viele Leute sichs einbilden. Nur die Furcht 47) vor den Unkosten hat den 48) Gebrauch vermindert.

XXXIX. Ursprung 1) der Wappenkunde.

Der französische Name Blason, ist ein 2) Thurnier-Wort. Er kommt vom deutschen Worte: Blasen, 3) nemlich aufs Horn bla-

---

35) s'étendre. 36) arrondir. 37) aplatir. 38) les ciseaux. 39) une infinité. 40) propre. 41) vase inaltérable. 42) métal précieux. 43) cristal de roche fondu. 44) autrefois 45) nullement. 46) se perdre. 47) de la dépense. 48) diminuer l'usage.

1) Le Blason. 2) terme de Tournoi. 3) qui signifie sonner du cor.

blasen her, weil man dieses ehemals that, wann die 4) Ritter sich zu den Thurnieren 5) einstelleten, und man blies 6) wieder, bevor man die Beschreibung ihrer 7) Wappen machte. Die Farben der Wappen 8) stellen die vor, womit man sich bey den Thurnieren kleidete, und sind 9) außer den 10) Metallen von Gold und Silber, 11) roth, 12) blau, 13) schwarz, 14) grün, 15) Purpur, außer dem hat man 16) die Pelzwerke, als 17) das bunte Pelzwerk und 18) den Hermelin. Die Sonne, die Sterne, die Löwen 19) und so weiter, sind die Figuren der Dinge, welche die Ritter zu ihren 20) Wahlsprüchen nahmen, indem sie sich Ritter von der Sonne, von dem Löwen, vom 21) Adler, und so weiter nennen ließen. Die 22) Binden oder Querbalken, wie auch die 23) Gehänge oder Schregbalken, sind 24) Schärfen, welche ihnen die Dames schenkten. Die 25) Edelknaben,

---

4) chevalier. 5) se présenter. 6) encor avant que de. 7) les armoiries. 8) représenter. 9) outre. 10) les émaux. 11) de gueules. 12) d'azur. 13) de sable. 14) de sinople. 15) de pourpre. 16) fourrures. 17) le vair. 18) l'hermine. 19) et ce qui suit. 20) la devise. 21) l'aigle. 22) fasce. 23) bande. 24) une écharpe. 25) un page.

ben, welche bey den Thurnieren die 26) Schilde der Ritter trugen, waren in 27) Wildemänner, in Löwen, in 28) Einhörner ꝛc. 29) verkleidet, welches Gelegenheit gegeben hat an den Wappen einen oder zween 30) Wappenhalter zu setzen. Der Gebrauch der 31) Mäntel und 32) Decken, womit man die Wappen bedeckt, hat davon seinen Ursprung, daß man bey den Thurnieren die Schilde auf reiche 33) Stoffe unter den 34) Zelten der Ritter zur 35) Schau ausstellete.

XL. 1) Betrachtung über 2) die Wollust und 3) den Ehrgeiz.

Das 4) menschliche Gemüth hat ohne Zweifel den größesten Antheil an der 5) Abwechselung der Dinge dieser Welt. Eine 6) Leidenschaft macht der andern Platz, und 7) ein Entwurf 8) wird auf den 9) Trümmern des andern er-

---

26) l'écu. 27) un sauvage. 28) une licorne. 29) déguisé. 30) supports oder tenant. 31) manteau. 32) pavillon. 33) étoffe. 34) une tente. 35) exposer á la vue.

1) Reflexion. 2) la volupté. 3) l'ambition, f. 4) le coeur de l'homme. 5) la vicissitude. 6) la passion. 7) un projet. 8) s'élever. 9) les ruines oder les débris.

erbauet. 10) Unter allen diesen Leidenschaften, 11) ist keine veränderlicher, 12) keine die den Geist des Menschen mehr 13) entkräftet, als die Wollust. Wenn jemand, der das Genie unsers Jahrhunderts kennet, dessen Geschichte 14) malen wollte, der müßte die Farbe der 15) Weichlichkeit 16) zur Grundlage machen. Die 17) Begierde des Reichthums und 18) Ehre hingegen 19) härtet und übet die menschlichen Kräfte, und sind oft die 20) Triebfedern großer 21) Unternehmungen gewesen. 22) In diesen Trieben findet 23) der Nachforscher den großen Unterschied der Jahrhunderte und der 24) Völkerschaften; 25) je nachdem sie mehr oder weniger von der Weisheit 26) Richtung erhalten hatten; sahe man edle, großmüthige, oder mittelmäßig gute und 27) niedrige Thaten daraus 28) entspringen. Zu was für einem großen

Mann,

10) de. 11) il n'y en a point qui soit plus sujette au changement. 12) aucune. 13) énerver. 14) représenter en peinture. 15) la molesse. 16) poser pour première couche. 17) la soif des. 18) la gloire. 19) endurcir. 20) le ressort. 21) d'une entreprise. 22) c'est dans ces passions. 23) l'homme à reflexion oder un perscrutateur. 24) nation. 25) selon que. 26) être dirigé. 27) bas s. basse. 28) résulter.

Betrachtungen.

Mann, zu was für einem 29) Held würde unter andern jener junge 30) Grieche, unter 31) der Führung dieser 32) wohlthätigen Pflegerinn, aufgewachsen seyn! 33) Als Alexander, der große 34) Eroberer, mit seiner 35) nicht zu zahlreichen Armee, den Darius überwunden hatte; 36) verfolgte ein junger Athenienser (Cynaegirus) die 37) flüchtigen Perser bis in die See, 38) schwamm ihnen nach, 39) ergrif eine Barke (Schiflein) mit seiner 40) rechten Hand, und 41) als diese ihm 42) abgehauen worden, 43) mit der linken Hand, und da er auch diese verlohren hatte, 44) versuchte er 45) dieses persische Fahrzeug mit den Zähnen 46) zurück zu halten.

XLI. Von der Ananas.

Die Ananas ist eine 1) Indianische Frucht, welche dem 2) Fichtenapfel ähnlich ist. Sie wächst

---

29) héros. 30) Grec. 31) les auspices. 32) nourice bienfaisante. 33) lorsque. 34) conquérant. 35) peu nombreux. 36) poursuivre. 37) fugitif. 38) se jetter à la nage. 39) saisir. 40) droit. 41) après qu'elle. 42) couper. 43) il la prit de la main gauche. 44) essayer. 45) cette chaloupe persane. 46) arrêter avec.

1) Des Indes. 2) une pomme de pin.

wächst auf einem runden 3) Stiel, der 4) ohngefehr zween 5) Zoll dick, anderthalb Fuß hoch ist, und mit funfzehn oder sechszehn Blättern, so die 6) Gestalt der Aloe-Blätter haben, 7) versehen. Man unterscheidet verschiedene Sorten von Ananas, welche alle für eine sehr angenehme Frucht 8) gehalten werden. Die Indianer machen aus dem 9) Safte dieser Frucht 10) *eine Art von Wein,* welcher 11) sehr lieblich zu trinken ist, sich aber nicht länger als drey Wochen 12) aufheben läßt. Die Ananas kommen auch in Europa fort, sie 13) erfordern aber mehr 14) Sorgfalt und Mühe. Der König von Frankreich gab 15) im Jahre 1733. seinem 16) Gärtner zwo 17) Sprossen, welche gepflanzt wurden, und zwo Früchte von großer Schönheit gaben, die viele 18) Neugierige herbeyzogen. 19) Der Fleiß des Gärtners, und ein günstiger Herbst, 20) brachten sie zu vollkommener Reife. Der König 21) selber 22) versuchte eine

3) la tige. 4) environ. 5) un pouce. 6) la figure. 7) revêtu. 8) passer pour. 9) le suc. 10) une espece. 11) délicieux. 12) se conserver. 13) demander. 14) soins et peines. 15) l'an. 16) jardinier. 17) un rejetton oder oeilleton. 18) attirer des curieux. 19) l'assiduité. 20) amener à maturité. 21) lui-même. 22) faire l'essai de.

ne, von diesen Früchten, und befand sie sehr
gut; und alle Personen, denen er davon 23) zu
kosten gab, fanden 24) insgesammt, daß diese
Ananas von einem 25) süßen und zerschmelzen-
den Fleische waren, und einen so angenehmen
26) Geruch hatten, als die 27) Erdbeere.

XLII. Von dem 1) Ameisenlöwen.

Die Gestalt dieses Thieres, welches mit dem
lateinischen Namen, Formicaleo genennet wird, ist 3) heßlich. Seine Neigung
ist grausam, denn er lebet nur vom Blute seines
4) Raubes, und seine 5) einzige Beschäftigung
ist, den kleinen Insecten 6) Fallstricke zu legen.
Um dessen 7) List besser zu sehen, muß man dieses Thier im Cabinette haben. Man setzt es in
ein mit 8) sehr klarem Sande angefülltes irrde-
nes 9) Gefäß oder 10) Napf, worinn es sich
alsobald 11) verbirgt. Alsdann 12) macht es
in dem Sande die Figur 13) eines umgekehrten
Kegels,

23) faire goûter. 24) unanimement. 25) d'une chair douce et fondante. 26) une odeur. 27) la fraise.

1) Le fourmilion. 2) la figure. 3) laid. 4) la proye. 5) unique occupation. 6) tendre des pièges. 7) artifice. 8) un sable fort menu. 9) un vase. 10) une terrine. 11) cacher. 12) former. 13) un cône renversé.

Kegels, mit dem 14) genaueſten geometriſchen 15) Verhältniß. Alsdann 16) nimmt es ſein Quartier in der 17) Spitze des 18) Kegels, wo es bedeckt bleibt. Wenn man eine 19) Ameiſe oder eine 20) Mücke, der man die 21) Flügel genommen, auf den 22) Rand des Kegels ſetzt, ſo 23) wirft dieſes kleine Thier mit ſeinem Kopfe 24) zu wiederholten malen Sand auf den Raub, den es 25) vermerkt hat, damit es ſelbigen 26) betäube und in die Tiefe, wo es verborgen 27) lieget, 28) hinunter bringe. 29) Alsdann 30) fährt er aus ſeinem Aufenthalte heraus, und nachdem es ſich mit dem Blute ſeines Raubes 31) geſättiget, 32) wirft es den 33) todten Cörper hinaus, als welcher 34) einen Argwohn von ſeiner Grauſamkeit erwecken könnte. Wenn man ein zweytes mal das Vergnügen haben will, dieſes Thier arbeiten zu ſehen, ſo ſchüttelt man das Gefäß 35)

14) exact. 15) la proportion. 16) aller ſe loger. 17) la pointe. 18) le cône. 19) la fourmi. 20) le moucheron. 21) ôter les ailes. 22) le bord. 22) jetter. 24) à coups redoublés. 25) ſentir. 26) étourdir. 27) ſe tenir. 28) entrainer dans le fond. 29) alors. 30) ſortir de ſa retraite. 31) ſe raſſaſié. 32) rejetter. 33) le cadavre. 34) faire ſoupconner la cruauté.

Betrachtungen.

35) damit der Sandkegel 36) sich ausfülle, und man muß sich 37) wundern, mit welch einer 38) Geschwindigkeit dieses kleine Thier eine neue Figur, die so 39) regelmäßig ist als die erste, 40) wieder herstellt.

XLIII. Vom Elephanten.

Der Elephant ist das größeste und 1) dickeste Thier unter allen 2) vierfüßigen Thieren. Er ist 3) gelehrig, getreu, und 4) geschickt. Er hat einen dicken Kopf, einen sehr kurzen Hals, und 5) breite Ohren. Seine 6) Nase ist ein langer und 7) holer 8) Rüssel, dessen er sich 9) gleich einer Hand bedienet. Zween sehr große 10) gekrümmte 11) Zähne, die an den 12) Oberkiefern 13) hervorkommen, sind das, was man 14) Elfenbein nennet. Man hat 15) vor diesem geglaubet, daß der Elephant die

---

35) pour. 36) faire combler. 37) être étonné. 38) diligence. 39) régulier. 40) rétablir.

1) Gros. 2) un quadrupède. 3) docile. 4) industrieux. 5) les oreilles larges. 6) le nés. 7) creux. 8) une trompe. 9) comme. 10) courbé. 11) une dent. 12) machoire supérieure. 13) sortir. 14) de l'ivoire. 15) autrefois.

die 16) Knie nicht 17) biegen könnte. Die Erfahrung 18) widerspricht dieser Meinung, 19) weil er sich 20) sehr leichtlich niederleget und aufstehet. Seine Knie sind 21) stark, aber 22) biegsam, seine 23) Füße sind rund, sein Schritt ist 24) sicher, und mit seinem 25) bloßen Schritt 26) erreicht er einen Menschen, der läuft. Er 27) schwimmet so gut als ein Hund. Dieses Thier ist achtzehn Fuß 28) hoch, es hat eine 29) ungeheure Stärke, und träget 30) eine Last von dreyßig 31) Centner. Sein 32) Führer läßt ihn mit seinem Rüssel alles machen, was ihm beliebt. Er grüßet seine Freunde, 33) drohet und schlägt die ihm mißfallen, 34) schießt eine Flinte los, 35) wartet bey Tisch auf, 36) schwinget die Fahne, und verrichtet hundert andere Dinge, die man 37) kaum glauben kann. Er lebet ohngefehr hundert Jahr, und 38) nähret sich von Graß und Baumblättern.

XLIV.

16) les genoux. 17) plier. 18) contredire. 19) puisque. 20) avec facilité. 21) fort. 22) souple. 23) le pié. 24) sûr. 25) simple. 26) atteindre. 27) nager. 28) haut. 29) prodigieux. 30) un fardeau oder un poids. 31) quintal. 32) conducteur 33) menacer et battre. 34) tirer un fusil. 35) servir à. 36) faire l' exercice du drapeau. 37) avoir de la peine à croire. 38) se nourir.

XLIV. Von dem 1) Cameele.

Das Cameel ist ein sehr hohes und zu gleicher Zeit ein sehr 2) sanftes und gelehriges Thier, welches in Amerika und in Asien gebohren wird. 3) Es giebt dessen zwo 4) Gattungen, nemlich diejenigen, die man 5) eigentlich Cameele, und diejenigen die man 6) Trampelthiere nennet. Die Cameele haben einen 7) fleischernen Buckel auf dem 8) Rücken, sie sind dick und groß, 9) gehen einen starken Schritt, und 10) gehen des Tages ohngefähr sechs bis sieben deutsche Meilen, beladen mit einer 11) Last von sieben bis acht hundert Pfund. Die Trampelthiere 12) betreffend, so haben sie zween fleischerne Buckel auf dem Rücken, welche 13) gleichsam einen natürlichen Sattel ausmachen. Sie sind kleiner, 14) geschlanker und leichter als die Cameele, und dienen nur Menschen zu tragen. Sie haben einen guten und 15) ziemlich sanften 16) Trab, und 17) legen leichtlich vier und zwanzig

---

1) Le chameau. 2) doux. 3) il y en a. 4) une espèce. 5) proprement. 6) le Dromadaire. 7) une bosse de chair. 8) le dos. 9) aller à grand pas. 10) faire. 11) un fardeau. 12) pour. 13) comme une selle. 14) grêle et léger. 15) assés. 16) un trot. 17) faire.

deutsche Meilen in einem Tag zurück, übrigens sind sie den Cameelen 18) ähnlich. Sie haben beyde kurze Ohren und einen kurzen 19) Schwanz, einen 20) gespaltenen Fuß, der 21) weich ist wie ein 22) Schwamm, und einen sehr langen 23) Hals. 24) Beyde 25) knien nieder, wenn man sie beladen und abladen will. Sie können 26) Durst leiden, und 27) im Nothfalle fünf Tage ohne zu trinken bleiben. Das Cameel läßt sich leichtlich 28) zahm machen und abrichten. So bald als es gebohren ist, läßt man es auf den Bauch 29) legen. Man 30) erhält es vierzehn Tage biß drey Wochen in dieser 31) Lage, um es zu 32) gewöhnen, sich 33) niederzubücken, wenn man es beladen oder entladen will. Die größesten können eine Last von zwölf bis dreyzehen hundert Pfunden tragen.

XLV.

18) semblable. 19) la queue. 20) le pié fourchu. 21) mou. 22) une éponge. 23) le cou. 24) l'un et l'autre. 25) s'agenouiller. 26) la soif. 27) dans un besoin ober en cas de besoin. 28) s'aprivoiser et s'instruire. 29) coucher. 30) tenir. 31) posture. 32) acoutumer á. 33) le baisser.

XLV. Vom 1) Seidenwurme.

Die Seide ist das 2) Gewebe einer 3) Raupe, und kommt 4) ursprünglich aus 5) Ostindien. Der 6) Kaiser Justinian hat 7) um das Jahr 560. die Seidenwürmer, durch 8) Mönche, die er nach Indien geschickt hatte, nach Constantinopel 9) bringen lassen, 10) von wannen der Seidenbau sich in Europa 11) ausgebreitet hat. Der Seidenwurm ist eine Raupe von einer 12) wunderbaren Art. Er 13) kriecht so bald die Luft warm 14). wird, aus einem kleinen runden und platten 15) Ey, von der Grösse eines 16) Hirsenkorns, von selbst und ohne einige Beyhülfe aus. 17) Anfänglich hat er eine 18) dunkelgraue Farbe, und einen schwarzen Kopf. Je grösser er wird, desto mehr verändert er die Farbe, bis daß er, nachdem er sich viermal 19) gehäutet hat, eine 20) weißlichte Farbe 21) bekommt. Er nähret sich von
22)

1) Le ver à soye. 2) le tissu. 3) une chenille. 4) originairement. 5) les Indes orientales. 6) l'empereur. 7) environ. 8) un moine. 9) faire aporter. 10) d'ou. 11) s'étendre. 12) espece merveilleuse. 13) sortir. 14) se faire. 15) un oeuf. 16) un grain de millet. 17) d'abord. 18) gris foncé. 19) muer. 20) blanchâtre. 21) prendre

22) Maulbeerblättern. 23) Schon bey seiner Geburt siehet man aus seinem Magen ein kleines 24) Ende von einem seidenen 25) Faden herausgehen, mit welchem er sich auf eben die Art als 26) die Spinnen 27) anhänget. 28) Mit diesem Faden fängt er ohngefehr sechs Wochen nach seiner Geburt sein 29) Gespinste an. Er macht es mit 30) einem kleberichten Safte, der aus seinem Körper kommt. Einen ganzen Tag 31) bringt er mit 32) Bevestigung und Ausspannung seines Gespinstes zu. Den zweyten Tag fängt er an, sich gänzlich mit Seide zu bedecken. In diesem 33) Seidenhäuschen 34) verbirgt er sich dergestalt, daß man ihn nicht mehr siehet, und 35) verwandelt sich darinn in eine 36) Puppe, welche vierzehn Tage bis drey Wochen wie tod darinn 37) lieget, und sich 38) in einen Schmetterling verwandelt, der selber sein 39) seidenes Grab eröfnet,

22) feuilles de mûrier. 23) dès sa naissance. 24) un bout. 25) un fil. 26) une araignée. 27) s'atacher. 28) c'est avec - que. 29) le filage. 30) suc visqueux. 31) employer à. 32) affermir et tendre. 33) un cocon oder coucon. 34) se cacher. 35) se transformer. 36) une chrysalide oder une nymphe. 37) se tenir. 38) se convertir en papillon. 39) tombeau de soye.

Betrachtungen.

eröfnet, und 40) mit ganz veränderter Gestalt heraus kommt. Einige Tage hernach 41) leget das 42) Weibchen Eyer, und wenn dieses geschehen ist, so stirbt es mit dem 43) Männlein. Die Seide ist 44) ein Saft, den der Seidenwurm aus zweyen kleinen 45) Löchern ziehet, die er an beyden Seiten des Kopfs hat. Er 46) klebet sie mit 47) den Voderpfoten zusammen, mit welchen er auch den 48) Faden so subtil 49) spinnet, daß ein einziges Seidenhäuschen einen Faden 50) enthält, der neun hundert und dreyßig 51) Fuß lang ist; und da er doppelt ist, so machen die beyden Faden, die aus dem Wurme gegangen sind, beynahe zweytausend Fuß aus, welche nicht mehr als dritthalb 52) Gran 53) wiegen. Die 54) Flockseide wird zu 55) Floretband und zu einigen 56) Zeuchen gebraucht.

XLVI.

40) tout métamorphosé. 41) mettre bas. 42) la femelle. 43) le mâle. 44) un suc. 45) un trou. 46) coller. 47) les pattes de devant. 48) un fil. 49) filer. 50) contenir. 51) un pié. 52) un grain. 53) peser. 54) la filoséle. 55) ruban de fleuret. 56) étoffe.

XLVI. Von der Cochenille.

1) Mexico ist das einzige Land, wo die Cochenille 2) gesammlet wird. Es sind 3) Körner, aus welchen man eine köstliche 4) Purpurfarbe macht, die man 5) Scharlach nennet. Man hat 6) anfänglich geglaubt, daß diese 7) Specerey eine Frucht wäre, weil man sie in Mexico von gewissen Pflanzen einsammlet; jetzt weiß man besser was es ist. Es sind kleine 8) Thiere oder kleine 9) Würmer 10) gleich den Wanzen, die voll von einem rothen Safte sind, und auf dem Baume 11) wimmeln, den die Indianer Nopal, und 12) die Kräuterkenner Opuncia nennen. Diese kleinen Thiere 13) sammlet man auf eine 14) besondere Art. Man 15) dörret sie und verkauft sie sehr theuer. Die Mexicaner ziehen einen großen 16) Vortheil daraus, denn es 17) kommen alle Jahre 18) beynahe zwey Millionen 19) davon nach Euro-

---

1) Le Mexique. 2) recueillir. 3) des grains. 4) de pourpre. 5) de l'écarlate. 6) d'abord. 7) une drogue. 8) une bête. 9) un ver. 10) semblable aux punaises. 11) fourmiller. 12) les botanistes. 13) ramasser. 14) d'une maniere particuliere. 15) sécher. 16) le profit. 17) sortir. 18) près de. 19) en.

Europa. Die deutſche Cochenille oder Coccus ſind auch Würmer, die einen rothen Saft haben, welche in Deutſchland, in Polen und Preuſ-ſen 20) um Johannis ihre Eyer an den 21) Wurzeln des kleinen 22) Weggraſes oder Weg-tritts legen, welches die Kräuterkenner Polygo-num minus nennen. Das gemeine Volk nennet dieſe Körner 23) Johannisblut. 24) Es wird auch der 25) Carmin daraus gemacht. Der 26) Kermes iſt auch eine Scharlachfarbe, welche von einem Baume aus Frankreich, Spanien und Italien kommt. Einige nennen dieſe Farbe 27) Carmeſin.

XLVII. Vom 1) Vergröſſerungsglaſe.

Um einen 2) Gegenſtand 3) deutlich zu ſehen, muß er in einer gewiſſen 4) beſtimmten Entfernung vom Auge 5) geſtellt ſeyn. Wenn er näher oder 6) weiter davon iſt, ſo ſiehet man

U 5 ihn

---

20) autour de la Saint Iean. 21) la racine. 22) la renouée, ou centinode. 23) ſang de Saint Iean. 24) on en fait. 25) le vermillon. 26) Kermes oder Alkermes. 27) le cramoiſi.

1) Le microſcope. 2) un objet. 3) diſtinctement. 4) diſtance determinée. 5) placer. 6) loin.

330 **Betrachtungen.**

ihn 7) undeutlich. 8) Die Fernglåser entdecken uns die Gegenstånde, welche 9) die Entfernung uns 10) verbirget, und die Vergrößerungsglåser diejenigen, welche so klein sind, daß sie dem Auge 11) entgehen. Das einfache Vergrößerungsglas 12) bestehet aus einem 13) wie eine 14) Linse 15) geschliffenen Glase, welches sehr 16) nahe vor das Auge 17) gebracht wird, und man 18) setzt den kleinen Gegenstand, den man betrachten will, in dessen 19) Brennpunct. Die 20) Lichtstralen, welche 21) durch dieses Glas ins Auge fallen, werden darinn 22) so 23) gebrochen, daß sie dieselbe 24) Lenkung annehmen, die sie haben würden, wenn sie 25) gerade von einem entfernteren Orte, und einem größeren Gegenstande 26) herkämen. Dadurch 27) stellen sich die Gegenstånde 28) größer und deutlicher dar; und je fürzer

7) confusément. 8) les lunettes d'aproche, oder les télescopes. 9) l'éloignement. 10) cacher 11) se dérober. 12) consister en. 13) forme. 14) lentille. 15) tailler. 16) près de. 17) aprocher. 18) placer. 19) le foyer. 20) rayon de lumiere. 21) à travers. 22) de maniere à. 23) refracter. 24) la direction. 25) en droiture. 26) arriver. 27) se présenter. 28) avoir de l'é. tendue.

Betrachtungen.

zer der Brennpunct ist, desto mehr 29) vergrößert das Vergrößerungsglas. Das 30) Zusammengesetzte, bestehet aus zwey Gläsern, das eine 31) linsenförmig, welches man das Objectivglas, das andere 32) flacher und größer, welches man das 33) Augenglas nennet.

XLVIII. Von den 1) vierfüßigen Thieren, 2) den Vögeln, und den 3) Fischen.

Die 4) Thiere, welche auf vier Füßen 5) gehen, sind mit 6) Haaren bedeckt, 7) sie bringen alle lebendige Junge zur Welt, und ihre 8) Jungen nähren sich von der 9) Milch der Mutter, bis daß sie im Stande sind, selber 10) ihrer Nahrung nachzugehen. Ihr Mund ist mit 11) Zähnen versehen. Man nennet Vögel die Thiere, welche auf zween Füßen gehen; sie sind mit Federn bedeckt, und 12).

---

29) grossir. 30) le composé. 31) lenticulaire. 32) plus aplati. 33) verre oculaire.

1) Le quadrupède. 2) oiseau. 3) poisson. 4) animal. 5) marcher. 6) le poil. 7) ils sont tous vivipares. 8) les petits. 9) le lait. 10) chercher sa nourriture. 11) garni de dents.

12) mit zween Flügeln versehen, womit sie in den Lüften 13) fliegen. Sie 14) kriechen alle aus den Eyern, welche das Weiblein 15) leget und 16) brütet. Sie haben 17) Schnäbel mit welchen sie ihre 18) Speisen aufnehmen. Anstatt der Füße haben die Fische 19) Floßfedern, welche sie in dem Wasser 20) schwebend erhalten; ihre Haut ist mit 21) Schuppen bedeckt, es giebt aber einige, die nicht 23) schuppicht sind; ihre subtilen 23) Knochen werden 24) Gräten genannt. Die 25) jungen Fische 26) kommen aus einer Art von Eyern, welche man 27) den Rogen (oder Laig) nennet, und kaum sind sie 28) heraus, so sind sie im Stande 29) zu schwimmen, und ihre Nahrung zu suchen. Kein Fisch kann lange außer dem Wasser bleiben.

XLIX. Von den Amphibien, den Insekten und 1) den Würmern.

Die Amphibien sind Thiere, welche 2) sowohl im Wasser als auf der Erde leben können.

12) pourvu de deux ailes. 13) voler. 14) sortir. 15) pondre. 16) couver. 17) bec. 18) aliment. 19) nageoire. 20) soutenir. 21) écaille. 22) écailleux. 23) os. 24) des arrêtes. 25) petits. 26) éclorre. 27) le frai. 28) éclos. 29) nager.

1) Un ver. 2) également - et.

Betrachtungen.

nen. Es giebt welche, die vier Füße haben, und sich derselben zum gehen und zum schwimmen bedienen. Von dieser 3) Gattung sind der Crocodil, 4) die Eider, der Frosch, 5) der Biber, 6) die Schildkröte und andere. Es giebt welche ohne Füße, und die nichts thun als 7) kriechen, 8) dergleichen sind die Schlangen. Alle Amphibien 9) legen Eyer, aus welchen die Hitze die jungen 10) hervor bringt. Die Insekten sind kleine Thiere, die mit einer harten, 11) meistens brüchigen 12) Haut bedeckt sind. Sie haben 13) gemeiniglich mehr als vier Füße, und Flügel zum fliegen. 14) Anfänglich, wenn sie aus den Eyern kommen, sind es 15) gemeiniglich nur Würmer, die sich hernach in vollkommene Insekten, in 16) Schmetterlinge, in 17) Heuschrecken, in 18) Fliegen und andere 19) dergleichen Ungeziefer 20) verwandeln. Die 21) kriechenden Thiere haben einen 22) weichen Leib; sie haben keine Füße, und können nen

---

3) espéce. 4) le lezard. 5) le castor. 6) la tortue. 7) ramper. 8) tels. 9) étre ovipare. 10) produire. 11) pour la plupart cassante. 12) peau. 13) pour l'ordinaire. 14) d'abord. 15) communement. 16) papillon. 17) sauterelle. 18) une mouche. 19) pareille vermine. 20) se transformer. 21) un reptile. 22) mou.

nen 23) sich zusammen ziehen und wieder ausstrecken; dergleichen ist der 24) Regenwurm. Einige 25) stecken in harten 26) Schalen, als 27) die Schnecken, und die 28) Muscheln; andere haben einen 29) bloßen Leib. Sie kriechen alle sehr 30) langsam fort, es 31) sey auf der Fläche der Erde, oder in dem Wasser. Ausser diesen 32) Arten, giebt es im 33) Thierreiche eine 34) unendliche Menge 35) kleiner Thierchen, welche man mit den blosen Augen nicht sehen kann, weil sie zu klein sind. Einige siehet man 36) mit Hülfe des Vergrößerungsglases.

L. Von der 1) Buchdruckerkunst.

Um eine 2) Handschrift zu 3) drucken, hat man 4) gegossene Buchstaben, welche in dem 5) Schriftkasten in verschiedene 6) Fächer 7)

---

23) se resserrer et s'etendre. 24) ver de terre. 25) étré logé. 26) une coquille. 27) un limacon. 28) des moules. 29) nud. 30) lentement. 31) soit-soit. 32) genre. 33) régne animal. 34) une Infinité. 35) animalcule. 36) au secours.

1) L'imprimerie. 2) un manuscript. 3) imprimer. 4) des caracteres de fonte. 5) la casse. 6) le cassetin.

Betrachtungen.

7) vertheilet sind. Der 8) Setzer 9) stellet seine Handschrift auf den 10) Tenackel, auf welchem er sie mit 11) dem Divisorium 12) befestiget, und indem er aus den Fächern die Buchstaben ziehet, 13) ordnet er sie in dem 14) Winkelhacken, welchen er 15) erweitern und 16) enger machen kann, nach den verschiedenen Formaten in Folio, in Quarto, 17) in Octavo, 18) in Duodecimo 2c. welche 19) das Werk haben soll. Wann der Setzer die Worte 20) setzt, so 21) unterscheidet er sie durch 22) Spatien; hierauf 23) hebt er die Zeilen in 24) das Schif, bis daß seine 25) Columne voll ist. Wann er so viele Seiten hat, als sein Format 26) erfordert, so legt er um eine jede verschiedene kleine hölzerne 27) Stücken, welche man 28) Stäge nennet, und schließet jede 29) Hälfte des Bogens in die Form, welche ein 30) eiserner Rahm ist,

6) distribuer. 8) le compositeur. 9) placer. 10) le visorium. 11) le mordant. 12) attacher. 13) arranger. 14) le compositeur. 15) étendre. 16) rétrécir. 17) en huit. 18) en douze. 19) l'ouvrage. 20) composer. 21) distinguer. 22) espace. 23) porter. 24) la gallée. 25) colonne. 26) demander. 27) morceau. 28) garnitures. 29) moitié de feuilles. 30) quadre oder chassis de fer.

ist, der mit 31) Schrauben oder mit 32) Keilen 33) zusammen getrieben wird. Diese wohl geschlossene Form 34) hebt der 35) Drucker in die Preße, 36) legt sie auf 37) das Fundamental, und 38) trägt die Farbe mit zween Ballen auf. Währender Zeit 39) befestiget ein anderer einen 40) gefeuchteten Bogen Papier auf dem 41) Deckel mit zwo 42) Punkturen, und um die Theile des Bogens, welche weiß bleiben sollen zu 43) bewahren, 44) schlägt er das auf dem 45) Kalgen 46) ruhende 47) Rähmgen darüber, alsdann 48) schiebet er 49) vermöge einer Kürbel, den 50) Karren 51) über das Laufbrett unter den 52) meßingenen Tiegel; ziehet 53) mit aller Gewalt 54) die Preßstange (oder den Bengel) an sich, und also drucken sich

31) des vis. 32) des coins. 33) se serre. 34) porter à. 35) l'imprimeur. 36) poser oder placer. 37) le marbre. 38) toucher d'encre. 39) attacher. 40) mouillé. 41) le tympan. 42) pointures. 43) garantir. 44) rabaisser. 45) le chevalet. 46) qui pose. 47) la frisquette. 48) pousser. 49) au moyen d'une manivelle. 50) le chassis du coffre. 51) de dessus le berceau. 52) la platine de laiton. 53) de toute sa force. 54) le barreau.

Betrachtungen. 337

sich die 55) geschwärzten Buchstaben auf dem Papier aus. Der Corrector muß hierauf den 56) Probebogen durchsehen, und die entwischten Fehler darauf 57) bemerken. Der Setzer 58) hebet die 59) fehlerhaften Buchstaben mit 60) der Ahle heraus, und setzt 61) richtige an die Stelle. Nach geschehenen nöthigen 62) Verbesserungen, druckt der Drucker den Bogen ab, erstlich den 63) Schöndruck, hernach 64. den Wiederdruck, von jedem so viel 65) als nöthig ist. 66) Hernach 67) reiniget man die Form mit 68) einer Bürste, in heißer 69) Lauge; hernach 70) leget sie der Setzer ab, und 71) bringet jede Letter in ihr Fach. 72) Die Kunst der Buchdruckerey ist im Jahre 1440. erfunden worden.

55) noircir. 56) revoir l'épreuve. 57) marquer. 58) retirer. 59) fautif. 60) la pointe, oder le poincon. 61) convenable. 62) revisions. 63) le recto. 64) le verso. 65) qu'il en est besoin. 66) puis. 67) nettoyer. 68) une brosse. 69) la lessive. 70) rompre. 71) redistribuer. 72) l'art.

Anhang.
Natürliche, politische und Kunstwörter der Geographie.

1) Die Cardinal-Punkte oder Gegenden des Himmels.

Mitternacht oder Nord
Mittag oder Süd
Der Morgen oder Osten
Der Abend oder Westen

2) a) Die Erde enthält Länder, oder Provinzen.

Das Kaiserthum
das Königreich
die freye Republik
das Churfürstenthum
das Erzherzogthum
das Großherzogthum
das Herzogthum
die Pfalzgrafschaft
das Marggrafthum
die Landgrafschaft
das Fürstenthum
das Burggrafthum
die Raugrafschaft
die Wild- und Rheingrafschaft
die Grafschaft
die Freyherrschaft
die Herrschaft
das geistliche Fürstenthum
das weltliche Fürstenthum

Sup.

𝔄𝔫𝔥𝔞𝔫𝔤.

Supplement

des termes techniques et naturelles et
politiques de la Geographie.

Les Points Cardinaux, ou les Plages.

le Septentrion ou le Nord
le Midi ou le Sud.
l'Orient ou l'Eſt., ou le Levant
l'Occident ou l'Oueſt, ou le Couchant

La terre contient des pays, ou des Provinces.

l'Empire
le Royaume
la République
l'Electorat
l'Archiduché
le Grand-Duché
le Duché
le Palatinat
le Margraviat, (le Marquiſat)
le Landgraviat
la Principauté
le Bourgraviat
le Rougraviat
le Comté forêtiere du Rhin
le Comté (auch la Comté)
la Baronie
la Seigneurie
la Principauté eccleſiaſtique
la Principaute ſéculiere.

die Stadthalterschaft
die Landvoigten
das Amt

b) Geistliche Güter.

das Erzbisthum
das Bisthum
die Abtey
die Probstey
die Prälatur
die Commenthur
das Kloster
die Wallfahrt

c) Einzelne Güter.

Eine große Stadt
eine befestigte Stadt
freye Reichsstadt
Universität, Academie
mittelmäßige Stadt
Vestung
Vestung oder die Vestung an einer Stadt
eine Schanze
eine kleine Stadt, Städtgen
ein Flecken, oder Marktflecken
großes Dorf
kleines Dorf
ein Weiler
ein Adelsitz, adeliches Gut
ein Schloß
ein Bergschloß
ein ruinirtes Schloß
eine Wassermühle
eine Windmühle
eine Papiermühle
eine Pulvermühle
eine Sägmühle
ein Vorwerk
eine Meyerey

le Gouvernement
l'Intendance de Province
le Bailliage

Biens ecclésiastiques.

l'Archevêché
l'Évêché
l'Abbaye, ober Abbaue, Abbaïe
la Prévôté
la Prélature
la Commanderie
le Monastere, ober le Cloitre
le Pélérinage.

Biens particuliers.

une grande ville
une ville fortifiée
Ville libre Impériale
Université, Académie
Ville médiocre
Forteresse
la citadelle
un Fort
petite Ville
un Bourg
grand Village
petit Village
un Hameau
Une terre noble
un Château
un Château élevé
un Château ruïné
un moulin à eau
un moulin à vent
une Papéterie
un moulin à poudre
une scierie
une Cense
une Métairie

Eine Schäferey
ein Jägerhof oder Jagdhaus
ein Forsthaus

d) Auf den Landcharten werden noch bezeichnet.

Ein Thal
Gesundbrunn
die Gebürge
der Berg
der feuerspeyende Berg
der Fels
der Weinwachs
der Weinberg
das Bergwerk, die Metallgrube
die Gold- Silber- Kupfer- Eisen- Bley- Grube.
die Salzquelle, Salzsiederey
der Wald, die Waldung
die Heide
der Morast
die Wüste
die Land- oder Heerstraße
der Weg
die fahrende Post
die reitende Post
die Post-Station
der Paß
die Brücke.
die Schiffbrücke
die Fähre
die Hauptgränzen
die besonderen Gränzen

e) Seeländer.

Eine Insel
eine Halbinsel
das Vorgebürge
eine Erdenge
die Küste, Seeküste

Anhang.

une Bergerie
Maison de Chasse
Maison de Forêtier

On marque encore dans les Cartes géographiques:

un Vallon, une Vallée
des Eaux minérales
les Monts
la Montagne, le Mont
le Volcan
le Rocher
le Vignoble
la vigne
la Mine
la Mine d'or, d'argent, de cuivre, de fer, de plomb
la Saline
la Forêt, le Bois
la Bruyere
le Marais
le Desert
la Route, la grande Route
le Chemin
la Poste en chariot
la poste à cheval, le Courier
la Station
le Passage, le Col
le Pont
le Pont de Bâteaux, les Pontons
le radeau
les Frontieres
les Limites

Pays maritimes.

une Ile
une Persqu'ile
le Promontoire, un Isthme
un Istme
la côte, les côtes

das Gestade, der Strand
das Ufer
der Seehafen.

3.) Das Gewässer.

Das Weltmeer
das Meer
ein Meer mit vielen Inseln
ein Meerbusen
eine Rhede
eine Meerenge
der Hafen
ein Schiff
der Compaß
eine Klippe
eine Sandbank
ein Meerstrudel
ein Seepaß
eine See
ein Fluß
ein Strom
ein Bach
die Quelle
die Mündung
ein Graben
Moräste im Wasser
ein Thurm an der See zur Leuchte
die Seeleuchte.

4) Man findet auch auf den Charten:

Die Länge
die Breite
die Grade
die Minuten und Secunden

le riva-

Anhang.

le rivage, la rive
le Bord
le Port de Mer.

Les eaux.

L'Océan
la Mer
un Archipel
un Golfe
un Baye
un Détroit
le Port
un Vaisseau
la Boussole
un Ecueil
une Basse, un banc de sable
un Gouffre
un Passage
un Lac.
un Fleuve, une Riviere
un Torrent
un Ruisseau
la source
l'embouchure
un Canal, un Fossé
des Marécages
un Phare
le Fanal.

4) On trouve encore sur les Cartes:

la Longitude
la Latitude
les Degrés
les Minutes et les Secondes.

Register.

Fabeln.

	Seite
1. Der Wolf und der Menschenkopf	1
2. Der Wolf und der Storch	2
3. Der Hund und sein Schatten	3
4. Der Bauer und der Tod	4
5. Der Rabe und der Fuchs	5
6. Der alte entkräftete Löw	7
7. Der Hund und der Dieb	8
8. Der Fuchs und der Storch	9
9. Der Hahn und der kostbare Stein	10
10. Der Fuchs und die Trauben	11
11. Die Schlange und der Ambos	12
12. Der Ackermann und die Schlange	13
13. Der Frosch und der Ochs	14
14. Der Löw und das Pferd	15
15. Der Löw und der Ratze	16
16. Der Fuchs und der Hund	18
17. Der Fuchs und der Affe	19
18. Das Pferd und der Esel	20
19. Das gemästete Pferd und der magere Esel	21
20. Der Hund und der Esel	22
21. Das Schaaf und die Krähe	24
22. Das Schaaf und der Wolf	25
23. Das Geißlein und der Wolf	26
24. Der Wolf und der Schäfer	27
25. Der Ochs und die Kuh	28
26. Der trunkene Hirsch	29
27. Der neidische Ochs	30
28. Der Hirsch und das Schaaf	31
29. Die Katze und der Hahn	32
30. Der Affe und die Katze	33
31. Der Affe und seine Jungen	34

32. Der

Register

		Seite
32.	Der Igel und die Schlange	35
33.	Die zween Reisenden	36
34.	Der Bär und die Bienen	38
35.	Die Henne und ihre Küchlein	39
36.	Der Sperber und die Nachtigall	40
37.	Der Jäger und das Feldhun	41
38.	Der Schäfer und der Wolf	42
39.	Das Kind und der Dieb	43
40.	Der Bauer und der Götze	44
41.	Die Sonne und der Wind	45
42.	Der Crocodill und der Katze	46
43.	Der Jäger und der Rehbock	47
44.	Die Jungfer und die Bisamkatze	48
45.	Die Ameise und die Fliege	65
46.	Der welsche Hahn und der Haushahn	66
47.	Der Strauß und die Nachtigall	68
48.	Die Esche und der Rosenstock	69
49.	Der Bauer und der Waldteufel	70
50.	Der Prinz und der Sclav	71

Begebenheiten.

1.	Der wahrgemachte Traum	73
2.	Kluge Ueberlegung eines Hofnarren	74
3.	Besondere Mahlzeit	75
4.	Die Gerechtigkeit Sollmans	76
5.	Wachsamkeit der Gänse	78
6.	Schwedens Fruchtbarkeit	79
7.	Buße Kaisers Theodosii	80
8.	Einsturz eines Amphitheaters	82
9.	Gottfried von Bouillon Unerschrockenheit	83
10.	Ausrottung der Wölfe in England	84
11.	Ohnschädlich genommener Gift	85
12.	Uebertriebene Liebe einer Frau	86
13.	Unerträgliche Kälte	87
14.	Die in See verwandelte Stadt	88
15.	Das durch einen Zufall ungestrafte Verbrechen	90
16.	Heyrath eines Bayerischen Prinzen	91

Register.

                                                                    Seite
17. Aufrichtige eheliche Liebe — 92
18. Bajazeths unglückliches Ende — 94
19. Carl XII. Unerschrockenheit — 95
20. Kaiser Carl V. Klosterleben — 97
21. Große Hungersnoth — 98
22. Ursprung des blauen Hosenbands-Orden. 100
23. Von harten Hirnschädeln — 101
24. Der mit Gift ohngefähr vergebene Pabst
    Alexander — — 102
25. Die Heldenmüthigen Frauen — 104
26. Die Sicilianische Vesper — 105
27. Die gestrafte Stadt Xativa — 108
28. Der gerüstete Bischof — 109
29. Die wohlfeil erkaufte Weisheit — 111
30. Der kluggewordene Dummkopf — 113
31. Unglücklicher Tod Carl des Kühnen — 115
32. Liebesbegebenheiten der Kaiserl. Prinzeßin
    Emma — 117
33. Der gerettete Matrose — 120
34) Der vergnügte Matrose — 122
35. Vergleichung der Palläste mit persischen Gast-
    höfen — 124
36. Kaisers Prebus Verachtung der Pracht 127
37. Hunde von und der Christen — 129
38. Höflichkeit einiger Schwalben — 131
39. Einfall eines Edelknaben — 134
40. Kindische Empfindung — 135
41. Seltene Freundschaft — 136
42. Mittel für die Großen sich beliebt zu machen 138
43. Ursprung des Titels Prinz von Wallis 139
44. Ursprung des Titels Dauphin 141
45. Der arabische Student — 142
46. Edle Uneigennützigkeit 144
47. Ehrfurcht für die Alten 145
48. Vergleichungen 146
49. Ursprung des Titels Graf — 148
50. Von Inoculirung der Blattern ibid.

Briefe

Register.

Briefe.

                                                Seite

1. Einladungsschreiben — 150
2. Antwort — — 151
3. Abschlägige Antwort — 152
4. Glückwunsch auf eine Wiedergenesung 153
5. Antwort — 154
6. Noch eine Antwort — 155
7. Beklagungsschreiben — 156
8. Ansuchen um eine Gefälligkeit — 157
9. Antwort — — 157
10. Einladung zum Spatziergang — 159
11. Dergleichen — 160
12. Antwort — — 161
13. Einladung zur Spatzierfahrt — 162
14. Antwort — — ibid
15. Noch eine Antwort. — 163
16. Einladung zum Abendessen — 164
17. Antwort — — 165
18. Entschuldigungsantwort — 166
19. Einladung zum Briefwechsel — 167
20. Antwort — — 168
21. Noch eine Einladung zum Briefwechsel 169
22. Antwort — 171
23. Bitte um jemandes Freundschaft 172
24. Antwort — — 173
25. Höflichkeitsschreiben — 174
26. Antwort — — 175
27. Noch eine Antwort — 176
28. Freude über eine Wiedergenesung — 177
29. Dergleichen Glückwunsch 178
30) Glückwunsch an einen Freund, der in das Bad reiset — — 180
31. Glückwunsch zum neuen Jahre — 181
32. Von gleichem Inhalt — 182
33. Noch von gleichem Inhalte 183
34. Antwort — — 184
35. Noch eine Antwort 185
36. Glückwunsch am Geburtstage — 186

Register.

Seite

37. Antwort — 187
38. Dergleichen Glückwunsch — 188
39. Zum Geburts- oder Namenstage — 190
40. Bekanntschaft zu machen — 191
41. Von gleichem Inhalte — 192
42. Desgleichen — 193
43. Erkundigungsschreiben — 194
44. Ein anders — 195
45. Antwort — 197
46. Antwort auf eine Erkundigung — 198
47. Bitte um Geld — 199
48. Antwort — 201
49. Einladung zum Spiele — 202
50. Noch eine Einladung — 203
51. Antwort — 204
52. Eine andere Antwort — 205
53. Noch eine Antwort — 206
54. Verweisschreiben — 207
55. Antwort — 208
56. Danksagungsschreiben — 209
57. Antwort — 210
58. Noch eine Danksagung — 212
59. Abschiedsschreiben — 213
60. Desgleichen — 214
61. Bekanntschaft zu machen — 216
62. Einladungsschreiben — ibid.
63. Noch eines — 218
64. Noch dergleichen — 219
65. Entschuldigungsschreiben — 221
66. Desgleichen — 222
67. Trostschreiben — 223
68. Antwort — 224
69. Beklagungsschreiben — 226
70. Betrachtungsschreiben über die Nothwendigkeit des französischen Styls — 227

Betrachtungen.

1. Höchster Thurn in Europa — 229
2. Vom Torpill — 230

Register.

	Seite
3. Reichthümer Brasiliens	232
4. Von der Erde überhaupt	235
5. Nutzen der Erde	237
6. Beschaffenheit der Erde	239
7. Einrichtung der Erde	241
8. Von den Erdstrichen	242
9. Von den Einwohnern der Zonen	245
10. Von den Gegenfüßlern	248
11. Von den Bergen	250
12. Von den feuerspeyenden Bergen	252
13. Vom Wasser überhaupt	255
14. Von der Ebbe und Fluth	257
15. Von der Perlenfischerey	259
16. Vom Bernstein	262
17. Vom Wallfischfang	264
18. Von der Schildkröte	267
19. Die Natur des Feuers	270
20. Von der Luft	271
21. Das Copernicanische Weltgebäude	274
22. Von dem Monde	277
23. Von den Finsternissen	279
24. Eintheilung von Europa	281
25. Dergleichen von Deutschland	285
26. Ursprung der Buchstaben, und der Kunst zu schreiben	288
27. Von den Büchern	291
28. Vom Papier	293
29. Von der Dinte	295
30. Von der Baumwolle	296
31. Vom Caffee	297
32. Vom Thee	299
33. Vom Cacao und der Chocolade	301
34. Vom Zuckerrohr	303
35. Vom Zuckersieden	305
36. Von den Gewürznägelein, dem Zimmet und der Muscate	307
37. Vom Taback	310
38. Vom Glase	311

Register.

	Seite
39. Ursprung der Wappenkunde	313
40. Betrachtung über die Wollust und den Ehrgeitz	315
41. Von der Ananas	317
42. Vom Ameisenlöwen	319
43. Vom Elephanten	321
44. Vom Cameel	323
45. Von dem Seidenwurme	325
46. Von der Cochenille	328
47. Von dem Vergrößerungsglase	329
48. Von den vierfüßigen Thieren, den Vögeln, und den Fischen.	331
49. Von den Amphibien, den Insekten, und den Würmern.	332
50. Von der Buchdruckerkunst	334

ENDE.

www.ingramcontent.com/pod-product-compliance
Lightning Source LLC
Chambersburg PA
CBHW030000240426
43672CB00007B/769